首席营销技术官

Martech时代，技术驱动增长

冯祺 / 著

电子工业出版社
Publishing House of Electronics Industry
北京·BEIJING

内 容 简 介

本书重点研究 Martech（营销技术），对 Martech 的行业背景、技术基础、组成部分及应用，以及 Martech 对管理职能产生的影响进行解读。笔者在技术对营销的渗透这一大背景下，对营销理论及实践知识进行高度凝练及体系化梳理。Martech 跨营销、IT 等多领域知识，涉及范围广泛。本书力求理论联系实际，通俗地介绍各类相关应用，让营销人员对 Martech 有初步认知。

本书适合品牌营销人员、Martech 行业从业者、高校师生等各类人士阅读。

未经许可，不得以任何方式复制或抄袭本书之部分或全部内容。
版权所有，侵权必究。

图书在版编目（CIP）数据

首席营销技术官：Martech 时代，技术驱动增长 / 冯祺著. —北京：电子工业出版社，2021.1
ISBN 978-7-121-40390-3

Ⅰ. ①首… Ⅱ. ①冯… Ⅲ. ①企业管理－市场营销学 Ⅳ. ①F274

中国版本图书馆 CIP 数据核字（2021）第 007665 号

责任编辑：陈　林　　　　　特约编辑：田学清
印　　刷：三河市双峰印刷装订有限公司
装　　订：三河市双峰印刷装订有限公司
出版发行：电子工业出版社
　　　　　北京市海淀区万寿路 173 信箱　　　邮编：100036
开　　本：720×1000　1/16　　印张：15.5　　字数：297.6 千字
版　　次：2021 年 1 月第 1 版
印　　次：2021 年 1 月第 1 次印刷
定　　价：79.00 元

凡所购买电子工业出版社图书有缺损问题，请向购买书店调换。若书店售缺，请与本社发行部联系，联系及邮购电话：（010）88254888，88258888。
质量投诉请发邮件至 zlts@phei.com.cn，盗版侵权举报请发邮件至 dbqq@phei.com.cn。
本书咨询联系方式：010-51260888-819，faq@phei.com.cn。

前　言

构造 Martech 的知识体系

2019 年 9 月 11 日，投中资本、澄志创投和 Marteker 联合发布的《中国广告营销行业资本报告 2009—2018》，针对中国广告营销行业进行调研，发现 2017 年前后，技术已完成对营销全链条的渗透，Martech（营销技术）开始吸引资本方的注意力。

资本方对 Martech 投资重视度与日俱增的背后，伴随着营销行业的话语权而转移：在消费者、产品、媒介"碎片化"的今天，传统营销模式受到质疑；传统广告营销公司缺乏数据和技术基因，具备数据和技术的咨询公司通过并购实现降维打击；技术型公司异军突起，它们以大数据和技术为主要竞争手段；营销运营日渐成为主流，广告主已不满足于仅仅进行信息的传播。笔者认为，传统营销时代已终结，Martech 时代已到来，技术成为营销变革至关重要的推手。

关于什么是 Martech，众说纷纭。即便是 Scott Brinker（Martech 概念的最早倡导者），也不易给出令人信服的说法。有相当多的业内人士视 Martech 为获客的手段，在笔者看来，这是对 Martech 概念的窄化。笔者更愿意从一个更宽广的角度去审视 Martech。

Martech 是术语"营销"和"技术"的混合词，代表当今高度数字化商业世界

首席营销技术官
Martech 时代，技术驱动增长

中营销和技术的交集。Martech 可以简单定义为技术对营销的赋能，或者营销人员通过数据技术等手段解决企业的营销问题。Martech 主要有对内和对外两种职能：对内通过数据技术等手段管理企业内部的营销资源和合作方，如数据库、产品、定价、分销渠道等；对外则同样通过数据等技术手段影响消费者的购买决策。

Martech 在我国还处于初步发展的阶段，但以程序化广告为代表的 Adtech（广告技术），在国内已盛行多年。那也是一个流量红利丰厚的时代，大批人员开始投身移动互联网，因此 Adtech 主要解决站外引流的问题。

而在流量红利逐渐枯竭时，企业由增量市场迈向存量市场，营销行业的主题也就从 Adtech 转向 Martech，这意味着营销的重点由广度向深度发展。相对于之前一味追求客户增长，Martech 更注重现有客户的精细化运营。技术对于营销的渗透从简单的品牌推广延展到涵盖营销的全链路。

Martech 在市场营销、IT、销售和高管层方面日益增加的复杂性和影响力，实际上只是整个销售和营销生态系统发生的数字化转型的具体体现。自 21 世纪初以来，互联网的普及和数据技术的发展，对人们的工作和生活产生了深刻的影响，尤其对营销行业来说，更起到了颠覆性的作用。

近两年，国内大量头部企业开始有意识地接洽一些 Martech 供应商，试用甚至采用一些 Martech 产品。但对大多数中小型企业来说，尚未解决数据库、数字化渠道等 Martech 基础架构问题，以及技术基础薄弱、缺乏相应的人才等问题，这直接影响了 Martech 的应用与发展。

笔者写本书有两个目的：一是整理 Martech 领域的相关知识，让碎片化的知识体系化；二是针对长期持有"右脑"思维的营销人员，让"高深莫测"的 Martech 知识普适化，让 Martech 被更多的人理解、接受并应用。其中，搭建 Martech 体系是首先要解决的问题。

在 Martech 相关的诸项技术中，数据技术最为基础。失去了数据技术的支持，Martech 是无法成立的。营销人员需要重点掌握的就是数据管理和数据分析，两者结合起来就是一个输入与输出的过程。技术与产品的关系是营销人员相对陌生的领

前言

域。实际上,数据科学在产品经理的职责范围内大有用武之地。例如,使用聚类分析进行市场细分、产品决策的假设检验,使用 A/B 测试分析目标客户的关键问题和需求,等等。尤其是出现了运营与营销结合的趋势后,营销人员有必要学习一下产品管理、产品分析及产品运营方面的知识。

本书主体部分完成于 2019—2020 年,在创作的过程中三易稿件。由于笔者水平有限,书中难免存在不足之处,还望有识者赐教。此外,由于 Martech 行业的飞速发展,新知识点层出不穷,以及笔者对于 Martech 知识点体系化的执念,还有很多相关知识没有被纳入现有的框架中。诸多缺憾,会在后续版本中——弥补。

感谢大家!

冯　祺

2020 年 12 月

目 录

第1章 进化：从 Marketing 到 Martech 1
1.1 Martech 时代到来 1
1.1.1 传统媒体时代，技术与营销的结合 1
1.1.2 以 CRM 为主体的 Salestech 时代 3
1.1.3 Adtech 时代到来 4
1.1.4 什么是 Martech 5
1.1.5 Martech 的典型应用：营销自动化 8
1.2 Martech 行业的推动力量 11
1.2.1 移动互联网的发展 12
1.2.2 营销软件市场的增长 13
1.2.3 资本市场作为幕后推手 21

第2章 交集：营销人应掌握的技术 ABC 24
2.1 营销人的"左脑"思维 24
2.1.1 算法 24
2.1.2 代码 26
2.1.3 敏捷与敏捷营销 28
2.1.4 精益与精益营销 29
2.2 人工智能 30
2.2.1 人工智能概况 31
2.2.2 智能自动化 35
2.2.3 预测性分析 37

2.3 自然语言处理 41
2.3.1 什么是自然语言处理 42
2.3.2 意图分析 43
2.3.3 情感分析与意见挖掘 44

2.4 云计算与营销云 45
2.4.1 什么是云计算 45
2.4.2 营销云 47

2.5 营销技术栈 50
2.5.1 什么是营销技术栈 51
2.5.2 营销云与营销技术栈的区别 52

2.6 区块链 53
2.6.1 什么是区块链 54
2.6.2 区块链营销的核心：信任 54
2.6.3 加密货币与通证的营销应用 56
2.6.4 去中心化广告 57

2.7 微服务 59
2.7.1 什么是微服务 59
2.7.2 微服务对营销的影响 60
2.7.3 微服务与云 61

2.8 边缘计算 62

2.9 物联网 64
2.9.1 什么是物联网 64
2.9.2 物联网与数据 65
2.9.3 物联网营销 66

2.10 5G 与 Wi-Fi 6 67
2.10.1 5G 67
2.10.2 Wi-Fi 6 69

第 3 章 数据：Martech 的基础 70
3.1 大数据时代 70
3.1.1 什么是大数据 71

		3.1.2	数据运营思维	72
		3.1.3	数据资产	77
	3.2	数据管理		78
		3.2.1	客户数据管理	78
		3.2.2	私域流量与数据中台	82
		3.2.3	客户数据平台	85
		3.2.4	DMP	89
		3.2.5	SCRM	91
		3.2.6	知识图谱	95
	3.3	数据安全与数据合规		97
		3.3.1	数据安全	97
		3.3.2	数据合规	100

第4章 分析：发掘数据的价值 104

	4.1	营销分析		104
		4.1.1	营销组合建模	104
		4.1.2	营销归因	108
		4.1.3	A/B 测试	110
	4.2	客户分析		113
		4.2.1	客户画像	113
		4.2.2	客户细分	115
		4.2.3	客户生命周期价值	117
		4.2.4	客户旅程	118
	4.3	商业智能		122
		4.3.1	数据、情报和洞察的区别	122
		4.3.2	商业智能的组成部分	123
		4.3.3	商业智能应用于营销	124
		4.3.4	客户情报	125

第5章 神经：科学支持的小数据 126

	5.1	神经营销学的发展		126
		5.1.1	什么是神经营销学	126

5.1.2	神经营销学的发展历程	128
5.1.3	神经营销学与行为经济学的联系	129
5.1.4	神经营销学与品牌	131
5.2	神经营销学的相关技术	132
5.2.1	记录大脑生理活动的技术	132
5.2.2	记录外周神经系统活动的技术	133
5.2.3	面部编码	134

第 6 章　Adtech：Martech 时代的广告　136

6.1	程序化广告	136
6.1.1	组成部分	137
6.1.2	交易模式	139
6.2	程序化创意	142
6.2.1	创意与科学的结合	142
6.2.2	创意管理平台	143
6.2.3	动态创意和动态创意优化	144
6.3	广告验证	145
6.3.1	广告可见性	146
6.3.2	广告欺诈	147
6.3.3	品牌安全	150

第 7 章　产品：价值的载体　151

7.1	产品管理	151
7.1.1	数据驱动的产品经理	151
7.1.2	产品运营	152
7.1.3	产品战略与产品路线图	153
7.2	产品开发	155
7.2.1	想法的产生与筛选	156
7.2.2	概念发展与测试	159
7.2.3	营销策略与商业分析	161
7.3	体验	163
7.3.1	营销与体验	164

	7.3.2	从 ROI 到 ROX	165
	7.3.3	如何测量体验	167

第 8 章 触点：兼具触达与交易的"最后一公里" 170

8.1 触点：媒体与渠道的融合 170
- 8.1.1 对话式 AI 171
- 8.1.2 短视频与垂直视频 175
- 8.1.3 KOL 176
- 8.1.4 数字化电视 181
- 8.1.5 数字户外媒体 183
- 8.1.6 VR 与 AR 186

8.2 电子商务 188
- 8.2.1 DTC 品牌 189
- 8.2.2 社交商务 191
- 8.2.3 动态定价 194

8.3 零售数字化与零售技术 196
- 8.3.1 零售数字化 196
- 8.3.2 零售自动化 198
- 8.3.3 零售技术 200
- 8.3.4 地理位置营销 203

第 9 章 B2B：面向企业客户的营销技术 207

9.1 B2B 营销 207
9.2 B2B 营销策略 209
- 9.2.1 目标客户营销 209
- 9.2.2 集客营销 212
- 9.2.3 网络研讨会 216

第 10 章 管理：首席营销技术官与新职位的出现 218

10.1 CMO 的危机 218
- 10.1.1 CMO 生存的土壤发生质变 219
- 10.1.2 CCO、CRO 相继出现，CMO 并非"标配" 221

   10.1.3 专注增长的 CGO   223

10.2 Martech 时代营销职位的变革   225

   10.2.1 首席营销技术官   225

   10.2.2 营销技术专家   231

   10.2.3 营销运营职位的出现   233

第 1 章

进化：从 Marketing 到 Martech

1.1 Martech 时代到来

技术的发展，为营销行业带来了全新的机遇和挑战。尤其是互联网技术，它是影响营销的最重要的技术之一，它打破了所有的边界，包括时间和距离。品牌可以不受任何限制地与消费者联系。消费者通过互联网接触到不同的市场，在更广泛的产品中进行选择，准确找到需要的物品。品牌可以同步获取消费者的信息，利用大数据技术更彻底地了解他们。

技术在营销领域渗透得十分广泛和深入。经历了传统媒体时代和数字营销时代，Martech（营销技术）时代到来了。

1.1.1 传统媒体时代，技术与营销的结合

商品经济出现以前，人们的活动地域有限，商品生产出来直接进入销售环节，很少需要中间环节（渠道、广告这些都不需要），生产直接与销售挂钩；而商品经

首席营销技术官
Martech 时代，技术驱动增长

济出现以后，特别是大机器生产、消费市场地理位置的扩大化诸项因素发生作用后，生产和销售之间出现了脱节，卖家与买家之间的距离扩大了，也就产生了对营销的需求。生产和销售因而分别让渡部分权力，即生产环节的"产品"和"价格"部分，销售环节的"渠道"和"推销"部分，组成了以"4P"为代表的营销。

在《市场营销：原理与实践》一书中，科特勒将营销定义为"企业为从消费者处获得利益回报而为消费者创造价值并与之建立稳固关系的过程"。而在以消费者为中心的意识深入人心之前，营销主要体现为清楚地和有说服力地同目标消费者沟通这些价值的过程。换句话说，在相当漫长的一段时间里，营销几乎是和广告画等号的。

人类社会长期处于卖方市场，消费者的需求没有被充分发掘，商品之间的竞争也局限在品类内部。因此，商品的营销手段以商品本身的口碑和广告为主，商品信息则通过大众传播和人际传播两种方式告知消费者，以促进购买。因此，技术与营销的结合，以及相应技术的发展，主要体现在广告媒介和广告作品的材质上。每诞生一种新的技术，就会出现有眼光的商人将其应用于商品的传播介质上。

在电波媒体出现之前的数千年，平面媒体一直是主要的广告媒介，因此当时影响广告营销的主要因素是印刷术和造纸术。人们能够见到的、最早的广告实物，便是一张写有古埃及广告的莎草纸，它大约出现在公元前 3000 年。我国现存的最早的广告是济南刘家针铺的雕版印刷广告，是在活字印刷术发明后出现的。

无线电、电视技术投入使用之后，信息传播的范围大大扩展了，迎合了商品、资本从本土走向国际的需求，这些技术也迅速在营销行业普及。1920 年，美国匹兹堡西屋公司的工程师弗朗克·康拉德建立了 KDKA 电台，这是历史上第一座广播电台；同年 9 月 29 日，第一个广播广告经 KDKA 电台播出，用以推销收音机。20 世纪 40 年代，电视广告登上历史舞台，并以声像结合、完整表现产品特性的优势迅速超越其他媒介，成为营销行业持续半个多世纪的"媒介霸主"。以上诸多利用媒体向消费者推销产品的做法，被称作"推式营销（Push Marketing）"，即专注于将产品"推"给特定受众的营销策略。

与之相对的是"拉式营销（Pull Marketing）"，顾名思义，是将消费者"拉"到品牌身边，旨在增加消费者产品需求的一种策略。这种策略的起源与电视技术的普及几乎同期，即以消费者为中心的意识开始普及。进入 20 世纪后，商品品类增加，卖方市场向买方市场转移，市场营销人员开始重视消费者的意见。1923 年，专业市

第1章
进化：从 Marketing 到 Martech

场调查公司 AC 尼尔森成立，通过市场研究建立营销信息系统的工作开始成为与营销活动密不可分的有机体。到了 20 世纪 30 年代，弗瑞德·E.克拉克和 C.E.克拉克把市场信息的收集与阐释正式纳入营销概念。一些针对受众研究的技术开始逐步应用到市场研究、消费者研究领域，"神经营销学"为集大成者。营销与技术的结合，不再局限于传播环节。

进入 20 世纪六七十年代，计算机、互联网技术的相继出现，拓展了营销与技术结合的领域，进一步影响到相关的广告、创意、销售、零售、公关等领域，进入 21 世纪后诞生了 Adtech（广告技术）、Createch（创造技术）、Salestech（销售技术）、Retailtech（零售技术）、PR tech（公关技术）等术语。各大品牌开始意识到，公关也是销售线索的强大推动力。越来越多的营销人员开始考虑将公关技术融入营销技术工具中，为实现营销目标做出贡献。

1.1.2　以 CRM 为主体的 Salestech 时代

计算机技术与营销行业的结合，始于销售端。或者说，Salestech 先于 Martech 出现——Salestech 是销售人员用来提高销售效率和销售成果的技术工具，是"销售端的 Martech"，其典型应用为销售自动化（Sales Automation）。

20 世纪 70 年代，从 ENIAC（世界上第一台计算机）开始的计算机已经发展到第四代大规模集成电路计算机，用于销售自动化系统和客户数据文档的数字化；同时诞生的数据库软件，可用于创建客户数据库和管理数据。在科幻小说《三体》中，叶文洁到了红岸基地才认识到的数据库，在大洋彼岸的美国已可以投入商业使用。

20 世纪 80 年代，直复营销转变为数据库营销。由 Robert 和 Kate Kestnbaum 开创的数据库营销开始用于收集和分析客户信息，使用统计建模，然后营销人员根据这些数据制定对其他潜在客户的传播策略，以获得更高的转化率。这是客户信息与营销策略结合的早期阶段。

1987 年，Conductor Software 推出了第一款客户关系管理（Customer Relationship Management，CRM）软件 ACT。之后，越来越多的 CRM 软件诞生，医疗、消费品等行业纷纷开始使用 CRM 软件以提供更好的客户联络及服务。CRM 一词真正诞生于 1995 年，到了 1997 年，CRM 从客户解决方案转向 ERP（企业资源规划），包括产品规划、制造和运输等业务运营，以及销售、营销和支付功能。

1999 年，Siebel 推出了第一款移动 CRM 产品——Siebel Sales Handheld。随后，PeopleSoft、SAP 和 Oracle 也推出了移动版本。同年，云 CRM 问世，Salesforce 推出了首个 SaaS CRM 产品。最初，SaaS CRM 产品仅适用于小型企业，但随着 SaaS CRM 扩展为更强大的系统，大型企业也开始使用。

2006—2010 年，基于云的 CRM 产品变得流行。2006 年，SugarCRM 公司开创了开源企业系统。与内部部署应用程序的成本相比，此款软件的费用更低，公司可以花费更少的费用使用 CRM 软件。SugarCRM 公司后来推出了基于云的版本的开源企业系统，该版本的开源企业系统已成为 CRM 行业的标准功能。

1.1.3　Adtech 时代到来

Adtech（广告技术）是 Advertising Technology 的简称，是指用于管理投放、定向和评估数字广告的技术和方法。Adtech 的起源可以追溯到 1994 年的 Banner 广告。1994 年 10 月 27 日，AT&T 等 14 个客户在 Hotwired 网站上发布了大小为 468 像素×60 像素的 Banner 广告"You will"，这是第一个网络广告。随后，Cookie、JavaScript 等技术逐渐被用于网络广告。1994 年，当时主流的浏览器软件 Mosaic 和 Netscape 使用 Cookie 技术追踪用户的线上行为；而 JavaScript 技术则让弹出式广告成为可能。接下来的几年，WebConnect 和 DoubleClick 等广告网络服务商相继出现。

1996 年，网络用户和网站数量大幅增长。品牌最初与热门网站达成广告协议，却发现越来越难以跟踪它们的横幅广告。为了解决这一问题，DoubleClick 等创建了广告服务器（Ad Server），用于在网络上制作和分发广告。同年，广告主可以获取广告活动的分析报告，以查看和控制转化率。

但随着网络的不断发展，管理跨不同网站投放广告所需的各种关系变得很困难。1998 年，第一个广告网络（Ad Network）诞生了。广告网络可以帮助品牌在许多网站上投放广告。

20 世纪 90 年代中期，PPC（Pay Per Click，按点击付费）广告被开发出来。2000 年，谷歌推出了 AdWords（关键词广告），其第一批广告主每次点击付费为 0.005～0.25 美元。如今，AdWords 最高价格可能达到每次点击付费 200 美元。

2006 年，iPhone 发布之前，移动广告网络已开发完成。第一个移动广告看上去像屏幕底部的简单文字链接。从那时起，移动广告逐步通过定位、技术和互动性进

第 1 章
进化：从 Marketing 到 Martech

入了一个新的水平。大多数广告网络（如 AdMob、M-Media、WebOS 和 Chartboost）都采用了 CPC（Cost Per Click，按每次点击付费）和 CPI（Cost Per Install，按安装付费）定价模式。

2007 年，苹果公司推出 iPhone，谷歌紧随其后发布了安卓系统。2007 年至 2011 年间，智能手机的推出使手机等移动网络设备的价格暴跌，互联网用户数量急剧上升。用户使用媒体的习惯也发生了变化。通过移动设备，用户可以随时随地访问互联网，但可能会不断受到干扰。当然，用户更多选择使用社交、短信或短视频等功能，这让广告环境变得更加复杂，这也意味着广告主在衡量广告 ROI（投资回报率）方面效率会较低——这为程序化广告提供了增长的机会。

2007—2010 年，雅虎的 Right Media、Google AdEX、Microsoft AdECN、AdMeld、PubMatic、Rubicon Project 和 Open X 等广告交易平台，开始搭建 RTB（实时竞价）产品。这些工具可以被视为过去几年中最具影响力的工具。RTB 比任何静态操作都更有效，不仅适用于广告主，也适用于出版商，这对整个市场来说是一个双赢的局面。

之后，围绕程序化广告不断诞生新产品：2014—2015 年，标题竞价（Header Bidding）成为人们讨论的重点；紧随其后的私有竞价又有成为主流的趋势。

1.1.4 什么是 Martech

Martech 是术语"营销"和"技术"的混合词，代表当今高度数字化商业世界中营销和技术的交集。围绕"什么是 Martech"这一话题，众说纷纭。例如，Hubspot 副总裁 Scott Brinker 认为，"Martech 主要是由营销部门用在营销环节的技术。"深演智能 CTO（首席技术官）欧阳辰认为，"Martech 主要用于解决营销领域的问题，并且强调用技术去解决这类问题。这与传统的利用心理学、美学知识去做一些精美创意的营销方式不同，Martech 更聚焦用技术和数据解决营销全链路问题。"喜利得中国区数字和品牌总监栗建则认为，"Martech 是基于新的技术手段，真正帮助提升消费者体验的技术，从而调整营销策略。"

综合几方观点，Martech 可以简单定义为技术对营销的赋能，或者营销人员通过数据等技术手段解决企业的营销问题。Martech 主要有对内和对外两种职能：对内通过数据等技术手段管理企业内部的营销资源和合作方，如数据库、产品、定价、

首席营销技术官
Martech 时代，技术驱动增长

分销渠道等；对外则同样通过数据等技术手段影响客户的购买决策。Martech 的具体功能：营销人员对数字工具的管理和使用，通过营销自动化让机器能够自动执行任务、制定数据驱动的决策、管理销售线索，以及完成联系客户、渠道分析和归因等工作。

Martech 与我们熟知的数字营销是有区别的。数字营销是指使用数字技术为产品或服务所进行的营销，其主要发生在互联网、移动端及其他数字媒体领域。从概念上说，数字营销是一种营销手段，相对于传统媒体营销而言，强调的发生地为数字渠道。

Martech 强调的是营销方式以技术为主，包括服务于市场的硬件、软件、平台及服务。与 Martech 相对的是传统的、以人力为主的营销方式。当然，进入数字营销时代，几乎所有涉及数字营销的人都在与 Martech 打交道，因为数字化的本质也是基于技术的。数字营销是从营销人员的角度来看待技术，而 Martech 在很大程度上是从技术人员的角度看待营销。

Hubspot 的副总裁 Scott Brinker 最早关注 Martech[①]。2008 年 2 月，在 Ion Interactive 任职的 Scott Brinker 开通了自己的博客，同时开启了超过十年的 Martech "鼓吹"之旅。在第一篇博文中，Scott Brinker 阐述了其灵感的来源，包括三本书——《冷眼看 IT》《长尾理论》和 Bernd H. Schmitt 的著作 *Big Think Strategy*，以及 Michael Fischler 的文章 *Marrying IT and Marketing*。

在 *Marrying IT and Marketing* 这篇文章中，Michael Fischler 指出，"IT 部门主管信息，而营销部门利用信息。但是，这两个部门就像猫鼬与眼镜蛇，永远存在争执……"对此，Michael Fischler 提出的解决方案是在企业内部建立一个新的部门负责营销技术，由首席营销技术专家领导。该部门将包括来自营销部门和 IT 部门的人才，以及精通技术的营销人员和精通营销的技术专家。Scott Brinker 受到启发，提出"营销已经成为一门技术驱动的学科，营销部门必须将技术能力注入他们的 DNA 中"。

近年来，Martech 在营销预算中所占的份额持续攀升，丝毫没有放缓的迹象。根据 Chief Marketer 在 2019 年年底发布的"2019 Martech 展望调查"，54%的营销人员预计 Martech 的预算会增加，34%的营销人员表示将保持不变，只有 4%的营

[①] 有趣的是，Scott Brinker 更倾向于使用 Martec 而非 Martech。

第 1 章
进化：从 Marketing 到 Martech

销人员预计 Martech 的预算会下降。

2019 年，Scott Brinker 甚至提出"Martech 即营销"的观点，引发争议。按照 Scott Brinker 的看法，Martech 与营销的关系发展可以划分为四个阶段。

- Martech 协助营销（Assisted）：Martech 被视作营销领域的一部分，但它还是接近自身本来的运作。
- Martech 嵌入营销（Embedded）：Martech 被视作营销组织的一个重要组成部分，并几乎支持所有围绕它的营销活动。
- 营销吸收 Martech（Absorbed）：Martech 不仅是营销机构的重要支柱，它的能力也被整个营销团队吸收，他们将其作为工作不可或缺的一部分。
- Martech 支配营销（Dominated）：在成功的营销实践中，技术几乎推动了一切。

Scott Brinker 认为，许多公司在最初的阶段将 Martech 视作特定任务的单点解决方案。大多数大公司已进入"嵌入"阶段，大多数"数字原生代（随数字科技成长起来的）"公司已进入"吸收"阶段。Martech 已经深入到它们的日常运作中。

对中国本土企业来说，Martech 还处于接受阶段。根据致趣百川与科特勒咨询集团合作的《2019 CMO 调研报告》，不同企业类型的团队营销水平存在显著差异，中国企业对营销技术的使用还处于初级阶段，企业的外资程度越高，营销技术使用频率越高，营销团队所获得的评价也越高。

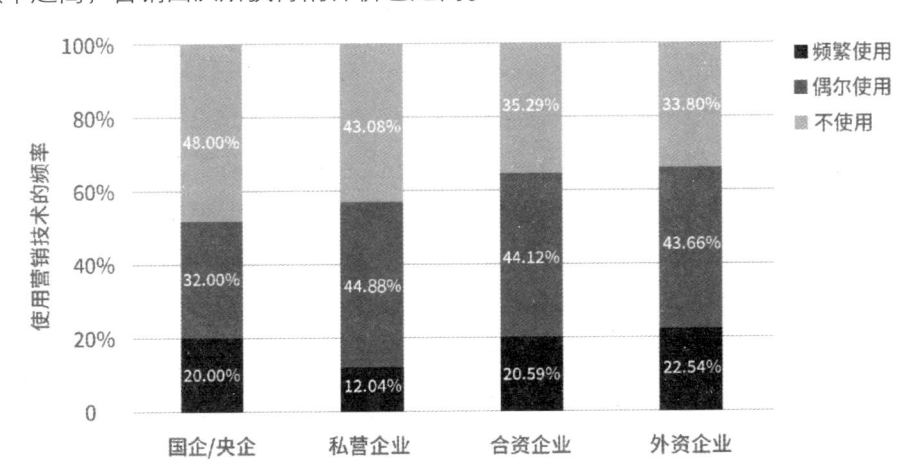

使用营销技术的频率	国企/央企	私营企业	合资企业	外资企业
不使用	48.00%	43.08%	35.29%	33.80%
偶尔使用	32.00%	44.88%	44.12%	43.66%
频繁使用	20.00%	12.04%	20.59%	22.54%

Convertlab 创始人兼 CEO 高鹏认为，Martech 在国内的发展缘于博弈关系发生

变化。2014 年后，消费者的数字化发展迅猛，消费升级也导致产品品类爆发式增长，消费者对于老牌产品已经无感；媒体力量在集中，大量线上媒体集中在 BAT（B 指百度，A 指阿里巴巴，T 指腾讯）、京东、小米等巨型流量入口，推动了媒体行业的结构性变化，对传统 4A 公司及品牌企业都带来了巨大冲击，头部媒体的流量费用越来越高，ROI 难以量化。因此，传统营销不再适用，增长成为稀缺的能力，品牌企业开始关注数据和客户运营。

由于 Martech 的不断渗透，企业品牌资产的价值已经从传统的企业自身延展出去，从品牌知名度、品牌认知度到以客户视角、客户行为触发的内容交互，再到企业服务的数字化、数据化的不断升级。这让我们看到了 Martech 对品牌资产观念转变产生影响的同时，也带动了数据价值的转变。

1.1.5　Martech 的典型应用：营销自动化

根据 Salesforce 的定义，营销自动化是一种通过多种渠道自动管理营销过程和多项营销活动的技术。通过营销自动化，企业可以通过电子邮件、网络、社交和文本的自动化消息来锁定客户。消息是根据称为工作流的指令集自动发送的。工作流可以通过模板定义，也可以从头开始自定义构建，或者在运行过程中进行修改以获得更好的结果。

Hubspot 则简单定义营销自动化为以实现营销活动自动化为目标的软件。许多营销部门需要自动化处理许多重复的任务，如电子邮件、社交媒体和其他网站操作。营销自动化技术使这些任务变得更容易。

营销自动化的起源可以追溯到 CRM 时代，真正成熟则是在 21 世纪初。在互联网发展初期，早期的营销自动化系统主要服务于电子邮件营销。随后，网络分析、电子邮件和营销资源管理等营销技术的融合，催生了营销自动化系统。其代表为 1999 年 Mark Organ 创立的 Eloqua（Eloqua 后被 Oracle 收购），其产品在后来开发成为营销自动化服务。

1999 年，CRM 公司 Salesforce 推出了月度许可费模式，从而产生了 SaaS 模式。SaaS 提供相同的服务，但是成本更低，让更多的公司可以使用。

Eloqua 的成功带来了更多的市场参与者，如 Pardot、Hubspot、Marketo 等。随着互联网的发展，基于云的营销自动化平台开始出现。

第1章

进化：从 Marketing 到 Martech

由于市场竞争存在，营销自动化平台的成本逐渐变得可以承受，甚至小型企业也可以选择营销自动化。营销和销售部门使用营销自动化来自动化处理在线营销活动和销售活动，以增加收入，取得效益最大化。当自动化被有效地用于处理重复的任务时，员工可以有时间处理更高难度的问题，减少人为错误。依此来看，营销自动化的任务是简化现代营销和销售角色中一些较耗时的职责，让企业实施数字营销策略，而不必手动处理每一封电子邮件、每一则消息，甚至每一场活动。优秀的自动化工具甚至可以帮助企业识别受众、设计正确的内容，并根据计划和客户行为自动触发操作。一旦活动开始，使用者可以专注于其他任务，然后分析和调整营销计划。自动化营销策略可以为企业节省时间和资源，在使用者专注于业务增长的同时推动收入和 ROI 的增长。

营销自动化的优势在于不但节省了时间，而且可以让预算发挥最大化的效用。因为营销自动化节省了时间，所以营销预算可以和劳动力成本脱钩，自由地投资于那些有突破性的决策，这些决策将把企业引领到更高的层级。营销任务的自动化解放了营销人的思想，从而更好地服务（或领导）团队，并把钱花在最需要的地方。

营销自动化的用途之一是处理销售线索。企业在决策过程中，管理销售线索是一件非常耗时的工作，而且当潜在客户不再回应时，还存在客户流失的风险。通过管理客户对不同内容的反应，营销自动化平台可以预先提供客户需要的信息，或者自动尝试重新与流失的客户建立联系。在售后环节，营销自动化可以帮助企业提供发货、售后调查等工作，跟踪客户使用产品情况，尽可能使他们成为品牌的忠诚客户。

根据 G2 的观点，产品必须符合以下条件才有资格被纳入营销自动化范畴。

- 自动化执行其中两个或更多任务：电子邮件、社交媒体、短信和数字广告。
- 提供先进的电子邮件营销功能，包括 A/B 测试、垃圾邮件过滤测试、调度、细分和详细的性能报告。
- 提供营销信息互动的营销数据中心。
- 允许动态细分营销活动目标。
- 在特定的动作触发或一段时间后，通过多个渠道联系目标。
- 销售线索管理，包括销售线索培养和打分。
- 生成表单和登录页面，以收集潜在客户的信息。

- 提供整个活动生命周期的分析和报告，包括收入和活动 ROI 的关系。

而营销自动化工具的关键组成部分是提供分析功能，以衡量跨部门和渠道的活动的影响力。这些特性衡量了活动对营销团队 KPI（关键绩效指标）、活动 ROI 及活动对企业收入的影响。顶级的营销自动化解决方案，甚至可以使用机器学习和人工智能，基于历史数据预测未来的营销业绩。

案例：

Lyft 搭建营销自动化平台 Symphony

美国打车应用 Lyft 的业务增长来自获客流程的改进，如开展针对某个特定地区的广告活动以提高知名度，并考虑提供多种模式的产品。协调这些活动以获得大规模的新用户增长非常耗时，因此 Lyft 采用营销自动化来解决这些问题，同时让营销人员专注于创新和实验，而不是日常的运营活动。

Lyft 的目标是创建一个营销自动化平台，以提高投入产出的效率，同时让营销团队能够运营更复杂、更有影响力的活动。具体来说，这个营销自动化平台需要做到：预测新用户使用自身产品的可能性；测量机制，在不同的内、外部渠道分配营销预算；在成千上万的广告活动中分配这些预算；营销业绩数据形成反馈回路，不断强化学习系统。Lyft 的营销自动化系统需要与核心的内部系统紧密耦合，也就是说，用户的生命周期价值预测、归因和市场服务相结合。Lyft 需要确切地知道今天要花多少钱，以及未来 2 周、8 周或 16 周对市场的影响。

因此，Lyft 创建了 Symphony 系统。Symphony 系统由三个主要部分组成：生命周期价值预测器、预算分配器和投标器。通过 Symphony 系统，Lyft 能够预测未来用户价值、分配预算，以及发布广告以吸引新用户使用 Lyft。

用户生命周期价值预测器：该组件的目标是根据用户的价值，来评估各种获客渠道的效率，然后根据来自特定渠道的用户的预期价值，以及愿意为这些用户支付的费用来分配预算。一般而言，在用户生命周期的早期，很难了解他们的留存率或交易价值，因此 Lyft 没有直接测量用户生命周期价值，而是根据历史数据进行预测。当用户采用 Lyft 的服务时，预测就会有所改善。

预算分配器：预算分配器结合用户生命周期价值预测器收集营销业绩数据。预算分配是使用马尔科夫链蒙特卡洛（汤普森抽样）算法完成的。

投标器：投标器公布在目标价格点为广告服务所需的最终变更。投标器由"调谐

第 1 章
进化：从 Marketing 到 Martech

器（Tuner）"和"演员（Actor）"组成。"调谐器"决定如何根据可用的杠杆（如关键字、标题、价值、谷歌搜索的出价类型）来部署资金，同时考虑特定于频道的上下文。"演员"通过 API（应用程序编程接口）集成将实际投标信息传达给内外部渠道，如工作板、搜索、显示、社交和推荐。

Lyft 的合作伙伴出于多年合作关系，帮助 Lyft 的产品在正确的受众面前销售。每个渠道根据其成熟程度支持不同的投标策略。下面列出了一些流行的策略。合作伙伴不断尝试用正确的策略来确定每一个竞选活动的出价，并在不断变化的数字媒体环境中更新节奏。投标器包含许多特定于渠道的细微差别，有助于合作伙伴做出最佳决策。投标器也有一定程度的近期加权和季节性因素，以反映市场的波动性。

对于其他企业如何建立自己的营销自动化平台，Lyft 高层提出以下建议。

- 从零开始，项目将需要 60~70 个月（以 8 人团队为例）的时间来发布一个初始版本。如果产生的预期市场可得收益水平足够支付投资的机会成本，那么就去做吧！
- 企业需要具有强大的分布式系统背景的工程科学团队，能够构建、沟通和解决机器学习问题。
- 数据基础设施将是最大的挑战，验证、异常检测、内存分配和查询效率——这些都是要花费大代价的工作。

1.2 Martech 行业的推动力量

2011 年，Scott Brinker 发布首版以西方市场为主的 Martech 市场全景图（Martech Landscape），包括网站管理、早期的广告技术、搜索营销、邮件营销等技术，当时上榜的公司仅有 150 家。其后，Martech 市场全景图保持几乎每年更新一次的频率。2012 年，公司数量增加到 350 家，并在两年后增加到 1000 家。2014 年，B2B 软件市场萌芽，越来越多的商家开始介入。随后的 2015 年，数量翻了一番，上榜的公司从 1000 家升至 2000 家，这个被普遍看作营销技术的峰值的数字，保持了仅一年而已，很快在 2016 年上榜公司的数量几乎增长了 100%。而 2020 年的 Martech Landscape 涉及的公司数量已经高达 8000 家，比 2019 年（7040 家）增长了 13.6%，与 2011 年的 150 家公司相比较，增长率达到了 5233%！

最初一版全景图，分为外部推广（如广告和社交媒体营销）、客户体验（如企业官网）及负责在后台管理的营销管理三个板块。随着时间的推移和行业的发展，分类方式不断与时俱进，2014 年的版本划分为营销体验（当年最庞大的一个板块）、营销运营、中间件、主干平台和基础设施及互联网六个板块。至 2016 年，全景图才发展成为如今的样子——包括广告与促销、内容与体验、社交和关系营销、商务和销售、数据、管理六大板块。

Scott Brinker 表示，Martech Landscape 项目启动的最初几年，公司数量每年几乎都在翻倍增长，近年来则有所放缓。虽然相比 2016—2017 年的 39%和 2017—2018 年的 27%，2019—2020 年的 13.6%这一数字并不惊人，但已经大大高于 2018—2019 年的 3%了。如果除去 2019 年榜上有名、而 2020 年落选的 615 家公司再来计算，新上榜公司实际上增长了 24.5%！仅就新上榜公司的绝对数量来说，几乎与 2015 年的全部 Martech 公司持平。

不仅是美国，全世界各个国家都有类似的生态统计图，如加拿大和芬兰。无论一个国家是大还是小，都有很多 Martech 公司。那么 Martech 蓬勃发展的驱动力是什么呢？

1.2.1 移动互联网的发展

1996 年，美国著名学者尼葛洛庞帝在其著名的《数字化生存》一书中预言："数字化生存是现代社会中以信息技术为基础的新的生存方式。"很多年过去了，数字化从根本上颠覆了人们的日常生活，尤其是移动互联网的发展，扩大了网络用户的规模，为"大数据"的生成乃至 Martech 的发展创造了条件。根据 CNNIC（中国互联网络信息中心）于 2020 年 9 月发布的《第 46 次中国互联网发展状况统计报告》，截至 2020 年 6 月，我国网民规模为 9.4 亿人，互联网普及率达 67%；手机网民规模达 9.32 亿人，网民使用手机上网的比例高达 99.2%。

在全球范围内，根据 We Are Social 和 Hootsuite 共同在 2020 年 1 月发布的《2020 全球数字报告》，数字技术在日常生活中的作用达到了新的高度：全球使用互联网的人数已经增长到 45.4 亿人，与 2019 年 1 月相比增长了 7%（2.98 亿新用户）。截至 2020 年 1 月，全球有 38 亿个社交媒体用户，比去年同期增长 9%（3.21

第 1 章
进化：从 Marketing 到 Martech

亿个新用户）以上；全球有超过 51.9 亿人使用手机，比去年的手机用户增加了 1.24 亿人（2.4%）。

移动互联网发展的推手是多方面的，如人们已经习惯于从网络上获取信息。早在 2017 年，美国成年人平均每天在数字媒体上花费 5.9 小时，高于 2016 年的 5.6 小时，其中约 3.3 小时用于手机，这是数字媒体消费全面增长的主要原因。另外，全球智能手机的售价不断下滑，促进智能手机普及率提升，从硬件设备方面推动了移动互联网的增长。

移动互联网正深刻改变着人们的日常生活。以购物为例，据统计，71%的消费者会在商店中通过手机阅读商品评论、比价、定位商品、自助买单等。线下实体店正积极寻求变革，进行数字化转型以实现通过手机实时回应消费者不断变化的需求，为消费者打造更好的购物体验。

随着技术的发展，移动互联网应用并非简单地将用户的衣食住行"移动化"，而是开拓了很多移动互联网独有的应用。典型的例子如 AR（虽然 VR 沉浸式的效果更好，但是硬软件技术创建和维护的成本都很高）技术，宜家用户可以将虚拟的餐桌放在真实的房间里，看它是否适合家庭使用。更广为人知的案例当属游戏任天堂采用 AR 技术推出全新的游戏方式，让用户在现实中进行宠物小精灵的捕捉及对战。

2G 时代，我们第一次能够将短信从一部手机发送到另一部手机；3G 是在 2001 年推出的，但直到 2007 年第一批智能手机进入商店，促使视频通话和移动数据技术的使用，才真正实现飞跃式发展；2010 年，4G 技术开始普及，无论是从视频流媒体、移动应用还是程序化广告，一切都开始了迅猛发展。如今，5G 已经到来，我们正在迎来一个高度互联的时代。

1.2.2 营销软件市场的增长

营销软件是营销技术市场的主力军，这些软件包括电子邮件软件、网络分析软件、CRM 软件和营销自动化软件等。20 世纪五六十年代，软件市场是主机的时代；后来发展为客户服务器的时代；2000 年，互联网时代到来；现在则进入云时代。正如 Scott Brinker 所说，现在云技术、微型服务器、很多 API 可以互相交流，出现了

首席营销技术官
Martech 时代，技术驱动增长

很多网络基础设施建设，这些软件可以互相交流、合作，工作会变得更容易，之后再去支持之前所有的主机或服务器的工作。

根据 Grand View Research 的报告，2019 年全球数字营销软件市场规模为 438 亿美元，预计 2020—2027 年的复合年增长率为 17.4%。2019 年，专业服务部门主导了数字营销软件市场，企业需要熟练专家来安装软件、排除故障和管理软件。而在营销软件市场增长的背后，又分别有两股"势力"，即 Martech 的平权化和技术营销人的成长。

1. Martech 的平权化

早在 1994 年，如果企业想创建一个网站，则需要知道 HTML，知道如何设置 HTTP 服务器，等等。这些问题的解决需要 IT 专家介入。随着时间的推移，新的工具诞生了，即便不是 IT 专家也能够构建网站，不过仍然需要弄清楚如 Microsoft Frontpage 这样的软件。但是今天，任何人都可以用如 Squarespace 和 Wix 这样的工具，在几分钟内创建一个漂亮的网站。

在一篇名为《Martech 平权化：将权力从 IT 分配给营销技术人，再分配给每个个体》的文章里，Scott Brinker 以网站设计为例，说明了技术普及的结果：从少数精英手中接过创造和发现的权力，并将其交到多数普通人手中。区块链与营销技术的结合，也或多或少说明了这一趋势正在成为现实。

Scott Brinker 这样阐述：当一项技术首次进入市场，通常需要特别的专业知识来使用它。在商业与技术的结合领域，这通常是 IT 部门负责的。由于需要专门的技术和技能，以及用这种技术来创造事物的价格不菲（它往往需要花费很多时间和金钱），该技术的创造物数量相对较少，创造速度相对较慢。随着时间的推移和技术的进步，对技术本身的专业知识要求越来越低。相反，优势将转移到那些更了解如何在特定领域（如营销）中应用该技术的人身上。用该技术创造的成本下降了，而创造物的数量及被创造的速度上升了。

Scott Brinker 的这种观点与 Geoffrey Moore 提出的跨越鸿沟（Crossing the Chasm）理论有诸多相同之处。Geoffrey Moore 将高科技产品技术的生命周期划分为技术狂热者、富有远见者、实用主义者、保守主义者和落后者五个阶段，其中前两类群体构成了产品技术的早期市场，第三、四类群体构成了主流市场。由于知识差异等问题，从早期市场到主流市场之间存在一条鸿沟，产品技术只有跨越这条鸿

第 1 章

进化：从 Marketing 到 Martech

沟才能继续占领主流市场，为大多数人所接受。

类似地，Martech 的平权化也经历了五个阶段，下面同样以每个阶段中成功使用技术的人群进行分类。

- 学科专家：掌握核心技术的技术专业人员，在其应用领域保持独立地位，如为其他部门构建解决方案的 IT 开发人员。
- 领域专家：掌握某一特定领域技术的专业技术人员，如营销部门内构建解决方案的营销技术人员。
- 高级用户：开发了利用技术的高级技能的非技术专业人员，如精通技术的营销自动化平台管理员。
- 用户：在不需要太多技术能力的领域使用技术的非技术专业人员，如普通的数字营销人员。
- 自动：技术在限定的范围内工作，而不需要用户特别的管理或者操作，如自动化或人工智能。

领域专家与高级用户构成了营销技术人员的主体，用户则代表普通的营销人。需要特别注意的是，在 IT 开发人员和营销技术人员之间，以及营销技术人员和营销人之间，分别有一道巨大的鸿沟需要跨越（第二道鸿沟甚至更大）。

Martech 咨询公司 Perkuto 的 CEO Alexandre Pelletier 专门撰文阐述了 Martech 平权化所带来的结果。

每个人都可以成为营销人：伴随着 Martech 的平权化，以及去中心化的营销模式，每个人在客户旅程中都可以与客户互动，并提出有潜力的洞察，以服务于营销活动，而不存在技术的阻碍。从一线的客户服务专业人员，到解决客户投诉的夜间经理，每个人都有独特的知识，可以对新一轮客户互动产生积极的影响。聪明的企业将通过自己的营销自动化平台推动知识的传递，让员工知道他们的贡献是有价值的。

训练有素的营销人员变得更加重要：真正专业的营销人员会变得更有价值，而并非所臆想的对企业的价值降低了。企业将需要营销人员的技能和专业知识来打地基——从单个的活动元素到营销计划——使得那些新的非营销人员可以顺利工作，而营销人员将成为幕后指导，不仅需要策略思考，还要有创造性地识别许多不同的场景和情况。在这些场景和情况下，工作人员将能够打造漂亮的、避免错误的营销

首席营销技术官
Martech 时代，技术驱动增长

活动，从而产生销售线索和转化。

去中心化企业将获得生存空间：经销商、银行、特许经营商铺等传统企业是由一个中心控制的实体。但是随着 Martech 的平权化和去中心化营销的到来，营销人员将拥有对自己的办公室、商店进行自主决定的权力，并清楚地知道哪些活动正在起作用，哪些访问者正在给予回应，以及哪些优化策略最能提升客户数量。即使最不懂技术的营销人员，也能在这个易用的技术平台上给客户发送邮件。

成本会降低：当企业决定在去中心化的营销环境中接受 Martech 的平权化时，成本必然会降低。成本节省的很大一部分来自重复工作的减少。例如，创建一组可以用于整个企业的设计模板，比每个办公室雇用一名设计师创建自己的模板要划算得多。此外，合并分析、度量和资产也将允许增强分析和有效更新，从而节省时间和金钱。

客户满意度增加：因为当地的营销人员最了解该地区的具体需求和独特偏好，甚至人群的细微差别，能够定制活动直接与他们的邻居和朋友对话，会更有说服力、更加精准，并可以更好地与他们试图触达的人产生共鸣。这些区域办公室并没有采取企业总部提供的通用建议，而是根据当地情况、传统、所发生的特殊事件组织营销活动。这会让客户对企业的满意度大幅度增加。

Martech 的平权化也是造就 Martech 长尾市场的重要原因。所谓 Martech 长尾市场，指的是 Martech Landscape 上榜的公司，如果通过估值来排列，那么最终的图标会显出一条经典的长尾。曲线的头部由很少一部分独角兽构成，中间部分是几十家到上百家估值为 1 亿美元的市场领导者，而数以千计的"小公司"构成了长长的尾巴——当然它们中间不乏千万级的公司，其中有利基市场的创新者、垂直行业的专家、新涌现的挑战者等。

随着 Martech 平权化的发展，即便不是程序员也可以用"低代码"甚至"无代码"平台创建 Martech 应用程序，这极大地增加了创建 Martech 应用程序的人数，并且开发出更多的 Martech 应用程序——虽然这些属于小应用程序，但是具备高度专业化的功能。

据 Forrester Research 预测，到 2022 年，"低代码"这一领域的总开支将达到 212 亿美元，复合年增长率约为 40%。低代码使得应用程序的开发更容易、更快。相比之下，传统的代码开发可能需要数千行甚至数百万行代码。

随着越来越多的 Martech 向平权化方向发展，一个更大规模的营销活动正在兴

第 1 章
进化：从 Marketing 到 Martech

起，Scott Brinker 称之为营销创客（Marketing Maker）的崛起。"创客"一词源于美国麻省理工学院微观装配实验室的实验课题，代表 DIY 文化，基于技术的延伸特指出于兴趣与爱好，努力把各种创意转变为现实的人。同样，营销创客也拥有 DIY 的超能力来构建和分析数字体验，并将极大地改变营销的动力，它将以更快的速度、更低的成本来构建和分析越来越复杂的数字体验。

2. 技术营销人的成长

伴随着 Martech 的平权化，另一股潮流正在酝酿中，即技术营销人（Technical Marketer）或者营销技术专家（Marketing Technologist）的出现和普及。技术营销人的知识和技能远远超出了文案创意和品牌设计的范畴，他们知道如何编码、构建脚本、使用 API 和统计数据。他们可以让销售流程自动化，并发现客户行为发展的趋势。他们将创造力、心理学、品牌与代码、统计和数学结合起来。营销的艺术变成了销售的科学。

一位有着近 20 年工作经验的营销总监感叹：以前，求职者应聘的职位往往是营销经理、广告经理或者文案；现在，求职者应聘的职位集中于数字内容专家、客户体验经理和渠道营销专家等角色。这些人是广告界新"Don Draper（美剧《广告狂人》主角）"。事实上，营销界的普遍共识是，那些跟不上新技术的步伐、不知道如何利用新技术的人将被落在后面。

这并不是说创意不再重要。相反，技术营销人的重要职责之一是通过纷繁复杂的渠道进行内容营销，这就要求他们能够运用发散思维提出创意，写一手好文案，进行创造性、系统性的思考。正如 R/GA 美国的执行副总裁和 CTO Steven Moy 所说，技术使得客户旅程中添加了很多触点，但是品牌如何与客户发生连接，还是需要依靠创意。即便在产品的创新环节，创意也是很重要的，很难想象开发了一个新产品，但是没人去用它。这是最坏的结果。更何况，技术越来越成熟，品牌普遍掌握了数据的处理方式，那么如何建立差异化呢？答案仍然是创意。创意会将品牌和目标客户连接起来。

由于 Martech 的平权化，营销人员掌握技术比之前要容易得多，这也造就了两类职位之间的融合与技术营销人的诞生。再者，就个人能力而言，技术营销人与他们的上级（可能是首席营销技术官）或许各有所长，因此 Scott Brinker 主张权力下放，让整个组织的个人和团队能够开创新的工具和流程。随着自动化和技术的发展，去中心化往往是创造力的源泉，因为不需要在全球范围内达成共识或经过多个阶段、关卡来批准。

那么，技术营销人带来了哪些变化呢？

之前，我们会关心如何创作好的内容；现在，我们所能提供的不仅仅是好的文字和内容，还有对内容营销绩效的分析，根据受众的不同和时间的不同提供差异化内容的可行性。之前，我们所关心的是转化率和带来多少销售线索；现在，我们不仅要知道如何测量，还要知道如何收集所需的数据，并且以一种足以验证商业战略决策的方式解释数据，展现最终的结果。

Scott Brinker 在他的博客中列出了每个技术营销人都应当熟知的八个领域——他们应当了解这八个领域中的专业化知识，并且至少精通其中两三个领域。

- 数据收集与分析：数字营销能力的管理、测量和处理。
- 营销应用：营销软件的配置、操作和整合。
- 广告网络：数字广告生态系统的管理与优化。
- 社交及移动平台：包括 Facebook、Twitter、领英等，以及这些平台发布的工具和 API。
- 内容营销：管理内容营销过程的整个生命周期，特别是搜索引擎优化（SEO）。
- Web 机制：对于 Web 端和浏览器平台有清晰、透彻的理解。
- 软件编程：技术通用语言的"说、读、写"。
- IT 运营：独立操作云计算，与 IT 建立紧密联系。

不同的技术营销人会选择不同的优势组合，以发挥自己的专长。例如，一个网页开发者在营销过程中可能更关注软件设计、网络机制及 IT 运营；一位数据专家可能把注意力主要集中在数据收集与分析、IT 运营及营销应用上；一位 SEO 专家应当比他人更纯熟地掌握内容营销、网络机制、数据收集与分析方面的技能。

从这些核心知识领域中，Scott Brinker 又向外延展出更多、更具体的能力，如下所述。

- 数据挖掘与分析：能够获取、清洗、探索、建模和解释数据的数据科学家，集合了黑客、统计学家和机器学习专家的能力。
- Web 端与社交媒体分析：对包括 Google Analytics（网站）、Radian6（社交媒

第 1 章
进化：从 Marketing 到 Martech

体）技术和原理的理解与掌握。

- A/B 测试与多元化测试：数据分析与内容营销的混合，包含测试驱动的营销。
- 邮件自动化与营销自动化：半自动化平台的配置及操控。
- CRM：CRM 系统，以及作为现代营销中流砥柱的 SCRM。
- 内容管理系统（CMS）与数字资产管理（DAM）：（网络）内容管理系统和数字资产管理，元数据组织。
- 付费点击广告（PPC）与竞价管理：针对 Google、Bing 和 Facebook 的点击付费广告的工具与策略。
- 行为定向：受众定向/市场细分及广告网络内部的数据交易，再营销或者基于兴趣的广告。
- 移动和社交 API：不仅仅是固定的 App，直接开发平台 Feed，实现功能和设计上的融合。
- 社交媒体优化：内容分享和影响力的最大化，分享按钮、徽章和小部件（Widget）。
- 视频与传输网络：视频制作、格式转换、编码和传输，内容传输网络的技术以及所产生的效益。
- SEO：目的是使公司在 Google 或 Bing 等搜索引擎上的排名尽可能靠前。
- HTML、XML 及 CSS：完全掌握网络标记，浏览器功能以及全新的 HTML5 的功能。
- HTTP、REST 及 Cookies：掌握和了解网络协议、表达性状态转移和缓存的功能。
- JavaScript：网络应用程序的客户端语言，Web 2.0 时代的行为，以及 Ajax。
- 应用程序框架：Web 应用程序的服务器端开发，iPhone 和 Android 的 App，企业自己的工具及定制化能力。
- 敏捷开发流程：具备敏捷软件开发经验（如 Scrum），适应敏捷营销。
- 云计算：评估、安装、操纵和监控基于云技术的基础设施、平台和应用程序，松散耦合结构的集成。

- 隐私与安全：隐私策略及相对应的执行，网络与云端的安全问题。
- 数据库与大数据：关系数据库以及 SQL、NoSQL 数据存储，第三方数据集，大规模数据处理。

业界人士普遍认为，有营销行业背景的人相较于有技术背景的人，更易于成为营销技术人才。纷析咨询创始人宋星曾说，技术人才不是决定性的，因为技术一定能实现，一定有解决方法。即使企业自己做不到，也有很多好的第三方技术可以使用。但产品市场本身，需要花费更多的心思和精力去理解和创造。营销人员对技术人员提出要求，只要说得明白，技术人员一般都会满足营销人员的需求。但是，如果一个营销人员对产品没有想法、没有思路，提不出任何创造性的想法，遇到营销问题时，不知道解决方案如何拟订，那就难解决了。因此，Martech 虽然落脚点是技术，解决方案最终还是要靠懂市场、懂业务的人才去完成。

SapientNitro 公司曾与 Scott Brinker 合作，对技术营销人的技能、职业道路、态度和行为进行了一项研究，据 SapientNitro 公司 CTO Sheldon Monteiro 介绍，技术营销人分为六种不同的类型，其中，三种侧重于技术，另外三种侧重于营销。

- 营销专家（Marketing Maven）占受访者的 26%，他们的营销技能比技术更重要。营销专家擅长运用营销策略、战略定位和促销方面的专业知识来建立营销计划。
- 数据达人（Data Diva）精通营销运营管理、CRM、数据科学、分析和建模，知道如何获取、整合和执行数据，占受访者的 17%。
- 16% 的受访者是信息工匠（Message Crafter），他们是营销策略专家和内容管理平台专家。这种类型的人对内容营销和相关技术有一定的了解，可以直接进行传播导向的营销。
- 基础架构师（Infrastructure Architect）也占受访者的 16%，他们是企业级技术团队，同时也是商业顾问，能够对企业的营销计划提供高层次的理解。
- 体验工程师（Experience Engineer）兼顾技术与体验，15% 的受访者属于这一类型。他们是尖端技术的专家，包括从电商到前端的移动技术。
- 媒体和营销分析人员（Media 和 Marketing Analyzer）占受访者的 10%，专门从事调研、消费者洞察和战略规划等工作。

在传统广告时代，行业由大卫·奥格威、比尔·伯恩巴克、李奥·贝纳乃至 Don

第 1 章
进化：从 Marketing 到 Martech

Draper 等一批文案、创意出身的广告人所引领；在 Martech 时代，技术营销人将成为行业的主流人群。

1.2.3　资本市场作为幕后推手

近几年，不少 Martech 巨头通过并购整合完成转型。2012 年，转型 SaaS 并通过一系列收购完成云转型的 Adobe，其数字营销收入占比在 2016 年已达到 30%。2018 年，Adobe 更斥巨资拿下 Margento 和 Marketo。过去十年，Salesforce 先后收购了数十家公司，仅在 2016 年就收购了深度学习创业公司 MetaMind 和机器学习创业公司 PredictionIO，更在 2018 年收购了数据库创业公司 Attic Labs、B2B 电商服务商 CloudCraze、企业云集成平台 MuleSoft 及人工智能营销服务商 Datorama 等公司，为新的 Salesforce Integration Cloud 提供支持。

在 2019 年年初，Scott Brinker 预测，在"Martech 的第二个黄金时代"到来之前，将会迎来营销科技并购交易的买方市场。Scott Brinker 的预测是准确的，根据 Statista 的数据，仅在 2019 年上半年，Martech 行业就出现了 246 宗并购交易。

一些品牌也开始收购 Martech 公司。2019 年 3 月，麦当劳收购了 Dynamic Yield，以便在其得来速餐厅、自助服务亭和移动 App 中实现个性化数字体验。同年 8 月，耐克收购了预测分析平台 Celect，以帮助其预测消费者购买某些特定款式的方式和时间。

此外，社交平台也在加大投资 Martech。微软旗下的 LinkedIn 收购了 ID 解析平台 Drawbridge；Twitter 收购了机器学习初创企业 Fabula AI；Facebook 收购了一家起初针对零售商的视觉技术公司 GrokStyle。

在国内，Martech 同样成为风口。2019 年 9 月 11 日，投中资本、澄志创投和 Marteker 联合发布的《中国广告营销行业资本报告 2009—2018》，针对近十年的中国大陆地区（不包括中国台湾地区和中国香港地区）广告营销行业进行调研，发现 2017 年前后，技术完成对营销全链条的渗透，Martech 开始吸引资本方的注意力。

就具体赛道而言，最初的主要融资项目为广告网络，包括 PC 端、移动端、户外等，即将标准化的广告位投放到楼宇或者不同的网站、App 上，帮助媒体做流量变现；2011 年后，程序化广告技术成为主要吸引投资的赛道；2012 年，出海营销

首席营销技术官
Martech 时代，技术驱动增长

及围绕社会媒体所出现的内容营销开始崭露头角——其中很多是游戏、电商企业出海发展，它们需要与广告营销相关的业务；2017 年后，技术完成对营销全链条的渗透，Martech 开始吸引资本方的注意力。

澄志创投创始人马良骏认为，中国广告营销行业的融资特点为：企业创业壁垒较低，商业模式的创新和迭代快速。行业资本市场融资非常集中，头部聚合效应明显。2018 年，行业开始出现"独角兽"。微盟、盘石、新潮、影谱、Video++共融资 140 亿元，占行业融资总金额的 68%。而 TOP10 项目合计融资 262 亿元，占行业整体融资金额的 45%。值得注意的是，微盟、盘石、新潮、影谱、Video++等行业"独角兽"，都和技术有着非常紧密的联系。

就具体赛道来说，2009—2018 年，程序化广告技术领域共获得融资 201 起，累计融资金额 199 亿元，占整个中国广告营销行业融资金额的 35%，成为 2009—2018 年间中国广告营销行业吸引资本的主力。大量广告技术服务商出现，百度、阿里巴巴和腾讯也推出了自己的广告技术产品。

而从 2015 年开始，营销自动化企业融资浪潮爆发。2009—2018 年间营销自动化领域共有 105 家企业累计获得融资 130 亿元。

马良骏介绍说，2018 年 TOP10 投资机构部署的广告营销项目，大部分项目的行业属性会同时和人工智能、大数据、新零售、企业服务等风口行业重叠。

Martech 行业在增长的同时，公司与公司之间的整合、并购同时发生。20 世纪六七十年代，广告公司在飞速发展的同时，广告集团也借助资本的力量诞生了。Martech 行业无疑也在遵循同样的发展轨迹，新玩家与巨头同时入局。

自 2010 年起，移动互联网在中国逐渐发展起来，出现了不计其数的 App，这些 App 最初的目标是获取用户。这一初始目标完成后，App 试图通过用户获取利润——最初为了吸纳用户而采取的"免费"模式此时成了收费的阻碍，各大 App 运营公司大多寻求流量变现，通过广告获利。Adtech 工具应运而生，因而也催生了一批广告技术公司。

不过，经过一段时间的高速发展之后，Adtech 行业上市公司的市盈率从 2015—2016 年间的六七十倍下降到 2019 年的二十倍水平；A 股的沉寂、上市公司并购活跃度下降，以及商誉减值等负面因素，都阻碍了 Adtech 公司在资本层面的发展。

从中观角度来看，Adtech 行业有结构化的问题。国内的头部流量集中在 BATJ（BATJ 是百度、阿里巴巴、腾讯、京东四大互联网公司的简称）、头条系这些行业

第1章
进化：从 Marketing 到 Martech

巨头手里，广告主也就不用再和需求方平台公司合作，这造成了国内需求方平台公司的生存危机。上市公司在二级市场表现不好，资本方也就敬而远之了。根据投中资本的研究，美国 Adtech 领域的 VC 投资（风险投资）从 2013 年之后开始逐渐走低；两年后的中国，Adtech 领域的 VC 投资也开始下降。

值得注意的是，在 Martech 行业发生的资本并购案例中，缺少 BAT 等互联网巨头的身影。不仅是 Martech 行业，《中国广告营销行业资本报告 2009—2018》显示，中国广告营销行业主要的并购方可以分为三种类型：第一种是蓝色光标、省广集团等以广告营销业务起家的上市公司；第二种是四大国际广告代理集团；第三种是利欧股份、科达股份等公司，其初始业务与广告营销完全无关，试图通过并购的方式介入广告营销行业。

对此，马良骏认为，互联网巨头是 Martech 行业趋势中重要的角色，因为它们拥有数据和大量的广告流量。但是，巨头们在 Martech 生态中扮演的角色不会单单由数据、流量和技术来决定，它们往往受到自身行业生态占位问题的限制——更偏向于供应方（Supply Side），如 Ad Exchange（互联网广告交易平台）、SSP（供应方平台）等，其所能触及的上限大概停留在 Ad Network（在线广告联盟），如阿里妈妈、穿山甲、百度联盟等，可以将自家流量进行智能化优化，并赋能站外流量，而继续向行业链条需求方靠拢的尝试则很难成功。而这仅仅是在 Adtech 领域的局限，如果是在 Martech 范围内，则巨头们会受到更大的阻碍——广告主在 CRM、客服、Salestech 技术选型时，几乎不会考虑选择已经垄断流量的"BAT"们。

马良骏提出，不论自身规模如何，广告主需要的是专注服务自己的 Martech 伙伴。大媒体集团在 B2C 的优势并不能完全转化成它们在 B2B 领域的竞争力。它们可以通过平台输出语音服务、新零售等基础性功能，吸引广告主接入，但 Martech 的主力军不会是它们，广告主需要能整体提高效率、即便不是技术专家也能使用的解决方案，以确保自己的营销预算高效投放，而那属于后来的创新者。

第 2 章

交集：营销人应掌握的技术 ABC

2.1 营销人的"左脑"思维

互联网、智能设备、社交媒体、数字户外及其他数字媒体的崛起，使营销行业飞速发展。除了创意，品牌还需要工具、数据和信息分析。营销人员需要知道如何编写代码、构建脚本、使用 API 及操作统计数据。营销的艺术变成了销售的科学，营销人员需要建立"左脑"思维。

传统意义上的营销将与消费者的沟通（尤其是广告）视为一种艺术形式。偏重艺术气质的右脑思考者自然而然成为这个行业的主力军。随着大数据、社交媒体和营销自动化的兴起，越来越多的人认为营销人员也应该拥有左脑思维，即倾向于逻辑思维。

2.1.1 算法

营销人员需要对增长负责，而没有比数学更能解释增长及其背后机制的一门学科了。营销人员需要学习如何计算关键的业务指标，以优化成本和提高利润率。正

第 2 章
交集：营销人应掌握的技术 ABC

如贝恩资本在 2016 年 4 月的一份报告《数学、魔法与顾客》中所说的，今天的营销人员与其说是 Madman，不如说是 Mathman，他们面临着压力，要汇报每一次营销活动的 ROI，包括但不限于以下几个方面。

- 识别驱动市场盈亏的经济因素。
- 建立衡量成功的最佳标准。
- 确定客户价值及获取新客户的成本。
- 追踪所有媒体的效果。

统计学是应用数学的一个分支，主要通过利用概率论建立数学模型，收集所观察系统的数据，进行量化的分析、总结，并进行推断和预测，为相关决策提供依据和参考。对营销人员来说，需要统计数据为决策提供依据。很多算法其实就是统计学知识的应用。

算法（Algorithm）是一系列解决问题的清晰指令，代表用系统的方法描述解决问题的策略机制。在现代商业世界中，算法无处不在。Netflix 公司使用算法，根据用户的观看习惯和偏好来选择内容和制作节目；英国电影公司 Epagogix 使用自行研制的算法分析电影剧本，预测电影的票房收入，并就如何让电影更具市场价值提出建议，包括改变情节、安排角色和演员等；UPS 快递公司使用基于算法的系统 ORION（On-Road Integrated Optimization and Navigation，公路综合优化与导航系统），将投递路线缩短了数百万英里（1 英里=1.609344 千米）……

在营销领域，算法已经从各个方面进入了我们的视野，它们影响着如广告购买等日常任务，也影响着重大的战略决策。人工智能时代，算法变得更加智能和强大，大规模的变革即将来临。

2016 年，士力架品牌在澳大利亚与墨尔本理工大学合作开发了"Hungerithm"算法，用于追踪互联网上评论者的情绪，并相应地改变了士力架的价格。由代理商 Clemenger BBDO Melbourne 创建的 Hungerithm 算法，根据一份 3000 个单词的词汇表搭建而成，每天监测互联网上评论者的情绪，一天大约能分析 14000 条帖子。营销人员使用该算法每 10 分钟分析一个组合数据集，并从 10 种不同的"情绪"中选择一种，给出相应的士力架价格，每天更新价格 144 次。互联网上评论者的情绪越差，士力架就越便宜。

具体来说，预测客户行为可以使用决策树、线性回归、逻辑回归和朴素贝叶斯等方法；客户的分组、聚类和分类则可以使用 K-Means 聚类、KNN（K-Nearest

Neighbor）、逻辑回归和决策树等方法；预测客户流失率可以使用贝叶斯推理、Pareto/NBD 模型、逻辑回归和 Q-Learning；预测客户生命周期价值，可以使用 Gamma-Gamma 随机模型和隐马尔可夫模型。

案例：

Stitch Fix 的算法

Stitch Fix 是一家按月订购的时尚电商，它打破了传统的实体零售和电子商务零售模式，大量利用数据科学来提供大规模的个性化搭配服务。Stitch Fix 向客户每次寄送 5 件客户可能喜欢的服饰，客户留下并购买自己喜欢的服饰，然后将剩下的服饰寄回即可。每次寄送的服饰是根据数据和算法推断出的，这些数据来源于数百万客户注册时填写的信息，以及每次收货后提供的反馈。

Stitch Fix 聘用了 100 多位数据科学家，围绕客户本身及其需求建立了一套强大的算法，致力于将推荐做到极致。该公司还设立了"首席算法官"一职，聘用从 Netflix 离职的 Eric Colson 领导数据科学团队，建立了被视为当今时尚行业最复杂的数据科学组织。该团队花费 5 年时间开发出了 Stitch Fix 的算法。

当客户注册时，Stitch Fix 采用算法对他们在调查中输入的信息进行分类，分析"我上班穿得很随意"和"我不喜欢秀胳膊"等词条，之后根据测量数据、月度评估，决定哪些衣服可以提供给客户；Stitch Fix 还根据设计师的专业知识与客户的需求和偏好，将设计师分配给客户。

该公司使用算法来确定如何让设计师配合客户，并帮助客户预测未来几个月的款式，这样公司就能更好地管理库存。Stitch Fix 还使用算法来了解每位客户实际的尺寸，为客户提供最适合个人身体特征的衣服。

Eric Colson 在接受《福布斯》杂志采访时介绍，Stitch Fix 使用数据来打造新品，将最流行的设计元素结合在一起，通过算法生成服饰，从而创造出一款新产品。2017 年 6 月，Stitch Fix 推出了第一个独家品牌 Hybrid Design。

当然，尽管 Stitch Fix 十分倚仗数据，但是其数据科学家们一直致力于创新、改进既有算法。

2.1.2 代码

在传统营销时代，品牌与客户沟通的渠道为电波媒体（如电视、广播）、平面

第 2 章
交集：营销人应掌握的技术 ABC

媒体（如报纸、杂志）及户外媒体，沟通语言局限于以视觉表现的创意或文案。因此，创意或文案也被广告公司视为最重要的资产。而在 Martech 时代，营销软件被广泛采用，营销人员只有具备基础的技术层面的沟通能力，了解营销软件的运作方式，才能够在不依赖开发人员的情况下完成任务。简单地说，营销人员必须掌握代码、编程等 IT 相关技能。

早在 2011 年，Scott Brinker 就介绍了营销人员必须学习编程的三个理由。

第一，面对越来越多的营销软件，营销人员需要达成营销目标，保持竞争力；同时，客户对技术也越来越精通，营销人员必须达到客户的期望。对非程序员来说，软件看起来就像一个"黑盒子"，学习编程有助于看透这个盒子——了解营销软件的运作方式能让营销人员有信心去使用它们。

第二，营销领域不仅包括营销人员，还包括大量的专业技术人员，如 IT 人员、软件供应商、技术顾问、创意技术代理商，以及越来越多的营销部门内部的营销技术人员。学习一点编程知识，营销人员可以更好地用技术人员的"母语"与他们交流，避免"翻译/解码"过程中关键细节的丢失。

第三，也是最重要的，学习编程可以提高流程设计技能。以前，营销人员不必进行大量的流程设计。但是如今，营销软件的强大功能在于它能够将客户体验和内部营销运营的各个环节系统化，从而大规模地提供量身定制的营销，因此营销人员需要设计更高级的流程，需要通过软件进行编码和配置。

这是营销人转变为技术营销人的一个重要步骤。他们需要在计算机上编写代码，与其他人的代码交互；使用 Git 和 Github 与其他营销人员或公司共享代码；与同一级别的开发人员讨论 Web 技术；等等。

下面这些编程技术是推荐给所有营销人员学习的。

脚本语言：脚本语言是一种编程语言，用来控制软件应用程序。常见的脚本语言如 JavaScript，通过埋设在用户交互页面，来触发和收集用户的使用行为数据。

数据分析：如 Python 和 SQL。Python 和 SQL 都可以用于管理关系数据库管理系统中的数据，能够处理更多数据和更复杂的查询。

数据可视化：数据可视化是以图形或图表格式呈现信息的。图形或图表使决策者能够直观地看到分析并轻松得出结论。它们可以在相对少量的屏幕空间中传达大量信息。

2.1.3 敏捷与敏捷营销

敏捷（Agile），即敏捷软件开发（Agile Software Development），是一种从20世纪90年代开始逐渐引起广泛关注的新型软件开发方法。敏捷开发是一种应对快速变化的需求的软件开发能力。相对于"非敏捷"，它更强调程序员团队与业务专家之间的紧密协作、面对面的沟通、频繁交付新的软件版本、紧凑而自我组织型的团队、能够很好地适应需求变化的代码编写和团队组织方法，也更注重软件开发过程中人的作用。

敏捷方法最初的创建目的，是给软件开发人员提供一个框架以创建产品，并在创建的过程中获得大量反馈信息，而不是等到流程结束才能获得反馈。敏捷开发使得开发人员能够更充分地思考，并理解他们的最终用户。这是值得营销人员借鉴的地方。

与敏捷方法相对的是传统的瀑布模型（Waterfall Model）。瀑布模型强调系统开发应有完整的周期，且必须完整地经历周期的每个开发阶段，并系统化地考量分析与设计的技术、时间与资源的投入等，适用于创建单独的大型新产品。

敏捷理念被应用于营销行业始于2012年。一群"敏捷营销人员"在旧金山的SprintZero活动中，发布了"敏捷营销宣言"。敏捷营销的主要原则包括以下几点。

- 经过验证的知识，而不是观点和约定俗成。
- 以客户为中心的协作，而不是"孤岛"和"层级"。
- 适应和迭代，而不是爆炸性的广告活动。
- 有一套流程来寻找客户，而不是静态预测。
- 灵活，而不是死板的计划。
- 响应变革，而不是跟随计划。
- 多次小规模试验，而不是豪赌。

敏捷营销的目标是提高营销职能适应变化的速度及其可预测性和透明度。麦肯锡官网上发布的《敏捷营销：入门指南》中指出，许多公司采用敏捷营销的方法之后，细分产品和产品线的收入提高了400%，即使是数字化程度最高的营销组织，收入也提高了20%~40%。此外，敏捷营销还加快了将创意转化为产品的速度：以前需要花费数周甚至数月才能将创意转化为可向客户提供的产品，在采用敏捷营销

第 2 章
交集：营销人应掌握的技术 ABC

的方法后，可以在不到两周的时间内将创意转化为可向客户提供的产品。

敏捷应用于营销的一个典型例子是"微营销活动（Micro Campaign）"。微营销活动指的是小规模的、特别有针对性的营销活动，其持续时间只有几周甚至几天。现在客户购买周期不断延长，而微营销活动被认为是应对方法之一。营销人员将销售周期分解为一个个"里程碑"，然后通过微营销活动来推动客户依次通过这些"里程碑"，以应对漫长的销售周期。

线上女鞋创业公司 Shoes of Prey 的推广活动就是一个有效的微营销活动案例。Shoes of Prey 邀请 16 岁的美容视频博主 Blair Fowler 在 Blair 的 YouTube 频道主持一场赠品活动，结果获得了数百次点击和浏览量的增长，并使总销量增长了 300%。

2.1.4 精益与精益营销

精益创业（Lean Startup）发源于硅谷的创业方法论，即创业公司先将一个极为简单的原型产品（MVP，又称最小可用产品）投入市场，通过不断学习和有价值的用户反馈，对产品进行快速迭代优化，以适应市场需求。

"精益"这一概念也被应用于营销行业。精益营销（Lean Marketing）是一个及时进行频繁评估和迭代的流程，以便品牌在获得反馈（往往是市场发生变化，或者竞争对手有新的动作发生）时快速调整营销策略。而在传统营销过程中，市场营销人员往往将大部分精力放在最终的产品发布环节，当营销策略需要进行更改时为时已晚。

例如，以精益思维发布广告，可以先以最小的成本做出短片，选择特定的渠道投放，获取反馈。如果反馈不佳，则进行改进；如果反馈良好，则扩大投放范围。

著名营销技术博主、Citu 的营销研究经理 Robert Allen 提出了精益营销的三条原则。

做 A 的机会成本不能做 B，决策是相互支持的：很多初创企业试图开发更多东西，最后大多数以失败而告终。在资源有限的小型企业中，构建某个功能将意味着无法开发其他功能。为了避免成本超支、流程延误等问题的发生，企业需要始终考虑每次决策的对立面。典型的例子是 Instagram，Instagram 最初构建了一个基于移动 App 的社交网络，提供查看位置、与朋友制订计划和分享体验等功能。但该 App 被投放到市场后，用户仅喜欢用 Instagram 来分享照片。随即 Instagram 果断取消了该 App 除照片共享外的其他功能。

简单的市场测试可能很有用，但不能总是依赖它。通过开展快速原型调研来开发产品，对用户进行测试，根据用户实际与产品或服务进行交互的方式重新设计，是不错的产品启动方法。然而，营销人员要认识到这种方法的局限性。有时候，快速、廉价的测试提供的答案，并不能完全反映在一个长期过程中市场实际应对的情况；有时候，用户需要时间来发掘新产品的价值。营销人员应尽量避免依赖简单的 A/B 测试，在可能的情况下启动与用户的真实对话，并生成定性的反馈。

从整体上进行企业调整：初创企业与大型企业相比，其优势在于，它们更敏捷，可以使整个企业在营销、销售和运营方面达到既定目标，这在大型企业中几乎是不可能实现的。只要计划得当，每个决定都可以为最终目标做出贡献。从雇用的人员类型，人们获得奖励的方式，使用的 KPI、CRM 系统或项目管理系统等 IT 系统方面来看，它们都会为最终目标做出贡献。如果最终目标需要不同团队之间协作构建产品，那么构建产品的活动可以配置整个组织，甚至是组织架构的布局，以实现协作效能最大化。如果某些活动对整体目标没有贡献，就会被毫不犹豫地消除掉，这有助于提高效率和节省资金。

敏捷营销与精益营销有许多相通之处。比如，根据实际情况的优先级，创建满足用户需求的营销计划；将长期的可交付成果分成小项目，每隔几周提交一次小的成果，以迭代的方式得到最佳解决方案；以周为单位进行交付……但两者也存在一些区别：精益营销专注于营销过程，而敏捷营销也包括终端用户；精益营销可以帮助企业减少营销系统中的浪费，而敏捷营销通过更快地测试交付来减少不确定性；精益营销可以帮助企业削减系统本身的成本，而使用敏捷营销，企业可以通过在测试市场之前避免巨额预算来降低成本；企业可以在一个已经进行了很长时间的活动中使用精益营销来减少浪费，而使用敏捷营销来尝试进行新实验；精益营销侧重于将系统作为一个整体来改进，而敏捷营销侧重于让目标受众决定执行应该如何进行。

2.2　人工智能

人工智能（Artificial Intelligence，AI）并非新鲜话题，早在计算机技术问世不

第 2 章
交集：营销人应掌握的技术 ABC

久，以漫画《铁臂阿童木》为代表的一批作品初步探索了人工智能之于人类的可能性；20 世纪 90 年代《终结者》系列电影的出现，再一次引起人类的恐慌：人工智能能否替代人类。而在 Alpha Go 接连战胜李世石、柯洁等围棋国手，伴随着新闻自动编写程序、无人机替代快递员等新闻的出现，这一恐慌似乎将成为现实。

2.2.1 人工智能概况

"人工智能"一词是一个概括性的术语，它涵盖一系列在人类帮助下或完全靠自己学习的机器。人工智能技术支持的机器可以阅读和理解文本，看到和识别图像，在障碍物周围移动，听到和理解声音，感知它们的外部环境。例如，Gmail 和 Google Docs 使用人工智能阅读用户正在输入的内容，充分理解，并推荐接下来使用人工智能撰写的内容；自动驾驶汽车使用人工智能来探测障碍物，保证安全行驶；环形摄像头和 Nest 恒温器等智能家居硬件设备，利用人工智能来观测、感知环境的变化，采取相应的行动；iPhone 上的 Siri 通过人工智能技术来理解用户的语音指令并给予回应。人工智能技术改变了金融、医疗保健、零售等多个行业，改变了我们的工作方式，提供了前所未有的工作机会，并大幅削减成本。

1. 人工智能的优势

与传统软件相比，人工智能可以有效地处理大规模的数据集，进行分析、预测。最重要的一点，人工智能可以进行自学以改进自身的工作能力，而传统软件完全按照程序设计来工作，除非依靠软件更新，开发人员用"手动"的方式让系统功能获得提升。

以 CRM 为例。传统的 CRM 系统可能会标记任何在企业网站上采取高优先级行动的线索，如下载报告或发起咨询。系统根据这些动作为此销售线索打分。基于手动创建的规则，这些销售线索在网站上采取一些预先规定的行动后，其分数会有所上升。

而一个由人工智能支持的 CRM 系统，会采纳企业创建的销售线索评分规则，然后根据每个销售线索的分数及各个线索在一段时间内的行动情况，分析其能否转化为客户。如果没有企业的参与，人工智能支持的 CRM 系统会根据从数据中分析的情况，自动调整销售线索评分或给予新的分数——例如，也许下载一份报告并不是一个明确的销售线索信号，下载报告的人也不太可能转化为客户。人工智能支持的 CRM 系统会识别出这一点，并相应地改进销售线索的评分。

由于数字营销革命，企业掌握了大量来自 CRM 系统、营销自动化软件、广告平台等渠道的数据。但营销人员缺乏时间、精力或认知能力来有效处理这些数据，尽管这些数据蕴含着能够显著改善营销活动的深刻洞察。因此，营销行业开始转向人工智能。

人工智能可以根据用户的浏览习惯，来了解其兴趣、购物习惯等。当用户登录某个电商网站，人工智能已经整合了他最感兴趣的内容和优惠商品，并推送提醒用户购买的个性化通知。这样，人工智能起到一个向导的作用，确保用户被指引至正确的方向。

对于庞大的用户行为数据，人工智能可以快速分析完毕，并提供有价值的洞察。借助机器学习等技术，人工智能可以将一群客户分门别类，创建独特的算法，从对购买行为、推荐渠道、现场交互等数据的收集洞察，最终在极短的时间内为营销人员提供一份详细的市场解析。

2018 年 11 月，雷克萨斯为其新款 ES 轿车的上市发布了一个广告，并且是一个完全由人工智能编写的广告。从需求发布到完成，广告耗时约 6 个月，其中包括开发这种特定的人工智能，并用数据对其进行训练。这些数据中包括近 15 年来屡获大奖的营销活动、和消费者连接最紧密的情感共鸣及特别能承载人类直觉的信息。人工智能训练数据还加入了雷克萨斯品牌形象和项目指南等数据，以此来保持脚本的原创性和品牌的排他性。

2. 机器学习

机器学习是一门多领域交叉的学科，专门研究计算机怎样模拟或实现人类的学习行为，以获取新的知识或技能，重新组织已有的知识结构，使之不断改善自身的性能。机器学习是人工智能的核心，是使计算机具备智能的根本途径。高级机器学习技术可以提供优化解决方案的能力，提高转化率、客户参与、完成超个性化传播，减少客户流失率，其功能具体包括以下几点。

深度神经网络（Deep Neural Networks）：人工神经网络能够处理大量的数据，并根据接收的训练数据调整计算，不需要任何手动修正就能适应输入数据的能力，允许在成员级别重复使用相同的模型。

第 2 章
交集：营销人应掌握的技术 ABC

产品嵌入（Product Embedding）：通过分析在密切关联或相似上下文中经常使用的其他词汇来检测词汇的潜在意义，可以通过分析哪些产品经常一起被购买，从而识别出相似或互为补充的产品。

深度协同过滤（Deep Collaborative Filtering）：协同过滤是传统推荐系统常用的方法之一，它基于这样的假设——有相似购买历史的客户在未来很可能会购买相似的产品。

动态时间规整（Dynamic Time Warping）：这是一种用于评估两个不同的时间序列/时间序列之间的距离和相似性的技术，它们可能在速度或频率上有所不同。

关联规则挖掘（Association Rule Mining）：用于识别大数据集中变量之间的关系。

3. 人工智能赋能的认知营销

在不久的将来，我们或许会进入一个即便是思考工作也交给软件完成的时代。换句话说，人工智能不只是根据人的指令完成重复性、人工耗时久的工作，而是真正具有了智能，如人工智能对认知营销（Cognitive Marketing）的赋能。

认知营销是一种利用大脑自我思考的能力，与客户建立联系并创造品牌忠诚度和转化率的方法。经由人工智能支持的认知营销，其基础是强大的计算能力、海量的数据、数量激增的联网设备和传感器、基于云的服务能力。例如，IBM 的 Watson（超级计算机），通过 API 与云上的操作平台进行通信（这是类似于人脑思考的过程），接收信号并得出结论。

2016 年第一届奥运会前后，多芬与认知营销公司 Opentopic 和 IBM 合作，推出了名为"我的美丽，我的世界"的活动，旨在解决媒体对女性运动员的描述问题。通过 IBM 的 Waston，Opentopic 分析每天超过 30 万家的媒体提到的内容，并根据 5 个定义类别对每项提到的内容进行相关性评分：头发、身体、年龄、衣服和样貌。该团队还使用概念扩展和情绪分析，来理解媒体提及的带有负面情绪的女性运动员。

4. 人工智能营销平台

一些主流 IT 企业先后推出了人工智能驱动的营销工具，比较著名的有 IBM Watson、Adobe Sensei、Salesforce Einstein 等。

首席营销技术官
Martech 时代，技术驱动增长

IBM Watson 是 IBM 开发的基于人工智能的企业级服务应用和工具。Watson 营销解决方案（Watson Marketing Solutions）则是其中针对营销行业的人工智能工具，它包括 IBM Watson Campaign Automation（人工智能驱动的多渠道数字营销自动化工具）、Watson Real-Time Personalization（Watson 实时个性化）、IBM Watson Customer Experience Analytics（人工智能驱动的客户分析洞察工具）和 IBM Watson Content Hub（基于云的内容管理系统，提供人工智能服务和创建数字体验）四个组成部分。

Adobe Sensei 是 Adobe 底层的人工智能工具，利用了 Adobe 长期积累下来的大量数据和内容，从图片到影像，能够帮助人们解决在媒体素材创意过程中面临的一系列问题。据 Adobe 官网介绍，Sensei 可以实现创意智能（理解图像、插图和动画的语言）、内容智能（深入搜索和理解大量内容，帮助客户在几秒钟内筛选和确定所需的内容）、体验智能（实时提供相关的个性化体验，了解客户需求，识别重大事件并提出建议，以便在正确的时间找到正确的客户），以及开放式框架（作为 Adobe Experience Platform 的可扩展人工智能和机器学习框架，帮助企业和合作伙伴构建自定义工作流程和应用程序）。

Salesforce Einstein 是 CRM 人工智能平台，可以应用于销售、服务、营销和分析等领域，具体可做的任务包括预测评分（营销人员能够评估客户使用电子邮件、从电子邮件列表中退订或进行网上购买的可能性，更好地预测每个客户的需求）、预测受众（营销人员可以根据预测评分采取行动，建立人群细分，并利用这种洞察力，创造出完美的受众群体，推动客户进入下一个层次的参与或转换）、自动发送时间优化（营销人员能够在客户最可能参与的时间自动发送消息，从而最大限度地提高电子邮件营销的 ROI）等。

这些产品并非"单打独斗"，而是互相支持。例如，Salesforce Einstein 与 IBM Watson 在 2017 年开始合作，Watson 的洞察力注入 Salesforce 的智能客户管理平台，将 Einstein 的客户关系数据与 Watson 的结构化和非结构化数据（包括天气、医疗、金融服务和零售）相结合。几乎同时，Adobe 和微软联手，将 Adobe 的 Sensei 人工智能能力与微软的数据结合起来，为客户提供更加自动化、基于智能的业务反馈。通过接入微软的生态系统，Adobe 可以从微软的 CRM 和数据可视化工具等平台中获得丰富的洞察。

电通安吉斯于 2018 年 10 月发布的报告《实战 AI：技术赋能，创新营销新时代》显示，以下五个关键的应用领域正在深刻影响中国市场的智能化方向。

第 2 章
交集：营销人应掌握的技术 ABC

精准营销：运用程序化技术与人工智能的机器学习能力，可以极大地提高目标受众定位能力。目前该技术主要被应用于展示广告与购买（需求方平台/数据管理平台），以及 CRM 系统中。机器学习算法可以计算出哪些客户属于某个特定目标受众群。

智能搜索：如今，搜索具有更高的智能性，并且利用结构化数据、机器学习和深度学习来识别内容，还提供特定客户体验与搜索问题解答。目前，将搜索意图、购买行为模式和实时位置数据结合，搜索引擎可以在特定时间和地点，为客户提供需要的信息。

语音识别：神经语言处理（NLP）方面的人工智能技术进步，为语音识别提供了强大动力。得益于大量结构性数据的整合，神经语言处理应用得到了迅猛发展。

图像识别：深度学习技术确保了图像识别的快速发展。类型和年龄检测，内容图像分类和本地化，产品质量监控和相似产品搜索，都是目前市场营销人员可运用的技术。

创意内容：机器学习同样应用于内容定制、广告和消息推送。营销人员利用机器学习可以将不同的创意元素实时组合在一起，制造出最能打动某类特定消费者的广告。

2.2.2 智能自动化

与 AI 颇为相似并相关的一个词是 IA，即智能自动化（Intelligence Automation），它是人工智能和自动化的结合。IA 正在改变经济世界中各个领域的商业运作方式，自动化作为一项任务驱动的命令，其目的仅有一个——让机器从事拥有创造力和自由思维的人类不情愿或必须做的重复性工作。智能自动化系统可以感知和综合大量的信息，并能自动完成整个工作流程，在过程中学习和适应。其应用范围从日常应用到革命性应用，从收集、分析和决定文本信息到引导自动驾驶汽车和先进机器人。

例如，为新一代协作机器人和谷歌的自动驾驶汽车提供动力的技术，可以分析和响应来自传感器的数据流。而 IBM Watson 会吸收和分析大量的文本信息，以快速响应复杂的查询，如对医疗计划的请求。智能自动化有时被用来简化业务流程，更快地做出复杂的决策，包括基于客户档案和市场分析向客户提供报价的营销系统、识别和阻止欺诈交易的信用卡处理系统等。IA 已经在帮助企业超越传统的绩效交易，达到前所未有的效率和质量水平。

首席营销技术官
Martech 时代，技术驱动增长

目前，IA 已经被纳入营销技术栈的范畴，具体可以实现以下功能。

邮件营销自动化：这是邮件营销的基础。通过自动化，营销人员能管理更多联系人，实现邮件的大批量发送和定时发送，创建和管理邮件模板，并可基于前期洞察向特定订阅人群发送定制化信息，极大地提高了营销人员的效率。而更为智能的自动化能实现更为精细的个性化——面向每个人的个性化。智能自动化的技术能分析每个订阅人的习惯来决定单独发送邮件的最佳时间。此外，营销人员还能基于从多渠道收集到的个人搜索和交易历史数据，定位不同促销邮件的特定接收人群。

广告定向：自动化的到来与发展不断重塑着广告交易流程。广告交易流程的自动化也催生并促进了程序化广告行业的兴起与繁荣。如今，程序化广告行业正积极引入 IA 技术用于分析第一方和第三方数据，制定营销活动优化决策以提升其效果。在接下来几年，IA 技术将在管理源自多个输入渠道、跨设备及广告网络的大规模数据方面发挥关键作用。

内容营销：数字化渠道的增加，使得品牌管理这些渠道成为一道难题。而人工智能可以学习内容模式，并创作出更多相同类型的内容，还能在短时间内完成数量惊人的相关内容工作。一些企业已经开始使用 IA 技术驱动的智能内容系统来创建和管理内容。基于大量数据点和客户实时线索，机器学习将具备创建、测试、优化和再创造适合各个交互场景的个性化内容的能力。

社交媒体营销：除潜力巨大的社交广告定向外，IA 还能构建较以往更为深层次、更有意义的品牌和消费者关系。基于内容互动分析与洞察，IA 能撰写社交内容并向客户分发其中最吸引人、最具互动性的内容。此外，IA 还能获取客户的在线时间并洞悉客户乐于接收品牌信息的时间。IA 能迅速准确地定位网络红人并与其建立联系，开展实时互动并优化分享内容。随着社交聆听自动化程度的加深，营销技术能更为智能地进行决策，确定应在内部分发的互动和输入，助力品牌做出更为明智的业务决策。

SEO：尽管 SEO 目前在某些方面已经实现了自动化，但仍需投入大量人力进行创意输出和持续管理，IA 能在 SEO 当前的自动化流程之上提出优化建议并最终进行优化，如根据排名变化实时优化元描述，或基于算法对全网其他类似图片的理解制作图片以替代文本。SEO 审计因其过程繁杂耗时，一直令众多企业头疼不已，但 IA 能完美解决这一难题，使其作为后台程序常规进行。全新的网站开发组件能基于实时数据进行优化，无须参考最佳时间和月度推荐。在未

来几年，智能 SEO 软件将更好地帮助营销人员分析大量数据，进行优化决策并评估其效果。

2.2.3 预测性分析

1. 什么是预测性分析

预测性分析是基于历史数据和分析技术（如统计建模和机器学习等）对未来的结果进行预测的数据分析技术。在营销领域，预测性分析也被看作行为分析。在行为分析中，企业跟踪客户的购物历史、个人数据（偏好、兴趣、爱好、生日、朋友推荐等）、行为信号及搜索历史等。行为分析可以帮助企业创建有助于识别/预测潜在客户需求的预测模型，为企业提供创造个性化客户体验的机会。

具体来说，预测性分析可以完成以下任务。

改善消费者的参与度和个性化：零售商在商品化行业面临的最大挑战之一就是如何将一次性购物者转变为品牌忠诚者。如今，单次销售产生的数据也有助于企业获得如何将客户转化为粉丝的洞察。不只是电商巨头使用这些数据，对规模较小的零售商而言，将洞察力与预测性分析相结合，可以揭示新的潜在销售机会，展现新兴趋势，甚至可以了解潜在客户可能想要的新产品。通过将零售分析纳入预测模型，品牌可以更容易地预测客户的需求，并鼓励购物者复购以获得个性化体验。

有针对性的促销活动：越来越多的消费者受到个性化活动的影响。零售商可以收集一系列个人数据，包括偏好、搜索或查询历史、购物模式、消费习惯，以及过去的销售数据为未来促销的营销决策提供信息。这可以帮助企业进一步细分营销，并确保只向数据库发送密切相关的促销信息。企业可以通过利用预测性营销和个性化来增加在线销售，以提高 ROI 和效率，同时创建更好的客户生命周期并建立忠诚度。美容零售商可通过眼妆、唇妆等来细分客户，以确保特定产品的促销只针对特定的细分市场。每两三个月购买一次口红的人比那些只购买眼影的人更有可能购买更多的口红，即使他们都购买化妆品。

增强库存和商店管理：使用预测性分析可以帮助企业减少库存费用，并确保购买的商品转化为销售而非沉没成本。采用预测性分析的零售商将精力集中于那些重点关注的领域，快速了解新兴销售趋势，优化物流以确保合适的商品进入合适的商店。预测性分析可以帮助企业简化供应链管理并减少库存支出，扩大利润。

适时营销：预测性分析还可用于跟踪购买以外的客户行为和模式。什么类型的行为表明某人正在失去兴趣？如何判断哪些客户有潜力成为超级客户？这是预测营销可以助力的另一个领域。汇总客户数据，将正确的内容放在客户面前，与在正确的时间传递内容给他们同样重要。这意味着促销活动不但要个性化且相关，而且要及时，这是营销的关键。比如，夏季和音乐节是时尚营销的黄金时间。

设定和调整价格：对许多零售商而言，为产品设定价格看起来更像艺术而非科学。尽管近年来电商领域的创新有助于简化这一点，但仍然难以确定新产品的价格点。值得庆幸的是，数据分析可以起作用。使用过去客户的分析和定价，可以为未来的决策提供信息，特别是在拥有大量定价数据的前提下。

2. 预测广告

近年来，预测性分析在市场营销行业中应用广泛，极大地改变了数字营销的格局。相关数据表明，全球预测性分析市场到 2022 年将达到 109.5 亿美元。预测性分析已经成为一种生产工具，它可以帮助营销人员做出实时决策，其中最有价值的部分是预测广告。

预测广告被企业用来分析消费者行为数据，再利用获得的洞察预测未来的趋势，进而优化营销和销售策略。与任何基于机器学习的系统一样，预测广告需要大量的数据，以保持训练和学习。机器学习系统可以共享的数据越多，可以训练和学习得就越快、越好。预测广告可以完成以下任务。

受众定向：预测广告通过访问客户数据和第三方数据来识别潜在客户，并根据对企业现有客户的了解来投放广告。预测广告可以得出人口统计和行为因素之间的相关性，利用相关的工具和技术，在不同的人口统计数据和行为数据之间建立关联，从而识别新的目标受众。例如，假设预测性分析发现当前客户群的成员可能会阅读某篇网络文章，就可以瞄准那些读过相似文章的人。

内容发布的自动化与优化：人工智能可以观察消费者的购买行为，并利用这些数据预测未来的购买模式。营销人员可以进行受众细分，并传递相关的内容。人工智能提供技术支持的内容自动化系统，可以帮助广告主或代理商生产针对特定受众或角色类型的高质量内容。

虽然机器并没有取代真正的创意，但可以优化广告，使其更有效，更贴近目标受众。企业也可以通过预测广告，根据各种行为、人口统计和情景因素（如设备 ID、

第 2 章
交集：营销人应掌握的技术 ABC

位置、购买历史或兴趣）制作自动化的个性化广告，一旦受众数据匹配，广告就可以自动发布。亚马逊就在使用预测广告来投放相关广告，实现交叉销售[①]（Cross Selling）。例如，如果发现最近在网站上购买了蛋白质粉的客户正在阅读某微信公众号的一篇文章，亚马逊就可以向其推销相关的保健产品。

优化广告支出：每年，数以亿计的网络营销资金被浪费在针对错误受众的广告上，或者在错误的时间将广告投放给目标受众。乐天营销（Rakuten Marketing）的一份报告显示，由于使用了错误的营销渠道或策略，营销人员平均浪费了 26% 的营销预算。那些专注于减少广告支出的企业，能够将节省下来的预算用于其他营销活动。通过细致入微的受众定向和价格调整，预测广告可以帮助营销人员提高营销活动的 ROI。例如，谷歌的自动投标平台允许企业选择一个营销目标，如网站访问或转化，并使用受众数据和竞争对手的数据，自动实时调整出价。

Quantcast 的一幅图展示了该公司是如何调整其系统以实现实时预测竞价的。

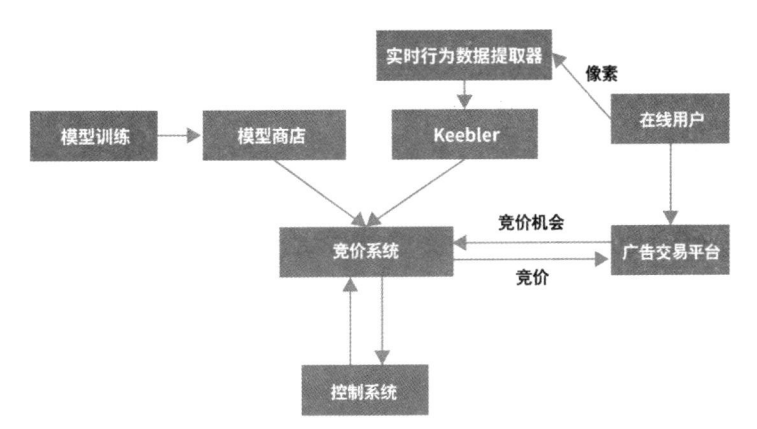

在上图中，数以万计的模型可以从"模型商店"中实时获得。实时行为数据提取器收集实时行为数据，并将数据转换成机器可读的格式。Quantcast 的"Keebler"就像一个 Cookie 数据仓库，所有的匿名用户 ID 都可以从这里快速获取。实时访问模型和行为数据使系统能够识别相关受众，并根据用户对特定产品或服务的预期兴趣做出实时竞价决策。

优化"微时刻（Micro-Moments）"的广告：预测广告使营销人员有可能在有限

[①] 交叉销售指的是向客户销售相关产品或附加产品的推销策略，获取客户资料后，针对该目标客户群，设计能满足其需求及兴趣的产品或服务。

的时间内获取有价值的洞察。换句话说，企业可以使用实时数据优化广告投放策略，在"微时刻"投放合适的广告并获利。根据 Google 的说法，"微时刻"指的是客户开始使用转向智能手机等设备学习、做事、看视频、寻找或购买商品的动机很明显的时刻。在这一时刻，客户的偏好容易形成，或更容易根据需要采取行动。因为客户决心找到他们想要的东西，并对帮助他们实现这一目标的品牌十分感兴趣。

但是，如果不使用某种自动化技术，那么要想成功地将广告投放到"微时刻"几乎不可能。预测广告可以利用客户在线行为的历史数据和人口统计信息，在客户开始表现出强烈的购买意愿之前预测他们的需求。当然，有些"微时刻"是广告主无法预料到的。例如，有人的车在路边抛锚了，正在寻找汽车维修服务。当这些新的"兴趣"突然出现时，广告主如何定向发布广告呢？对此，预测广告技术可以实时分析大量数据。机器学习可以从搜索查询、位置和其他因素中推断客户意图，然后自动提供相关广告。

案例：

塔吉特的预测模型

塔吉特（Target）是美国仅次于沃尔玛的第二大零售百货集团。几年前，一名来自明尼阿波利斯的男子走进塔吉特的一家分店，向经理表示愤怒，原因是他还在上高中的女儿收到了塔吉特的婴儿用品优惠券。经理完全不知道塔吉特的数据分析团队在后台做了什么，赶紧向他道歉。几天后，经理再次打电话向那位男子道歉，但这次，那位男子也向经理道歉，原来他完全没有意识到，他的女儿马上就要生产了。塔吉特甚至比父亲更早知道女儿怀孕的事。

2002 年，既是统计学家也是程序员的 Andrew Pole 加入塔吉特。迎接他的是关于市场部的独特的问题，如能预测一个人的怀孕情况吗，即使顾客不愿意透露她怀孕了？这个案例将购物行为、顾客旅程和数据分析结合在了一起。

如何在一开始就预测一个人是否怀孕？这必须首先检查购物习惯是如何随着人们从生活的一个阶段转移到一个新的阶段的。学生的购物习惯与没有孩子的已婚人士不同，已婚人士在即将为人父母时其购物习惯又会发生变化。大多数时候，消费者自己并没有意识到自身行为的转变，但市场营销人员注意到了这一切。

Pole 获取了一些关于孕妇在不同的月份的行为变化信息——这些记录是孕妇自愿透露的。Pole 和他的团队缩小购物特征的范围，并将这些行为与孕妇特有的行为区分开来，例如：

- 购买无香味的乳液——怀孕 4 个月的时候，孕妇开始购买无香味的乳液。她们认为有香味的乳液对胎儿的健康有影响，所以很多准妈妈会自动选择无香味的乳液。
- 购买补品——怀孕 5 个月的时候，孕妇开始储备钙、铁、锌等矿物质。
- 其他信号——购买更大包装的待产包是孕妇即将生产的信号。

通过分析已经缩小范围的产品，他们可以给消费者分配一个怀孕可能性评分。得分越高，顾客怀孕的可能性越大。事实上，他们甚至可以缩小到以周为单位来送货。

大多数消费者会从不同的商店购买不同的用品，现在塔吉特有很多顾客数据，它已经掌握了主动权，可以提供优惠来吸引孕妇，这些孕妇会发现在塔吉特商店更容易买到所有东西。最重要的是，在怀孕期间过多地活动是有一定风险的，塔吉特可以为孕妇们提供"一站式"购物服务。

当然，虽然塔吉特收集了大量的数据，但公开做广告是有风险的。塔吉特选择发送婴儿用品和用品的优惠券目录。每个目录都是定制的，并有一个独特的优惠券代码，这样当它被使用时，Pole 和他的团队可以验证他们的努力成果。

2.3 自然语言处理

语言是人类最伟大的发明之一。正是语言使我们能够相互沟通、相互了解，最终建立各种各样的联系。根据《牛津英语词典》，"语言使我们有别于其他生物，也是使我们成为这个星球上的主导物种的重要因素之一。"随着时间的推移，语言也在不断进化。

随着计算机的发明和信息技术的引入，人们需要一种新的语言来与计算机交流——程序设计语言。如今，随着技术的发展，人们希望机器能够理解人类的语言，能够像人类一样思考和反应，人和机器能够无缝、高效地交流。这种想法催生了一个新概念：自然语言处理。

2.3.1 什么是自然语言处理

自然语言处理（Natural Language Processing，NLP）是人工智能和语言学领域的分支学科。此领域主要探讨如何处理及运用自然语言。NLP 由认知、理解、生成等部分组成。自然语言认知和理解是让计算机把输入的语言变成有意义的符号，然后根据目的进行处理；自然语言生成则是把计算机数据转化为自然语言。

如今，许多 NLP 应用改变了人类的生活方式。例如，大多数智能手机都具有语音识别功能，如苹果的 Siri，Siri 支持自然语言输入，并且可以调用系统自带的天气预报、日程安排等应用，还能够提供对话式的应答；有些商场使用聊天机器人与顾客进行交互，聊天机器人能够回答顾客提出的基本问题。

NLP 适用于营销分析领域，通常用于定性地理解"为什么"和"什么"，以使营销人员做出更有洞察力的决策。在营销分析中，NLP 可以用来了解受众的意图，品牌可以就此制定出更高超、有效的营销策略。

NLP 具体可以执行以下工作。

主题提取（Topic Extraction）：主题提取是从一组数据中获取主题的操作。它对于了解受众的想法非常有用，也是 NLP 工作的重要组成部分。在营销分析中，主题提取可以帮助品牌了解受众的意图或问题，从而使品牌更好地满足受众的需求。

情绪分析（Sentiment Analysis）：通过阅读用户的评论，品牌可以快速了解用户的情绪，了解用户喜欢或不喜欢的产品或服务。例如，品牌可以通过分析社交媒体上的帖子及评论、豆瓣电影上的评论等来分析用户的情绪，并据此做出相应的决策。情绪分析可以帮助品牌找到有明确购买意图的人，以采取必要的行动，促进营销活动的发生。

定位消息传递的受众 ID：受众识别（Audience Identification）通过分析常见的关键词或主题来确定受众的特征。这些关键词或主题可以告诉品牌谁在和自己互动，使品牌及时调整营销策略以适应这些受众。例如，如果品牌发现经常出现"如何使用 JavaScript 从系统的 API 中提取数据"的问题，品牌就可以判定这些用户是开发人员，并在此基础上创建专门针对开发人员的消息。

创建或改进 SEO 技术的关键词检测（Keyword Detection）：关键词检测可以用来创建或改进 SEO 技术，将文本数据生成流行词列表，并将其与当前的 SEO 关键词列表进行匹配，以确定哪些词是最重要的。品牌营销人员可以创建新的 SEO 关键词列表，以提高点击率，获得更多的流量。

2.3.2 意图分析

用户行动或信息背后的每个意图都应该被理解，这能为企业带来许多好处——企业能更好地了解用户对自身产品和服务的反馈，以及用户对竞争对手产品和服务的看法。意图分析（Intent Analysis）即猜测信息背后的意图。意图可以是任何东西，如用户打算购买产品、对产品的抱怨或打算取消购买的想法等。

NLP 广泛地使用机器学习来获取所需的信息，对句子进行整体分析，并将其与定位、词形变化、多元性等因素联系起来理解句子的意义。

意图分析看起来很像情绪分析。SaaS 供应商 Lexalytics 的创始人兼 CEO Jeff Catlin 解释了两者之间的区别，"说一句简单的话，如'我要买一部新手机'，从感情的角度来看，这里面没有任何实际的情绪，只能把买新手机理解为好消息。然而，在'我一直在疯狂地存钱，新手机我来了！'这样的句子中，虽然其目的是购买一部新手机，但没有'购买'或类似'购买'的词。"

意图分析的一个典型应用是投放广告。根据目标受众的意图，企业可以实时投放广告，帮助目标受众做出购买决定。例如，企业可以根据目标受众的意图对他们进行细分，从而有效地锁定他们。根据受众的购买阶段可以将他们分为以下三类。

- 处于前期调研、浏览阶段的人：首页浏览者，过去 30 天的浏览者。
- 处于研究信息阶段的人：浏览了多篇博客文章、下载了内容、使用了免费工具或注册了网络研讨会的访客。
- 处于推荐等具有较高购买意向阶段的人：访客查看了产品定价页面，选择了演示或免费试用，或在购买阶段退出。

意图分析可以帮助企业决定展示广告的位置。例如，一个智能手机的社交媒体帖子有以下四条评论。

- 反馈：电池寿命不长。
- 建议：一个具有 1200 万像素的摄像头比一个具有 800 万像素的摄像头更好。
- 提问：它前面有指纹传感器吗？

- 营销：想要一款比上一款更好的手机？

企业根据上述评论进行意图分析后，可以放置一条广告——介绍一部配置更好的手机。

意图分析可以帮助企业解决许多问题。企业将不必仅仅依赖基于内容的搜索或行为匹配，而是可以通过意图分析获得更深刻的洞察。

2.3.3　情感分析与意见挖掘

随着 NLP 技术的发展，人工智能有可能提取语言背后的意图和情感。企业可以通过互联网来听取用户的意见。通过情感分析，企业可以倾听和整理用户对品牌、产品或竞争对手的看法。这些看法反映了用户或潜在用户的倾向、观点和态度，可以将"对话（Conversation）"导向"转化（Conversion）"，也可以用来观察大群体的情绪，以及直接与群体对话。

根据企业感兴趣的对象，NLP 专家提出了一组命名实体（Named Entities），这些实体可以是公司、品牌、竞争对手的名称，甚至是一些事件的名称。系统在海量的文本信息中定位一个指定实体的所有位置，这些文本信息包含在一个社交网络中，或者位于网络的其他地方。

为了使机器在未来能够识别相似的内容，NLP 专家利用机器学习算法从数据中提取所需的信息。根据营销人员的兴趣和搜索的目的，系统识别在给定上下文中出现的命名实体，并给出合理的解释。

情感分析可以被视为利用一些情感得分指标来量化定性数据的方法，而意见挖掘能够处理更复杂的任务。例如，它可以定位表示购买意图的内容或将品牌产品与竞争对手的产品进行比较的情况。

虽然情感分析和意见挖掘在很大程度上仍然是基于规则的，但词语和词组之间的关系现在也越来越多地基于它们的语义相似性来确定。

情感分析和意见挖掘在营销活动中大有用处，如管理品牌声誉。企业不可能追踪所有因为用户服务的不完善或其他情况而使品牌受到攻击的情况。有了情感分析，企业就有办法发现大部分负面反馈，并及时做出反应。同样，企业还可以发现积极的反馈，并向那些提供反馈的人表示感谢，从而进一步加强自身和用户之间的

第 2 章
交集：营销人应掌握的技术 ABC

联系，这也是一个介绍和推广新产品的好方法。对于拓展海外市场或其他新市场的企业，情感分析和意见挖掘将为其提供其他方式难以获得的洞察。

2.4 云计算与营销云

2003 年 5 月，《哈佛商业评论》刊载了尼古拉斯·卡尔（Nicholas Carr）题为 *IT doesn't matter* 的文章。尼古拉斯·卡尔提出，企业想应用网络或应用程序，不再需要自建资料中心或自组 IT 团队维护和管理系统，因为互联网就像自来水、电力一样，可由专门公司提供服务，企业可以付费使用。这篇文章开启了云计算时代。

2.4.1 什么是云计算

云计算（Cloud Computing）是一种全新的网络应用概念，其核心是以互联网为中心，在网站上提供快速且安全的云计算服务与数据存储，让每个使用互联网的人都可以使用网络上的庞大计算资源与数据中心。也就是说，计算能力作为一种商品，可以在互联网上流通，就像水、电、煤气一样，可以方便地取用，并且价格低廉。

从客户的角度来看，他们不需要投资新硬件或者软件，仅需向云计算供应商支付订阅费或仅为自己使用的资源付费，就能够获得所需功能。用户只需填写 Web 表单，就可以设置账户，并启动虚拟机或配置新的应用程序。客户也可以实时添加更多用户或实时添加计算资源。

通常，云计算的服务类型分为以下三种。

软件即服务（SaaS）：SaaS 是最广为人知的云计算服务，是一种以服务形式交付的完整应用。SaaS 通过浏览器在互联网上提供应用程序，客户只需要支付一定的订阅费。借助 SaaS，客户无须担心前期安装成本或持续维护成本。此外，它的按需付费模式具有出色的灵活性和可扩展性。较常见的 SaaS 应用程序包括 CRM、ERP、工资单、会计及其他业务软件，其中最受欢迎的 SaaS 应用程序有谷歌的

G Suite 和微软的 Office 365。大部分企业的应用程序（包括 Oracle 和 SAP 的 ERP 套件）都采用了 SaaS 模型。

基础设施即服务（IaaS）：IaaS 位于云计算技术堆栈的底部。IaaS 供应商以按使用付费的方式提供存储和计算服务。IaaS 提供的全套服务包括可扩展性数据库、虚拟专用网络、大数据分析、开发人员工具、机器学习、应用程序监控等。亚马逊网络服务是第一个 IaaS 供应商，其他供应商包括微软 Azure、谷歌云平台和 IBM 云等。

平台即服务（PaaS）：PaaS 是最复杂的云计算形式之一，PaaS 供应商向客户提供平台，使它们能够开发、运行和管理业务应用程序，而无须自行构建和维护基础架构。PaaS 的主要优点之一是作为供应商客户的企业无须管理底层基础架构，开发人员可以随时访问资源。

SaaS、IaaS 和 PaaS 都属于公有云范畴，另有私有云的概念，即将用于运行 IaaS 公有云的技术小型化，成为可在用户数据中心部署和运行的软件。与公有云一样，私有云内部用户可以配置自己的虚拟资源，以构建、测试和运行应用程序。对管理员而言，私有云相当于数据中心自动化，可以最大限度地减少手动配置和管理的工作量。

云计算改变了企业的经营管理模式，营销部门的作业方式也受到极大影响。营销人员开始向云端转移。云计算带来的优势是显而易见的。营销人员可以向全球性的网络平台上传关键的数据，这些数据可以在世界上任何地方、通过任何设备访问。数据的存储和分发变得更为便捷，为企业和营销人员提供了一种更有效的运作方式。

除灵活性之外，云计算还提供了强大的数据分析工具。营销人员从营销工作中获得实时数据后可以对其进行整理和分析，以提供更好、更个性化的客户体验。营销人员甚至可以测试新渠道、跟踪销售线索，并确定哪些策略和渠道最适合目标受众。

就成本而言，云计算比传统方法更经济。企业在实施营销策略时，不必花费大量的金钱和时间在基础设施上。企业所要做的就是订阅服务。另外，云计算可以设置自动更新，不需要客户手动安装。云计算供应商能够向客户一次性推送最新版本。因此，早在 2016 年，Forrester 就已预测，大多数企业将放弃本地安装的程序，转而使用基于 Web 的应用程序。业界也因此出现"云营销（Cloud Marketing）"一词，企业可以使用在线工具完成与潜在用户联系等工作。

2.4.2 营销云

2009年左右，云计算获得人们关注，并迅速普及开来。Marketo在2009年注册了营销云（Marketing Cloud）。2012年，Adobe、Oracle、Salesforce等公司纷纷提出"营销云"概念，并基于云计算技术开发产品。

近年来，国内也陆续有公司提出提供营销云产品。事实上，这些产品多多少少都存在局限性，有些以微信平台为主，有些以活动为主。严格来说，这些产品可归类为微信营销云或者活动营销云，甚至有些营销云产品在渠道关联、数据打通方面都存在一些问题。

营销云作为当前重要的提供营销解决方案的服务平台，获得的广告主的关注度仍然较低，仅占21.4%，远远低于内容营销、短视频营销等。不清楚营销云到底能够为企业解决哪些问题，发挥什么作用，仍然是国内很多广告主观望的原因。因此，我们有必要厘清营销云的概念。

首先为界定"营销云"划下几个标准：第一，应该有管理营销云的闭环；第二，有跨渠道的联动能力，营销渠道不仅仅是单一的会议或者线下活动，还需要多渠道之间进行关联，打通各个营销渠道；第三，应打通客户数据，只有这样才能掌握客户的行为轨迹，这是基础性的工作；第四，基于数据打通，对客户进行进一步的洞察和分析，了解客户处于营销的哪个阶段，再进行下一步的营销动作，这样可以对数据进行更深入的分析、应用，做到精准触达，最终实现营销的ROI。只有产品达到这四个标准，才是一个完整的营销云。

营销云是由一套基于云的营销工具组成的，整合了客户旅程管理、电子邮件、移动、社交媒体、网站个性化、广告、内容创建、内容管理和数据分析的综合解决方案。纷析智库认为，营销云不应该仅涵盖广告，而是应涉及营销的全流程，尤其应涵盖营销的"后端"，即在流量形成之后，进入与企业互动、沟通和转化的环节。本质上，它要满足的企业核心诉求是"增量和存量"的不断激活，也就是企业通过各种途径获得流量后，如何通过持续运营实现转化和增长的问题。

Convertlab创始人兼CEO高鹏提出，营销云是Martech的中台系统，一体化营销云是Martech中最重要的基础设施，他将营销云的演进划分为三个阶段：第一代营销云围绕有限触点或单一场景展开；第二代营销云拥有完善的数据管理平台，支持全渠道的数据管理和用户互动；随着大数据和人工智能技术的日趋成熟，第三代

首席营销技术官
Martech 时代，技术驱动增长

营销云具有"智能化、平台化、生态化"三大特征，以满足企业数字化转型的进一步需求，是企业拥抱数字化时代的基础设施。

2016 年前后，受到国外营销云概念的影响，我国陆续有企业布局营销云战略和开发相关产品。品牌方的需求也在推动营销云的发展，特别是品牌方对于多渠道营销活动管理的需求。在传统的数字营销时期，品牌方会分别选择不同的渠道进行营销活动，难以进行统一管理，这些渠道之间也没有数据打通。而营销云利用统一的数据管理平台，实现了营销渠道的协同与打通。因此，国外有人称营销云为"多渠道活动管理"。

下面以 Oracle 营销云解决方案为例，说明一个完整的营销云产品所包含的组件。

数据管理平台：将企业系统（如 CRM 系统）中的已知客户数据与来自 Oracle 数据云中的大型受众数据市场的匿名档案相关联；与数百家付费媒体供应商相集成，激活目标受众数据来支持数字广告活动。

跨渠道编排：在一个画布中为各个重要数字渠道中的客户编排个性化体验，并消除电子邮件、SMS（短信息服务）、推送和展示广告等关键渠道中的营销孤岛，打造可快速适应客户行为、偏好和特质的个性化体验。

营销自动化：通过高级线索管理和评分建立自动化 B2B 采购流程。基于跨渠道互动，轻松修改线索分数和跟踪线索，并有效推进销售自动化系统的采用，确保销售团队与营销团队的有效协同。

社交营销：挖掘丰富的社交数据，利用潜在语义分析、收集关于客户的关键洞察。通过付费、自有和口碑社交渠道吸引客户。

商务：打造个性化的在线购物和购物车体验，提高转化率并尽可能提升客户的终生价值。

移动营销：在移动终端上直接向目标受众定向地传递个性化信息，并确保其与跨渠道计划一致。

Web 内容管理：借助个性化的内容创建和有效的访问者互动，在网站和移动渠道上为客户提供丰富的数字体验。

营销分析：分析理想目标受众，并跟踪与他们的互动是如何增加各个渠道中的收入的。

第 2 章
交集：营销人应掌握的技术ABC

应用云和数据云：利用团队当前依赖的营销技术环境中的数百个预先集成的应用、媒体和数据源。

内容营销：让营销团队能够更轻松地创建内容，使内容协作成为一项战略资产。将内容与客户生命周期的关键阶段相对应，并确保其与跨渠道营销活动一致。

优化和测试：利用A/B测试、多变量测试和预测性洞察，提供更相关的内容、消息和产品，从而优化客户体验。

当企业选择营销云产品的时候，除了考虑上述功能，还需要注意供应商的资质、产品的安全性，以及其是否有安全管理能力。此外，供应商需要提供一定的知识背景和支持体系，毕竟营销的需求多样化且多变，以防购买了产品却无法使用的情况出现。如果客户有主动意识，服务团队也做得很好，营销云产品就可以发挥出较大的效能。

案例：

北汽福田采用营销云推动数字化转型

在数字时代，汽车消费群体的消费行为正在发生变化。相比过去更多优先选择在店内享受经销商提供的购车服务，现在的客户更偏向于主动在线上获得购车信息，体验的场景也由4S店延伸到线上的搜索引擎、社交媒体、微信朋友圈等多种渠道。

因此，北汽福田需要构建线上平台打通与客户的触点，建立一个持续性的体验流程，最终助力实现产品、服务对客户的消费决策产生影响。通过影响力的持续提高，北汽福田才能从客户身上挖掘出价值，拥有更多的机会在销售和服务中提升转化，实现自身业绩的增长。

行业发展趋势和市场巨变都在催生北汽福田进行营销数字化转型，搭建"以客户为中心"的敏捷营销体系迫在眉睫，但同所有传统行业一样，北汽福田的数字化转型面临着全新挑战，具体有以下两大难题。

一是会员信息分散，形成数据孤岛。北汽福田传统业务系统高达几十个，庞大的会员数据分散在各个系统难以整合，因此客户画像残缺不全，导致营销活动难以形成闭环，更无法评估效果和进行优化迭代。

二是缺乏自动化工具，耗时又耗力。对一个汽车企业而言，耗费成本最高的是研发，其次是营销。因为缺乏数据的决策支撑，北汽福田过往的营销活动采取的是广撒网和粗放模式，而且在执行的过程中缺乏自动化工具，难以同时在多个场景中执行活动，耗费了大量的人力和成本。

从2014年起，北汽福田开始着手数字化转型，启动"以客户为中心"的数字化转型升级战略。2016年，北汽福田全面上线一体化会员体系，通过ID打通了各个平台的会员信息，实现了传统业务系统和线上平台的数据打通和高度整合，并通过会员成长体系挖掘客户价值，实现获客、活跃度和留存的提升，最终实现变现。

2018年年底，北汽福田联合Convertlab搭建会员精准营销平台。在此之前，北汽福田已经搭建好客户数据平台，借助Convertlab一体化营销云DM Hub实现客户画像与基于全维度会员数据的精准营销，在会员全生命周期展开自动化互动，有效地实现会员的激活和现有会员的价值挖掘最大化。

北汽福田会员精准营销平台具备"一站式、智能化、全场景"的特点。通过客户数据中心将客户、联系人、会员、车辆、维保、服务反馈、线上互联网行为等整合至一个平台，精准营销平台对其进行标签化管理和价值圈群，然后根据设计的营销策略进行互动内容编辑和管理，最后实现自动化触达精准人群。整个流程的数据分析和营销数据回流会反过来优化和完善客户数据中心。

通过客户数据中心和精准营销平台的"双管齐下"，北汽福田的营销数字化转型在客户画像、会员运营和业务增长方面迎来突破。

- 整合业务数据和行为数据，形成完整的客户画像。
- 通过精准营销平台进行基于保客会员生命周期的会员运营。
- 通过精准营销平台实现数据驱动业务增长目标。

目前北汽福田通过精准营销平台建设，运营管理形成一体化，支撑业务运营团队对会员运营既有了整体认知和把控，也具备了敏捷营销、快速迭代的运营能力，同时梳理出福田会员全渠道营销场景MOT全景图，逐步实现精准且个性化的数字营销。

2.5　营销技术栈

营销行业向技术领域借鉴了许多术语，堆栈便是其中一个。近几十年来，堆栈

第 2 章
交集：营销人应掌握的技术 ABC

广泛应用于技术行业，包括计算机硬件和编程，即技术栈。技术栈一般是指将 N 种技术组合在一起（$N>1$），作为一个有机的整体来实现某种目的。

2.5.1 什么是营销技术栈

在技术与营销联系日益紧密的今天，技术栈的概念也引入营销行业，进而催生了营销技术栈（Martech Stack）。简单地说，营销技术栈从本质上讲，是指一系列技术工具（如 SaaS 平台、传统软件、社交媒体工具等），营销人员使用这些工具来简化日常营销活动并提高整体效率。比如，营销人员可以多渠道高效地执行营销活动，这些工具可帮助营销人员调整和适应客户不断变化的需求，用有效的方式吸引和留住客户，建立良好的客户关系。

下面以一个网络研讨会为例来说明什么是营销技术栈。一个网络研讨会至少需要一个登录页面来让人们注册，内容以销售和营销文字的形式出现；然后销售团队需要通过电子邮件和社交媒体进行推广，并通过使用 CRM 解决方案进行客户和潜在客户定位。这个例子展示了一次营销活动由几部分组成。从中我们可以看出，即便是开展一个网络研讨会也会涉及多种技术，这只是大型营销或者商务活动中的一部分。

为什么要选择营销技术栈？

一方面，大数据、新的数字渠道，以及消费者与企业互动方式的改变等使得营销人员需要新的技术和工具来触达客户；另一方面，正如 2020 版 Martech Landscape 所显示的，营销技术领域的公司数以千计。一个企业的营销技术栈可能包括以下几部分。

- 电子邮件营销工具，如 Campaign Monitor、Mailchimp 等。
- 社交媒体管理工具，如 Buffer、Hootsuite 等。
- 托管公司网站和博客的内容管理系统（CMS）。
- 分析工具（用于跟踪不同的营销工作），如 Kissmetrics、Google Analytics 等。
- CRM 软件，如 Salesforce、Hubspot 等。

数量庞大的营销技术公司和软件令营销人员无所适从，难以选择。而营销技术栈的核心是从纷繁复杂的营销技术中厘清思路，与客户建立一对一的关系，让企业明晰触达客户的最佳时间、在哪个设备上触达客户，以及使用什么样的创意。因此，作为技术型营销人，需要了解营销技术栈的基本定义以及它是如何帮助企业增长的，并且要会选择适合所在企业的营销技术栈。

2.5.2 营销云与营销技术栈的区别

营销云与营销技术栈是提供全套技术工具的两种不同方法。营销云提供一体化的营销技术产品，创建一种由一个外部营销技术供应商组建的营销技术产品包；营销技术栈由使用方负责监督和组建，客户可以选择来自各种不同供应商的平台和解决方案，自行搭配各个模块。

整合性方案和模块化方案，两者之间如何选择？

企业首先必须决定是选择同一个供应商的整合性工具组件，还是选择几种不同的工具。整合性方案可以提供更多功能，也更加便利，但成本较高；而模块化方案，企业仅选择所需的服务，技术由多个供应商提供，通常很复杂，难以管理，特别是在出现问题的时候。对不需要整合性服务的小型企业来说，模块化方案更合适一些。

营销技术栈对于营销界还属于新鲜事物。当然不乏一些营销技术企业宣称推出自己的"营销技术栈"，实际上只是将内容管理、社交营销等营销技术产品进行堆砌，在管理上形成了联通，但是系统并没有打通，不能形成场景闭环。这也是企业需要规避的一个问题。

整合是区别真正的营销技术栈与营销技术产品的"堆砌"的关键。企业需要考虑其核心技术平台，并确保它们是完全整合的。例如，如果企业正在进行大量的数字广告购买，则应该将 CRM、营销自动化、网站优化和数据管理平台进行整合，确保数据可以在这些关键的营销平台之间互相流动。

然而，要想形成一个营销技术栈并非易事。很多推出营销技术栈的企业推出的营销技术栈的组成部分其实都是本企业的产品。

对企业而言，自身规模的大小也会影响其组建营销技术栈的具体情况。

处于创业阶段的小型企业：对处于创业阶段的小型企业来说，组建营销技术栈最大的障碍在于预算。处于天使融资阶段或 A/B 轮融资阶段的企业通常无法承担更成熟企业可以拥有的更多的软件选项。类似增长黑客的方法更适合这样的企业。

第 2 章
交集：营销人应掌握的技术 ABC

资金充足的初创企业或中型企业：资金充足的初创企业或中型企业应该考虑的问题是哪些软件是企业日常业务所必需的。当然，成本也是这类企业要考虑的问题之一，清楚目前大部分营销和销售费用花在哪里，可以帮助企业决定购买什么类型的软件。

据调查，很多资金充足的初创企业或中型企业选择在以下类型的平台投入费用。

- CRM 平台（如 Salesforce）。
- 营销自动化平台（如 Hubspot）。
- 网络体验平台或电商平台（如 Shopify）。
- 社交管理平台（如 Hootsuite、Buffer）。
- 分析平台（如 Google、Kissmetrics）。

处于此阶段的企业可以先考虑以上几种平台，再根据具体的需求购买更多特殊或专业软件。当然，企业也可以考虑营销云产品。

成熟企业、大型企业：成熟企业如果不确定如何扩展营销技术栈，则仍然可以选择上述几种平台。但是，处于此阶段的企业也应考虑更多专业软件，引入 IT 部门，以正确设置系统并将其与现有技术栈进行整合。

大型企业有更大的团队、更多的预算和更复杂的营销策略，因此也面临着是扩张还是整合的抉择。如果决定扩张，如上所述，企业则可以购买专业软件，以处理某些特定工作；如果决定整合，企业则可以将大部分营销技术资金投入套件（Suite）中，如 Adobe 或 Oracle 的营销云。

2.6 区块链

2018 年，小范围内潜行多年的比特币（Bitcoin）以及与之相关的区块链技术骤然获得广泛关注。各种规模的企业都能够制造通证（Token），让投资者像买卖股票一样买卖通证，为企业的业务筹集资金。投资者可以全天候交易，无须支付高额费用。

尽管比特币的价格波动很大，被视作一项不稳定的投资。但比特币和其他形式的数字货币相比，真正值得一说的并不是其投资潜力，而是其背后的技术——区块链。

2008年，中本聪首次提出区块链的概念。区块链（Blockchain）是借由密码学串接并保护内容的串联交易记录（又称区块）。每个区块包含前一个区块的加密散列、相应时间戳记及交易数据，这样的设计使得区块内容具有难以篡改的特性。用区块链所串接的分布式账本能让双方有效记录交易，且可以永久查验此交易。

尽管区块链目前处于不稳定的早期阶段，但它可能会从根本上改变一些行业的运营方式，其中包括数字营销。

2.6.1 什么是区块链

区块链本质上是一种分布式账本。每个人都可以看到它，并且在所有用户之间共享它。所有使用区块链的人都可以更新此账本。它存储在类似链路的配置中，事务历史存储在区块中，只能在其上构建，不能更改。如果想改变它，就要改变历史——例如，如果有人试图破解它，那么大多数参与者必须改变账本。由于已经有很多人在使用它，这几乎是不可能的，它的安全性因此得到保障。从本质上讲，区块链是一个共享数据库，存储在其中的数据具有"不可伪造""全程留痕""可以追溯""公开透明""集体维护"等特征。

因此，ConsenSys公司在提交给世界政府首脑会议（World Government Summit）的一份报告中，全面总结了区块链的主要优势。

- 区块链没有中心，意味着它是去中心化的。
- 交易受到账本不可更改性质的保护，可以提供更高级别的网络安全。
- 没有人拥有或管理整个区块链。

2.6.2 区块链营销的核心：信任

Don Tapscott和Alex Tapscott在《区块链革命》一书中提出区块链经济七大设计原则：网络化诚信、分布式发电、把价值作为激励、安全性、隐私、权利保护、包容性。这些原则正是源自区块链自身的特性，其中大部分原则被认为可以解决目前广告营销行业中存在的一些问题。

第 2 章

交集：营销人应掌握的技术 ABC

数字广告行业经过数十年的发展，在进步的同时也产生许多问题，如数据隐私、流量作弊等。区块链被认为能有效地解决这些痼弊。正如深演智能 CTO 欧阳辰所说，区块链是一种去中心化的生产关系，能够在加强信任关系方面发挥作用，如搭建更加便捷的数据协作平台、推动数据价值交换；也可以用于营销反欺诈和信息透明，即通过一些透明化的处理手段，把整个营销链条上的数据有序地整理在区块链里，这种技术大大提高了作弊成本。

信任是区块链营销的核心。企业的一切营销活动就是为了解决消费者在企业所属领域的信任问题。正如 Never Stop Marketing CEO Jeremy Epstein 所说，区块链可以将集中的、以市场为中心的世界转变为一个去中心化的、以消费者为中心的环境，在这个环境中，信任将成为副产品。

基于区块链技术，任何人都可以跟踪产品，从它们的产地到工厂再到零售商。沃尔玛曾经与 IBM 合作一个项目，使其供应链流程更加透明。沃尔玛使用了区块链技术，从中国总部开始，对猪肉产品的来源进行了数字化追踪，结果使消费者更加信任沃尔玛销售的产品。

由于区块链去中心化的特性，它可以消除数字营销的中间商。比如，网站出于对谷歌的信任，选择在其网站上展示谷歌的 Banner 广告（横幅广告）——既然该广告已经过谷歌展示网络的"审查"，广告主就可以被看作一家可靠的企业，网站也通过用户对广告的点击而获取报酬。在这个案例里，谷歌本质上是广告主和网站的中间商。

一旦通过区块链做搜索引擎营销（SEM），网站将不必通过谷歌展示网络来寻找广告主，因为每个"用户"都已经得到验证。广告主知道自己在为真正的点击付费，网站也相信自己得到的报酬是公平的，因而不需要谷歌或任何其他中介。这归根结底是额外成本的减少和利润的增加。未来，消费者有可能得到广告主基于区块链的通证的补偿，以换取他们观看广告的意愿。ConsenSys 公司的 CMO（首席营销官）Amanda Gutterman 在一档电台节目采访中说：一切都将通过微支付完成，阅读电子邮件的价格可能是 0.003 美分，通过比特币等加密货币支付。消费者可以掌控自己的联系方式和注意力，营销人员也将不断受到挑战，以证明他们的互动和内容的价值。

欧阳辰还说，区块链能够让用户和广告主之间建立更加直接的联系。例如，很多品牌正在做的返点、积分活动，通过这些活动增强用户忠诚度，而无须涉及第三方，形成更加可信的关系。

区块链可以解决数据收集的方式，让用户对自己的信息有掌控权。之前，任何人上网都必须通过互联网服务供应商（ISP）和 Web 浏览器等"守门人"，用户的数据也掌控在这些公司手里。而区块链去中心化的特性，使得个人数据都保留在自己的服务器上。这意味着，营销人员将以一种与以往完全不同的方式获得用户的许可：区块链允许用户对自己的联系方式和关注收费。否则，营销人员可能不得不直接从潜在用户和现有用户那里收集数据来填补空白。他们还必须根据受众所寻找的特定内容，来定制用户体验，因为通过区块链技术，用户可以自行决定自己想看什么样的内容。

Jeremy Epstein 因此认为，有一天，CRM 系统将会消亡，取而代之的将是加密钱包关系管理系统（Crypto Wallet Relationship Management Systems），该系统向去中心化的身份协议（Identity Protocols）支付租金，获取对单个数据的访问权，但不具有这些数据的所有权。

2.6.3 加密货币与通证的营销应用

加密货币（Cryptocurrency）是以区块链为基础的数字货币。它不是实物硬币或现金，而是存储在数字钱包中的货币。它不受政府监管，但受供求和世界形势的影响。比特币便是一种加密货币。加密货币交易允许双方进行匿名交易，或使用假名。这意味着他们通过区块链交易，比采用其他方式进行交易更受保护。

下面是一个较为知名的例子。2017 年，汉堡王在俄罗斯发布加密货币 Whoppercoin（皇堡币），是根据汉堡王的明星产品 Whopper（皇堡）来命名的。顾客每次在汉堡王购买皇堡，都可以通过数字钱包收到皇堡币的通证。这些通证将用于奖励购买皇堡的顾客，顾客在收集到足够多的通证后，可以用其购买皇堡。

通证是一种可流通的数字权益证明。Jeremy Epstein 认为，营销人员可以用通证来与消费者进行交易，以获得消费者的关注。Jeremy Epstein 认为通证可以从以下三个方面改变传统的营销方式。

提升活动的参与度：通常情况下，人们参与线下活动，或被内容本身吸引，或

第 2 章
交集：营销人应掌握的技术 ABC

为了获得社交体验（与朋友聚会、结识新商业伙伴）。在参与活动之前，人们会通过社交网络分享信息，甚至会通过提供推荐码让朋友获得打折的门票，但是无法得到经济上的回报，其创造的价值最终归活动主办方。如今，一些企业开始为活动推广和降低客户获取成本的行为授予加密通证，使得门票销售更依赖口碑和推荐。这样，活动的主办方将以更低的成本，通过激励或奖励的营销手段，增加门票的销售数量，获得更高的利润。

奖励内容创作者：如今，网络上充斥着各种信息，想找到高质量的内容并不容易。无疑，那些替代我们完成内容收集和内容整合工作的人（被 Jeremy Epstein 称作"策展人"），正是我们所需要的。从某种意义上来说，他们替代了搜索引擎的工作，也更加知道我们需要的是什么。这些内容策展人可以通过加密通证获得报酬，当他们做的高质量工作被认可而得到补偿时，他们会更加努力工作，以确保收集的内容是优质的。这种激励方式将进一步细分创作者的分销渠道，让他们知道特定的市场中哪些是真正有影响力的人，并更好地洞察客户的需求。

共享经济中的个人品牌建设：共享经济风口下，出现了大批诸如 Uber、滴滴、Airbnb 的企业，其中有大批的司机、房东通过这些平台获益，并建立起自己的个人品牌。但是，一旦他们离开所属平台，就得从头开始。比如，如果 Uber 司机转向 Lyft，那么即使他在 Uber 平台上收获了很多五星级好评，也需要从头开始。一个名为 Kudos 的项目，试图通过为共享经济创建一个独立、去中心化、可重复使用的声誉管理平台。个人获得的五星级好评是通过提供优质服务而获得的通证组成的。即便他离开 Uber 转向 Lyft，其个人品牌也会被保留，并由私钥进行加密保护。

2.6.4 去中心化广告

早期的互联网相对自由，激励了众多人创建博客、视频频道、播客和网站，与世界分享他们的想法和创作。而现在，互联网日趋集中化，像谷歌和 Facebook 这样的公司占据主导地位。内容创作者固然可以免费发布文章、视频并通过广告赚钱，但他们别无选择，只能通过谷歌和 Facebook 这些中间商，网络世界不像以前那样自由了。

在目前的系统中，如果出版商想通过广告赚钱，那么他们只能通过第三方平台来实现。但对于收取多少广告费用，他们几乎没有控制权，也没有对广告发布过程的控制权。出版商通常赚的钱比较少。Jeremy Epstein 说，一个品牌每投资 1 美元在广告上只能获得 0.44 美元的价值回报。Forrester 的一位分析师声称，出版商如果不借助中间商而改用自己的交易平台，那么广告的 CPM（千人成本）可以从 1 美元提高到 5 美元。

广告业面临的另一个问题是，如何在利用用户数据投放定向广告和侵犯用户隐私之间保持平衡。目前大多数广告形式都具有侵入性，一般会破坏用户体验，导致用户要么忽略广告，要么安装广告拦截软件。

因此，去中心化广告（Decentralized Advertising）的概念被提出，去中心化广告是一种基于区块链技术产生的新的广告形式。

去中心化广告平台 Liberdy.io 发布了一款 App。通过这款 App，用户可以迅速提取目前与亚马逊、谷歌和 Facebook 等公司共享的数据，然后选择想共享的个人信息，并对其进行加密、分割和非个性化处理，这样就无法追溯到个人。然后，广告主可以直接从用户那里购买可靠的、有时间戳的、基于许可的信息。用户可以因此获得金钱奖励。广告主可以通过经过用户验证的渠道（包括在线零售商、社交媒体和搜索引擎）访问数据。此外，去中心化广告平台比中心化广告平台（包括银行和大型企业）更难以侵入。

BAT（Basic Attention Token）是一家试图推出区块链数字广告平台的公司。BAT 认为，它可以通过创建一个通证，使广告主、出版商和用户能够在数字广告生态系统中交换和共享信息，从而提高数字广告系统的效率。BAT 推出了一款名为 Brave Browser 的浏览器，该浏览器是快速、开源、隐私集中的。Brave Browser 可以阻止虚假广告，还可以测量多少用户关注了广告。

AdEx 是一家基于区块链技术的广告交易平台，旨在通过为广告主提供一个与出版商联系的平台，将广告欺诈的可能性降至最低。AdEx 还希望解决关于用户隐私和数据滥用等问题。用户可以通过一个仪表盘选择自己想看的广告类型。AdEx 使用区块链技术来匿名提供用户数据，并且创建了数据跟踪来验证广告活动中的点击与查看。AdEx 建立在以太坊（Ethereum）上，有助于减少广告欺诈，也不会收取无效点击的费用。AdEx 还希望帮助广告主将其网络影响力转化为金钱，从而使广告主受益。

第 2 章
交集：营销人应掌握的技术 ABC

2.7 微服务

如今，大多数企业十分担心自己会变成恐龙一般的庞然大物，尾梢受到的冲击反馈到头部需要两个月甚至更长的时间。而在自己做出反应之前，"野蛮人"已进入所在的领域进行大肆破坏。况且在这样一个快速发展的时代，客户的要求比以往任何时候都高，如果企业反应迟钝，客户就会放弃合作。企业没有时间采用那些耗时数月甚至数年的大型应用程序——这些程序规模更为庞大，架构更难维护，以至于对动态市场变化的响应能力更弱。它们或需要很长时间的构建、测试、发布周期，往往耗时数月，从而缺乏创新，或需要很长的时间来添加新功能。

正如 Scott Brinker 所说，很难想象一套大规模、具有封闭式系统的应用程序能够为所有人提供好服务。即使它可以被创建出来，它的内部复杂性一定很吓人——维护这个软件将十分困难。在如今技术创新不断加速的环境中，快速实验、拥抱变化和快速适应的能力对于企业生存至关重要。

企业需要的是更敏捷、更小、更专注的团队，以创新为客户创造价值。这就是软件从纯粹的一体化（Monolithic）设计方法转向微服务架构设计的原因之一。

2.7.1 什么是微服务

微服务（Microservices）是软件开发领域的一个概念，是一种针对敏捷开发的软件设计形式。微服务业务功能的各个部分由不同背景的小团队独立开发、部署和管理。微服务包含多个单独的在线流程，可以突破传统软件的限制，更加灵活地满足客户特定的需求，还可以与系统其他方面很好地协作。

微服务是具有前瞻性思维的软件架构师几十年来寻求构建更模块化、更敏捷的软件应用程序和平台的结果。随着 PaaS 和 IaaS 解决方案的发展，微服务近年来越来越流行，腾讯推出的微信小程序也是微服务的一种。对许多参与企业应用程序创建的开发人员和 DevOps 哲学的支持者来说，微服务迅速成为首选方法。

究其原因，主要有以下几点。首先，企业面临着巨大的竞争压力，通过微服务获得的敏捷性，企业可以更快地部署解决方案并保持相关性；其次，应用程序比以前大得多，由于太多的人围绕一个代码库工作，导致生产力严重下降，若将其分解成更可行的部分，则可以使组织快速运行；最后，支持微服务的新技术（如云容器和 API 生态系统的兴起）大量涌现，使微服务成为可能。

微服务之间通过 API 进行通信。微服务可以是独立的，在业务流程中只服务于一个目的，也可以打包成一个平台，帮助企业实现其目标。现实中有许多使用微服务使团队更加敏捷和灵活的例子，特别是电商平台，电商平台一般涉及多个不同的业务，包括定价、产品目录、支付、虚拟购物车及促销和配送等。亚马逊就使用通过微服务构建的独立应用程序触发对定价、图像和评论等的单个搜索结果；耐克也在其 App 中使用微服务以提升客户体验。

有效地利用微服务意味着企业能够比以往更快、更有效地响应不断变化的客户需求。随着企业进一步向模块化和数字化转型，微服务将发挥更重要的作用。微服务带来的灵活性意味着与使用单一服务平台相比，企业可以更快地改变其数字战略、适应客户需求并实现想法。微服务对数字化转型的影响尤其大，企业可以更快地转变其数字化战略，以从市场竞争中脱颖而出。构建敏捷的微服务体系结构，营销部门和 IT 部门可以更快地响应客户需求，更好地实现业务目标。

2.7.2　微服务对营销的影响

对营销人员来说，虽然不需要了解微服务是如何运作的，但要明白微服务是至关重要的：通过使用微服务，营销人员可以更好地了解所在企业的服务如何才能满足潜在客户的需求，以避免给予太多的承诺，或错误地介绍企业的服务；营销人员还需要将市场研究的结果与微服务开发的灵活性结合起来，以创造新的、有吸引力的服务，迅速满足市场不断变化的需求。

正如 Leonardo Federico 所言，市场营销在过去十来年的发展中，我们见证了类似的转变——我们不再考虑单一的市场营销应用，开始将市场营销看作由一系列独立的服务提供的，这些服务针对变革进行了极大的优化，可以迅速发展。

使用微服务的企业能够更快、更好地满足业务的需求，具体表现在以下几个方面。

第 2 章
交集：营销人应掌握的技术 ABC

更快的上市时间：在一体化应用程序中，对商业逻辑的更改可能需要几周或几个月的时间。但是在基于微服务的平台上，对商业逻辑的更改可以在数小时内完成。当企业想尝试一项新活动、推出一套新产品、增加一个新的销售渠道，或者尝试社交、语音时，速度也会加快。

敏捷性：在营销行业中有很多关于敏捷的讨论。企业都想快速完成任务，不被庞大的项目计划所拖累。如果团队以敏捷营销为目标，就可以享受微服务带来的好处——微服务处理请求所需的时间更短，而且可能会减少文书工作和政治活动。

灵活性：有时候，企业可能希望开辟新的市场、添加新的销售渠道或测试新的业务流程。对企业来说，一体化架构的灵活性差，改变起来既昂贵又耗时。使用这些系统，在部署资源之前必须提供业务证明和 ROI。在模块化体系结构中，企业可以快速地对一个微服务进行更改，而不会影响应用程序或系统的其他部分。

2.7.3 微服务与云

微服务应用于营销领域的典型例子是 Amazon Web Services、Google Cloud、Microsoft Azure 等云服务商所提供的多样化服务被多样化的 SaaS 产品生态系统所取代，后者可以通过 API 与外部世界交互，并更好地与其他产品集成和合作。在传统的一体化设计方法中，一切都是围绕着一个巨大的、集多种功能于一身的云服务解决方案软件构建的，现在则向一个分散的 SaaS 生态系统过渡——更像是一个微服务体系结构。与传统的一体机解决方案相比，具有特定功能的产品的完美组合不仅可以为企业节约成本，还可以保证更高的质量。

2018 年年初，Adobe 发布了新的体验云产品，引入了多种微服务，都是灵活、简单的小程序，可以提供购物车、愿望清单和库存查询等功能，并称 Adobe 是第一家通过微服务提供这些功能的云服务供应商。Adobe 的每种微服务都预先集成了商业和订单管理系统，包括 Commercetools、Elastic Path、Digital River、Hybris 和 Magento。

2020 年 8 月，市场研究机构 Market Research Future 的数据分析师对全球云微服务市场进行了全面分析，认为该市场估值为 21.467 亿美元，在评估期内的复合年增长率为 25%。越来越多的微服务体系结构影响着全球云微服务市场。此外，业界对安全可靠的资讯科技运作及成本低廉的方法的需求日益增加，进一步导致市场扩张；企业对数据安全的私有云的倾向，预计将在市场扩张中发挥重要作用；不断增长的最小化本地 IT 部署成本的需求是导致市场增长的另一个关键因素。

2.8 边缘计算

随着越来越多的设备连接到互联网并生成数据，云计算可能无法处理所有数据。虽然连接设备的大部分数据处理都在云中进行，但在中央服务器之间来回发送数据可能要花费几秒钟的时间。例如，自动驾驶汽车本质上是一个大型、高性能的"带轮子的计算机"，它通过大量传感器收集数据。为了使这些车辆安全地运行，它们需要快速对周围环境做出反应。自动驾驶汽车使用了嵌入式技术、传感器和不断生成数据的通信系统。如果发送的数据通过 GPS、激光雷达和摄像机（跟踪其他车辆的位置、注意行人和障碍物）的云处理，然后等待分析和洞察之前采取行动，那么其处理速度上的任何滞后都可能是致命的。而边缘计算使得更快的数据处理速度成为可能。

数字网络是信息的传输系统。在这个网络中，所谓的"边缘（Edge）"是由尽可能远的服务器组成的，以减少为客户提供服务的时间。边缘计算（Edge Computing）可理解为利用靠近数据源的边缘地带来完成的运算程序。之前，处理不同来源的数据时，网络通常会将数据从数据源（如传感器）转移到中央服务器。换句话说，数据从边缘传输到中央系统进行处理、分析，并可能进行分发。

边缘计算则消除了将数据传输到中央位置的步骤，支持在数据源本身进行数据处理和计算。这使企业可以立即进行数据处理，并且由于不再向云服务器或内部服务器传输数据，延迟问题也会减少。

边缘计算让云数据处理过程实现了去中心化。此外，通过在网络边缘存储和处理数据，并且只发送将被云服务器使用的数据，这将有助于节省带宽和服务器空间。

TrendForce 预测，从 2018 年到 2022 年，产品和服务的边缘计算市场将以超过 30%的年复合增长率增长。另有 Mordor 的报告称，边缘计算在 2019 年的市场价值

第 2 章
交集：营销人应掌握的技术 ABC

为 170 475 万美元，预计到 2025 年将达到 932 533 万美元。

美国加利福尼亚州的帕洛阿尔托地区利用边缘技术投资了一系列物联网项目。例如，该市启动了一个智能交通信号项目，使交通灯与车辆连接，以判断十字路口的情况。随着越来越多的汽车联网，这项技术将最终消除诸如在凌晨三点空无一人的十字路口等待绿灯等问题。

边缘计算主要利用来自物联网连接设备的数据，其中许多设备都是使用开放协议和"绝对信任"设计的，因此安全性值得关注。边缘计算的支持者表示，边缘计算更安全，因为数据不在网络上传输；边缘计算的反对者表示，边缘计算的安全性较低，因为物联网设备一开始就更容易受到影响。提供边缘产品和服务的供应商表示，他们正在努力解决这个问题。

一些企业已经推出了自己的边缘计算解决方案。比如，微软推出 Azure IoT Edge，将机器学习、高级分析和人工智能服务放在更接近数据源的前端物联网设备上。

由于边缘计算从源头而不是从中心的或基于云的服务器处理数据，营销人员可以相应地采取一些营销措施，如实时营销、数据从源头处理等。营销人员可以配置自动系统，立即响应客户的输入。无论客户身在何处，增强与他们的实时互动，都对保持他们的忠诚度至关重要。

边缘计算在营销行业中的应用大致表现在以下几个方面。

离线体验：由于边缘计算并不完全依赖于物联网设备和中央服务器之间的连接，即使没有互联网连接，也可以执行进程。通过边缘计算，企业可以在服务器宕机期间或终端用户的互联网连接中断或不稳定时，探索更复杂的体验。

在智能家居环境中，终端用户可能希望在互联网中断期间继续控制自己的恒温器和照明系统，更不用说工厂和仓库了。在这些地方使用边缘计算，工厂可以继续收集数据，并根据工人的活动做出支持人工智能的决策，即使工厂处于离线状态时也是如此。

超个性化和互动体验：边缘技术将能够对用户参与做出即时反应，从而产生由最终用户决定和控制的超个性化体验。边缘计算通过即时数据处理促进了超个性化，因此在用户离开商店或关闭标签之前即有反应。利用边缘计算，企业可以对用户的位置、一天中的时间、以前与企业的交互及在 Web 页面上花费的时间等数据在现场进行处理，以便对超个性化的信息做出反应。

2.9 物联网

营销的目的是在正确的时间向正确的客户传递有价值的信息，这样他们就更有可能产生购买。面对越来越激烈的市场竞争，企业在不断寻找提升营销 ROI 的方法，如通过网络和算法来加强营销策略。随着在线环境的变化越来越迅速，企业需要客户的实时数据，以提高销售额和转化率。这就是物联网技术的用武之地。根据每个客户的需求为他们开发高度个性化的信息，企业将据此改进自己的营销策略。

2.9.1 什么是物联网

物联网（Internet of Things，IoT）是一个由彼此连接的计算设备、机械和数字机器、对象、动物或人组成的系统，设备内嵌有传感器、执行器、计算机设备和允许它们传输数据的软件，具有唯一标识符，能够在网络上传输数据，而不需要人际或人与计算机之间的交互。

比如，如果家里的牛奶喝完了或者变质了，那么一台连接到互联网的冰箱可以识别需求，并在屏幕或手机上显示一条信息，告知主人哪里可以买到需要的牛奶。如果冰箱公司和商店合作，那么主人甚至可以通过联网设备订购一箱牛奶。

物联网被广泛应用于能源、制造业、农业、交通、医疗保健、建筑和家庭自动化、城市规划及老年人护理等领域。物联网将对未来几年营销人员需要如何理解和追踪消费者，以及如何向消费者发起营销活动产生巨大影响。物联网技术已经逐渐渗透我们的日常生活，并从各个层面影响着我们，也为营销人员提供了触达目标客户的机会。

物联网的应用涉及方方面面。

智能恒温器：通过分析客户使用谷歌子公司 Nest 生产的智能恒温器的数据，营销人员将能够确定客户的家庭模式，甚至将获得的数据与空气过滤系统联系起来。营销人员可以进一步根据客户数据定制商业信息。

第 2 章
交集：营销人应掌握的技术 ABC

智能灯：例如飞利浦 Hue。它可用于改善家居照明环境。营销人员将能够根据客户的使用和喜好来整理关于室内照明产品的信息。一些客户可能需要更亮的灯，而医院和其他市民中心也需要不同的灯来满足工作或生活的需求。

可穿戴设备：例如健康数据记录软件 Fitbit。它可以监控包括睡眠在内的生理活动。这些设备可以提供数据流。

车联网：以前，人们只能通过电视或计算机被动地参与营销活动。如今，车联网为企业和个人提供了方便快捷的信息服务，车企可以通过收集和分析车辆行驶信息，了解车辆的使用状况，其他企业则可以通过相关特定信息服务了解客户兴趣和需求，挖掘盈利点。

2.9.2 物联网与数据

物联网普及之后，企业与客户之间沟通、互动的机会可以说无处不在。这对消费者来说是好事还是坏事呢？这是个有争议的话题。或许因为广告营销信息无处不在，消费者每天都会受到打扰；或许因为越来越多的设备联网，数据的多维、立体化，品牌能够基于实时分析和数据，有针对性地发布一些对消费者有帮助的信息，以个性化的方式与消费者沟通，这会让内容、广告的参与度获得改善，并可能促进销售。

组成物联网的联网设备可以提供大量关于消费者行为的信息，包括消费者的购买模式、在购买决策过程中所处的环节和喜好等。例如，医药企业可能在一些医疗产品中植入传感器，以获取患者健康状况的实时数据。这不仅有利于患者监测自己的健康情况，还有利于企业从患者那里获得洞察，为未来的产品开发提供信息。这些信息不但将使各个企业的互联网营销策略更加集中，而且将允许企业围绕每个客户的独特特征传递个性化信息。

通过大数据工具，企业将能够分析这些数据，并优化针对自身客户的营销信息。数据还将帮助企业改进其生产周期、QA（质量保证），甚至根据客户的需求构建业务计划。随着物联网设备的不断普及，数据也会随之精细化，从而使营销人员能够发现客户潜在的品位、偏好和行为特征。这些数据指标可以用来进一步提升营销的效果。

虽然联网设备的出现提高了企业的生产率和效率，但随之而来的还有对滥用私人信息的担忧，以及这些信息被泄露的风险。供应商要严肃对待这些问题，限制收集个人身份信息，加强对外部网络攻击的防御，加强自我监管，遵守消费者透明度等原则。此外，随着技术的发展，将有更先进的身份验证和加密技术等出现，以防止物联网设备受到威胁。

2.9.3　物联网营销

　　未来，新设备将形成一个网络，在这个网络中，一切都是相互关联的，这使得营销人员能够在更细粒度的层面上与受众沟通。物联网的爆炸式发展，对营销人员来说意味着寻找适合发布内容的智能平台，更好地理解物联网与受众的联系。如果使用得当，营销人员就可以更好地满足受众的兴趣和需求。

　　社群建设：社交媒体是企业建立社群并与用户互动的主要渠道。用户可以通过可穿戴智能设备在不同的社交媒体上分享帖子，从而形成以此类设备用户为中心的新社区。对营销人员来说，这是一个巨大的机会，他们可以与志趣相投的人群建立联系，并可能将这些人转化为未来的客户。

　　会话式商务的兴起：由于任何与互联网相连的设备都可能成为触达消费者的渠道，营销人员需要研究的设备将不止笔记本电脑、移动设备和平板电脑，汽车、冰箱都可能成为触点。目前比较常见的触点是聊天机器人、智能助手、智能扬声器，它们催生了"会话式商务"，用户可以通过这些界面进行网上购物，查看订单状态，寻找附近的商店、餐厅或电影院。

　　个性化信息：营销人员通过使用发送有针对性的电子邮件、定制视频、推荐产品和推送通知等策略，为客户提供个性化的营销体验。比如，根据可穿戴智能设备收集的数据，数字营销人员可以在客户接近相关广告主的商店时向其发送产品信息。为此，营销人员十分依赖数据管理平台和 CRM 平台来获得正确的数据。物联网设备提供了向客户传递个性化信息的方式。利用物联网设备收集的数据，营销人员可以根据客户距离品牌门店的远近发送个性化广告。

　　预测分析与归因：物联网设备能产生大量数据，每次客户互动都能让营销人员捕捉到客户的意图、行为、需求和欲望。这些大量数据将提供给机器学习算法，这将增强营销人员的预测分析能力，使他们能够有效测量和了解客户当前和过去的购买模式、态度、行为和位置细节，并根据这些数据提出建议。另外，营销人员可以将归因与客户的数字足迹、设备使用和交互信息结合起来，以了解客户对不

第 2 章
交集：营销人应掌握的技术 ABC

同营销活动的反应。物联网能够遵循完整的转化路径，跨越所有触点，并实时优化结果。

智能营销平台：物联网设备能产生大量的数据，营销人员应充分认识和利用它。企业有必要在开发智能技术栈上投入更多资金，以处理大量数据、传递正确的信息，并从结果中推断和学习。先进的智能营销平台将能够大规模吸收、分析和处理数据，并实时处理、解释和评估数据集。开发这样的平台和技术是一项非常复杂的任务。物联网还将影响物联网应用程序的开发，这些应用程序交织了传感器、连接设备、云计算等。物联网应用将成为手机不可或缺的一部分，也可作为营销和广告平台。

2.10　5G 与 Wi-Fi 6

2.10.1　5G

5G，即第五代移动通信技术的简称，是最新一代蜂窝移动通信技术。它能为用户提供更快的数据下载、更快的上传速度、更广泛的覆盖范围、更稳定的连接，并使更多的设备能够同时接入网络。

5G 网络正朝着网络多元化、宽带化、综合化、智能化的方向发展。GSMA Intelligence 发布的《2020 年全球移动趋势》预测，到 2025 年，中国 5G 占比将达到 38%。

中国开始在全国范围内迅速推广 5G 网络；威瑞森公司在美国推广其 5G 网络；英国电信运营商 EE 公司也推出了 5G。人们很快就能感受到 5G 带来的好处。对数字营销人员而言，新一代无线连接技术很可能改变"游戏规则"，改变营销人员传递信息、触达消费者的方式。这些都与 5G 密切相关。

5G 将提供有史以来最快的移动互联网连接，比 4G 网络的传输速率快得多，整部超高清画质电影可在瞬间下载完成。5G 和 4G 之间的增速达到了自 1991 年芬

首席营销技术官
Martech 时代，技术驱动增长

兰 Radiolinja 推出 2G 技术以来的最高水平，对无线网络的发展具有巨大影响。更快的速度意味着更短的页面加载时间，从而引起更低的跳出率、在线视频广告的点击率和传输效率的提升。移动视频直播将成为网络速度提高的主要受益者。更快的连接将允许更多的人从任何地方上网，更多的人上网意味着市场将会进一步扩大。

5G 网络可以使企业更快地连接和处理数据，并且与更多的人连接，因而比以往任何时候都更了解这些人。营销人员可以细分其客户数据，以创造更具个性化的体验。

随着设备间数据通信的加快，营销人员将能够进行实时分析，这意味着他们可以使用人工智能和营销自动化来优化和调整营销活动。例如，一个消费者在网上购物后，经过实时分析，他们则不会再收到已经购买产品的广告，取而代之的是相关产品、配件和升级产品的广告。

届时，有线电视连接和机顶盒可能会变得无关紧要。例如，如果一个人买了一台新的大型电视机，那么这台电视机可能会通过无线方式接收主人想看的节目。这将彻底颠覆有线电视和 ISP 行业。对营销人员来说，任何带有 5G 无线收发器的表面都可以变成高分辨率屏幕，任何表面都可以成为互动营销媒介，从而产生一系列新的广告形式。这意味着广告位变得更多，特别是户外广告的数量将激增。

另外，5G 可以带来极快的速度和极低的延迟。企业因而可以与目标市场实时沟通，甚至与客户实时视频通话。这为聊天机器人的发展创造了机会。

5G 的低延迟带来的另一个变化是广告拦截软件的使用减少了。相关数据表明，36%的人透露他们使用广告拦截软件是因为网速太慢，广告加载时间太长。既然 5G 的延迟时间不再是问题，那么人们可能会减少广告拦截软件的使用。这意味着，通过 5G，营销人员能更快地向更多人提供广告。5G 带来的更快的响应还可能推动自动驾驶汽车、工厂机器人和多人移动游戏的发展。

此外，5G 或将推动物联网的发展。智能家居将与恒温器、照明设备、家用电器、摄像头和家庭安全设备联网。所有这些都可以通过智能手机或智能音箱等设备进行控制。当人们乘坐自动驾驶汽车回家后，打开烤箱，就可以按照计算机准备的食谱制作晚餐，并且所用的食材都是事先准备好的。

第 2 章
交集：营销人应掌握的技术 ABC

2.10.2　Wi-Fi 6

随着互联网技术的发展，人们的需求越来越大，带宽消耗也随之增加。Wi-Fi 6，即第六代无线网络技术已经启动。2018 年 10 月，由无线网络标准组织 Wi-Fi 联盟对不同 Wi-Fi 标准制定了新的命名，IEEE 802.11ax 协议标准被命名为 Wi-Fi 6，Wi-Fi 6 目前是 IEEE 802.11 无线局域网标准的最新版本，并且向上兼容 802.11a/b/g/n/ac 协议标准。

Wi-Fi 6 首先会提高效率和传输速率，Wi-Fi 5 目前的最高传输速率为 3.5Gbit/s，而 Wi-Fi 6 理论上最高传输速率能够达到 9.6Gbit/s。更重要的是，Wi-Fi 6 允许路由器同时与多个设备通信，而不是依次通信。

Wi-Fi 6 的传输速率更快是因为 MU-MIMO（多用户、多输入、多输出）连接，这种连接方式已经在路由器等设备中使用，随着 Wi-Fi 6 的升级，这些设备得到了显著的提升。另一项与 Wi-Fi 6 相关的技术是 OFDMA（正交频分多址）技术，一次传输可以将数据发送到多个设备，响应时间更短，传输效率更高。

2018 年年初，Wi-Fi 联盟还进行了一次重大的安全升级——发布新一代 Wi-Fi 加密协议 WPA3，它使得网络安全性进一步提升，黑客更难破解设备。

苹果 Siri 和谷歌 Home 等设备和虚拟助手通过 Wi-Fi 6 路由器，与同一网络上的智能电视、立体声音响和其他装有麦克风的设备进行对话，不但更加灵敏，而且私密性和安全性得到了保障。

第 3 章

数据：Martech 的基础

3.1 大数据时代

2002 年，时任奥克兰运动家队（Oakland Athletics）总经理的 Billy Beane 遇到一个难题：如何用比其他球队都少的预算在大联盟中取胜。奥克兰运动家队的球员薪资预算是所有棒球队中最低的，这让他们陷入了困境。因为传统观念认为，"大牌"、强有力的击球手和年轻的投手是通往成功的门票。这都需要钱去解决。

Billy Beane 找到了 Paul DePodesta，后者毕业于哈佛大学，有经济学背景，对棒球统计很有一套。他们两人用高级统计来重新审视球队是如何发掘人才的。

Billy Beane 和 Paul DePodesta 着手挖掘数百名球员几十年来的数据，以找出招募优秀球员的最佳策略。他们的分析显示，棒球球探忽略了可以准确预测球员得分的统计数据。简而言之，球探们在准确评估人才方面是无能为力的。通过这些结论，Billy Beane 意识到那些在被忽视的数据中得分高的球员可能被市场低估了。他开始寻找这些"廉价"球员，也就是那些被其他球队忽视，但统计数据显示他们可以得高分的球员。

尽管遭到了棒球球探的反对，Billy Beane 还是采取了激进的新策略来招揽球

# 第 3 章

数据：Martech 的基础

员。Billy Beane 在数据分析上下了大赌注，他的努力得到了回报。奥克兰运动家队开始获胜，即便对手在同一赛季花在球员身上的钱是奥克兰运动家队的三倍。奥克兰运动家队成为美国棒球联盟 100 多年来首支连续赢得 20 场比赛的球队。

奥克兰运动家队的故事，由美国著名财经作家 Michael Lewis 写成了 *Moneyball* 一书，提出了 Moneyball 理论：利用统计分析，小球队可以购买被其他球队低估的资产，并出售被其他球队高估的资产来参与竞争。数据在背后起到了至关重要的作用。

3.1.1 什么是大数据

数据是数字时代的"石油"，那些看到数据的基本价值，并学会提取和使用数据的人将获得巨大的回报。数字时代，大多数企业已经意识到数据的重要性：数据甚至可能是一家企业成败的主要决定因素。

2005 年，Roger Mougalas 创造出"大数据"这个术语，而概念真正在国内普及，则要等到维克托·迈尔-舍恩伯格（Viktor Mayer-Schönberger）的《大数据时代》的出版。舍恩伯格认为，大数据与三个重大的思维转变有关：首先，要分析与某事物相关的所有数据，而不是依靠分析少量的数据样本；其次，我们乐于接受数据的纷繁复杂，而不再追求精确性；最后，我们的思想发生了转变，不再探求难以捉摸的因果关系，转而关注事物的相关关系。这三个转变是相互联系和相互作用的。

大数据意指使用传统数据处理应用软件几乎无法管理和处理的大而复杂的数据集，这些数据来源广泛，包含大量的非结构化或结构化的数据。大数据的主要特征被归纳为 3V：量（Volume——数据太多，难以处理）；速度（Velocity——数据流入和流出的速度使分析变得困难）；多样性（Variety——数据源的范围太大，类型太多，难以吸收）。

大数据的发展离不开现代技术的发展，尤其是计算机、互联网和移动互联网、物联网技术的发展。据 IDC（互联网数据中心）的分析师预测，2025 年，全球范围内的数据量将增长到 163 ZB[①]，相较于 2016 年的 16.1 ZB，十年约增长 1000%。

经过舍恩伯格等数据科学家不断的演说，大数据作为一种理念已经得到普及。

---

① 计算机术语，英文 Zettabyte 的简称，中文名为"译字节"，代表十万亿亿字节。

数据分析等相关岗位成为众多品牌的标配，尤其是 Martech 的发展将这一概念提升到新的层次，让企业拥有同时处理大量、不同类型、不同来源的数据的能力，特别是与客户行为和偏好相关的数据，并根据这些数据做出决策、采取行动，从某种意义上重塑了营销的未来。

3.1.2 数据运营思维

在这个变幻莫测的时代，能快速适应新环境的人才最有可能获得成功。拥抱这些不断变化的环境，是 CMO 利用变化的最佳方式。而拥抱变化的环境最有效的方法是以数据作为参考，去理解新的发展变化。正如彼得·德鲁克所说，"许多管理者还是信息盲，他们知道如何获得数据，但是大多数人还需要学会如何利用数据。"

技术对商业的渗透恰恰是从数据开始的，最早可以追溯到 AC 尼尔森的创立。随后的营销信息系统，由于受到技术发展的限制，当时提供给 CMO 作为参考的数据都是抽样数据。大数据的兴起才真正提升了数据在营销产业链条中的地位。一个典型的例子，是 Netflix 通过海量的用户数据积累和分析，促成了美剧《纸牌屋》的热播。

星巴克同样是十分善于使用数据的品牌之一。比如，星巴克通过奖励计划（Rewards Program）和移动 App，大大增加了数据的收集数量，其中移动 App 用户超过 1700 万名，而奖励计划有 1300 万名活跃用户。仅从移动 App 用户和奖励计划用户中就可以提取出大量关于用户所购买咖啡的时间、地点及其他数据（包括天气、假期和特殊促销等数据）。这些数据构成了星巴克用户购买习惯的相关信息。此外，星巴克还通过个性化体验、虚拟咖啡师（Virtual barista）等方式获取用户数据。

业内因此产生了"DD-CMO（Data Driven CMO，数据驱动的 CMO）"这一说法，其具体职能包括以下几点。

使用数据来洞察消费者：DD-CMO 首先要对行业有一个客观的认识，再去评估品牌与当前/未来市场需求可以结合的点。在将注意力转向品牌可以提供的解决方案之前，DD-CMO 必须了解消费者面临的问题。在网络时代，消费者只需点击一下按钮，就可以在全球范围内传播意见，不管是正面的还是负面的意见。此外，由于意见领袖对公众舆论产生的影响很大，品牌传播策略的焦点也会发生变化。

第 3 章

数据：Martech 的基础

消费者每天跨平台、跨设备，在多个账户进行切换，往往具备多重身份，消费者群体越来越碎片化，这带来了另一项挑战。在身份转换的过程中，消费者会留下一些数据。DD-CMO 需要了解如何获得和解释这些数据。这些数据整合在一起，可以创建一个人类行为模型。虽然这个模型还不完善，但是随着数据的不断积累，其准确性在不断提高。

通过数据创建通用商业语言：DD-CMO 的某些职责和企业内部其他高管的职责可能存在重合。CMO 和 CIO（首席信息官）之间的关系越来越重要，一些职责往往需要两者相互配合来完成，而且双方必须以共同的语言为基础。

由于高管们各自的个性及其具备的技能、经验并不相同，他们的知识和观点也会有所不同。这些高管们通常都局限于个人的知识和观点，相对来说 CMO 要灵活得多。CMO 的灵活性，为根据共同的业务目标创建通用语言提供了机会。通过了解每个部门的观点，CMO 可以成为组织内重要的、负责对话和诠释战略意图的人。此外，通过制定共同议程和所有努力所针对的量化目标，CMO 可以影响各个层面的数据文化。

测量、归因和优化：DD-CMO 往往通过合适的测量标准来反映企业的品牌、营销和商业需求，而且必须测量所有战略计划的有效性。尽管数据和营销技术费用在不断增加，许多 CMO 仍然很难证明某个营销活动会对企业收入有什么积极的影响，因此这方面还存在很大的改进空间。数字营销渠道的复杂性加剧了这一挑战，而更有效的跟踪和归因技术则降低了这一挑战的难度。准确的测量很重要，这是不言而喻的。

根据经验，所有部门的数据必须易于访问、可靠。因此，各部门的数据的重点应放在数据的有用性上，根据数据必须能做出更快、更好的决策。从这个意义上来讲，CMO 需要专注于使用人工智能来实现自动化，从庞大的数据库中获得洞察。

保持敏捷，快速适应和发展：虽然 DD-CMO 必须具备各种技术方面的技能，但成功的 CMO 的基本特征是敏捷性。在这个飞速发展的时代，一个人能否获得成功受其敏捷性的影响很大。CMO 应当充当消费者的传声筒，及时判断即将出现的趋势是否值得投资。

虽然行业发展迅速，但人们不可能以同样的速度改变。因此，CMO 必须密切

首席营销技术官
Martech 时代，技术驱动增长

关注消费者的行为及相关数据，从中不难发现新技术对消费者的潜在影响。CMO 管理企业内部人员和技术的方法也要随着形势的变化而改变。市场的变化还应该反映在公司的运作方式和工具上。因此，现代 CMO 应该创建敏捷的组织结构，以适应日常工作流程随时可能发生的变化。

2016 年，埃森哲调查了美国、英国和巴西的 27 000 多名消费者，询问他们真正喜爱的品牌，提出至爱指数（Love Index）这一概念，以衡量消费者对品牌的喜爱程度。调研发现，至爱指数排名较高的公司，如苹果、谷歌、微软、Netflix、YouTube 等，也是率先将数据科学应用于客户体验的公司。埃森哲互动部门 Fjord 的设计战略总经理 Nan Nayak 说，这些公司处于测量客户体验的关键时刻，并让数据科学家不断寻找模式。优先发展数字渠道的品牌，至爱指数排名靠前的原因之一是，他们利用了很多传统品牌所没有尝试的体验。

2018 年 3 月，耐克公司收购了一家消费者数据分析公司 Zodiac；同时，美国奢侈品百货公司 Nordstrom 收购了两家数字创业公司，这两家公司使用人工智能来建立与客户的个性化沟通；其他公司也在内部配备相关人员。Salesforce 和德勤的一项调查显示，顶级的零售商和消费品牌计划在未来三年内雇用近 50% 的数据科学家。

具体来说，与大数据相关的职位包括以下几种。

算法营销人员：随着预测营销的发展，品牌需要更多由人工智能提供支持的行为数据，以更好地了解客户决策过程，推动互动和销售产品。精通数据的营销专家必须熟悉程序化广告，使用尖端机器学习算法为客户自动化定向广告。

社交媒体聆听人员：社交媒体聆听是受众研究的关键组成部分，可以让企业在线追踪、分析和回应关于品牌和行业的对话，从监控跨数字接触点的品牌互动到客户互动，这项工作需要跨渠道推动个性化的实时行动。

数据管理平台管理者：数据管理平台类似于数据仓库，是用于存储和分析活动和受众数据的平台。营销人员通过访问数据管理平台获取和管理数据，创建针对细分市场的广告活动。

市场研究分析师：为了在数据主导的经济时代取得成功，企业需要了解消费者的需求——这是市场研究分析发挥作用的地方。市场研究分析师通过统计、预测分析和数据驱动工具分析大量数据，研究市场状况、消费者行为并监控竞争对手的活动。其研究结果会对企业的产品或服务产生重大影响。

第 3 章

数据：Martech 的基础

田纳西大学 Haslam 商学院商业分析助理教授 Michel Ballings 表示，大多数品牌刚刚开始数据科学之旅。在他看来，使用数据分析的公司可以按照成熟度划分为三个阶段：第一阶段是描述性的，利用数据来判断现在发生了什么，这是绝大多数公司所在的阶段；第二阶段是预测性的，少数公司开始使用分析来预测可能发生的事情；第三阶段是规定性的，使用数据模型来决定下一步该做什么，这是像亚马逊和谷歌这样的"数字原住民"所在的阶段。

案例：

Airbnb 如何利用数据科学来改进其产品和营销

Airbnb 迅速从一个为旅游人士提供住宿的小众网站发展起来，彻底改变了酒店业和旅游业。自创立以来，Airbnb 大量使用数据科学来构建新产品、改善服务，以及采取新的营销举措。

Airbnb 前数据科学主管赖利·纽曼（Riley Newman）表示，该公司将数据视为用户的声音，而数据科学则是对这种声音的诠释。Airbnb 的数据科学家们并不是坐在自己的小隔间里钻研电子表格，而是与工程师、设计师、产品经理和其他不同团队的人直接合作。

Airbnb 网站的核心是搜索。起初，Airbnb 不知道该给用户提供什么样的数据，所以它选择了一种基于用户搜索结果，在一定范围内返回高质量列表的模式。随着越来越多的用户访问该网站，Airbnb 获得了更多的数据，它能够用用户数据驱动的搜索取代基本的搜索。

Airbnb 还利用数据从人口统计学角度定制搜索体验。Airbnb 早在 2014 年就注意到，某些亚洲国家的用户在访问主页时会有很高的弹出率。进一步分析数据后，他们发现用户会点击"周边地区"链接，开始浏览照片，然后就不会回来预订一个地方了。

数据科学家将发现的这个问题展示给工程团队，工程团队为来自这些国家的用户创建了一个新的版本：用中国、日本、韩国和新加坡的顶级旅游目的地取代"周边地区"。结果，这些国家的用户转化率提高了 10%。

"数据思维"不仅仅是对 CMO 的要求，企业其他员工也要理解数据驱动的产品或服务，最好能够阅读、理解和解释数据。更具体地说，员工需要了解数据策略在用户旅程的不同阶段和相应的产品生命周期中起到的作用。

不过，营销人员中的大多数并非受过专业训练的数据科学家，大数据技术通常远超出他们的能力。真正使用大数据的仍然是那些技术人员，他们可能并不理解营销职能。如何与 IT 部门合作使用大数据，这是为营销人员设置的第一道障碍。它需要复杂的技术，如 Hadoop，它可以将数据结构化并转换成可以使用的格式。尽管大数据来自多个数据源（包括物流、客户服务等），但是营销人员更愿意从与营销相关的数据着手。尽管 IT 部门负责管理企业内部大数据，并提供洞察，营销人员似乎更愿意和外部的客户数据平台和数据管理平台合作——他们提供数据相关的服务，而无须营销人学习技术技能。

第二道障碍是如何将大数据进行整合，并转化为有用的洞察力。以最优的方式使用大数据，对所有业务团队高层来说都是一项挑战，营销人员自不例外。用时任 Staples 公司全球数据营销总监凯文·比昂迪（Kevin Biondi）的说法："数据太多了。营销人员要如何处理和解释数据，将它们转变为实际有用的想法呢？"[①]

第三道障碍是处理数据的速度。速度至关重要，因为数据的价值会衰减——数据的价值和速度以及可使用的程度成正比。营销人员需要实时的、有创意的、能够对客户及时反应的应用和工具，以确保自己能够从洞察中筛选出合适的信息，并在合适的时间传递出去。当然，随着大数据量的增长，做出决策的时间也在缩短。我们可以更容易且快速将营销数据转化为洞察，并且已经可以使用分析工具理解营销数据所处的场景。

案例：

茑屋书店的数据库营销

在实体书店日渐衰落的今天，日本的茑屋书店却逆势增长。

茑屋书店拥有日本最大的积分体系。在 2003 年就推出了跨业种积分服务"T 积分"，截至 2018 年 9 月，会员人数达到 6788 万人，占日本人口的一半以上。

无论是在便利店，还是加油站，无论是打印照片、订购杂志报纸，还是买书、买音像制品都可以获得积分，而这个积分在全日本超过 22 万个合作网点通用。

茑屋书店在创立的时候，目标群体是 50 岁以上的"黄金年龄层"，这群人有钱

[①] 鲍勃·罗德，雷·维勒兹. 大融合：互联网时代的商业模式[M]. 朱卫未，孙昕昕，王茜，译. 北京：人民邮电出版社，2015：57.

第 3 章
数据：Martech 的基础

且较清闲，掌握了 50%以上的社会财富。事实上，现在的茑屋书店在所有年龄层的用户中都颇具人气，20～29 岁的 T-CARD 会员数占据 8 成。

茑屋书店的每个门店都采用数据系统，用户的 T-CARD、门店 POS 机与书籍上的电子标签实现联动，实时记录、存储、分析用户的购书情况，更好地了解用户读书偏好的动态变化和书店的实时库存变化，及时调整选书方案，确保了最佳的运营效率。

另外，跨领域的数据库可以用来做用户心理画像，比如，喜欢印象派画家书籍的人喜欢听什么样的音乐，喜欢什么样的食物……

这种精准人群画像分析，对于选择卖什么样的书籍、做怎样的提案都非常有价值。这也让茑屋书店的获利从售卖商品升级为经营用户数据。

茑屋书店的盈利，20%来自图书、音像制品的销售，80%来自特许经营业务。茑屋书店为加盟店主策划选品和培训店员，给批发商订货指令。而数据是提供各种决策的依据，某种意义上说茑屋书店的母公司 CCC 集团本质上是一家拥有大数据的轻资产策划公司。

3.1.3 数据资产

在日常生活中，数据无处不在，但并不是所有的数据都可以成为资产。只有可控制、可测量和可货币化的数据才能成为资产。数据资产（Data Asset）通常具有以下特征：虚拟性、可共享性、时效性、安全性、可交换性和可延展性。从业务或组织的角度来看，数据资产是由业务或组织拥有或控制的、能够带来未来经济利益的数据资源。

随着大数据时代的到来，企业对数据的重视达到了前所未有的高度。"数据是一种资产"这一理念得到广泛认可。总部位于美国俄亥俄州的连锁店品牌 Kroger 就是一家通过数据获取收入的公司。该公司将产品销售数据出售给包装产品制造商，每年可获得约 1 亿美元的收入。Kroger 甚至通过收购的方式，在旗下设立了负责客户数据分析和个性化营销子公司 84.51°。

那么，企业应如何管理数据资产呢？以下是一些值得借鉴的有效方法。

降低数据成本：许多组织倾向于存储大量数据，但这些数据在大部分时间都没有被使用，这些闲置数据的存储、保护和归档的成本很高，从而导致更高的数据管理成本。企业应该采取措施，删除不再需要的数据，尽可能降低数据管理成本。

此外，在获取新的数据集时，企业应该只对没有的数据进行投资，如果必须获取自身已经拥有的新数据集，则应该销毁旧数据。这将有助于减少数据重复的情况，从而降低数据存储成本。

从现有数据中获得更多的价值：企业管理其数据资产的另一种方法是从现有数据中获取价值。例如，企业应该重新评估自身从现有数据中获得的价值，并确定企业是否可以使用其他方法从数据中获得更多的价值。此外，它还可以对数据进行优化，删除有关企业的机密信息，并将数据出售给第三方，从而获得额外的收入。

数据清查与安全：数据存储和安全性对于确保数据的完整性至关重要。企业应该维护自己拥有的所有数据的目录，以及数据的简述文件——文件应该指示数据存储在何处、何时创建及如何使用。数据还应该便于员工访问，如果员工需要获得访问数据的授权，则应该有明确的审批流程。企业还应通过限制特定数量员工的访问权限来保护数据的完整性，除非获得高级管理人员的许可。

市面上有很多数据资产管理（Data Asset Management，DAM）软件和产品。借助这些软件和产品，企业可以存储、组织、查找、管理、分发和分析其数字内容，从而增强了数字资产的安全性、有序性和可搜索性。

3.2 数据管理

3.2.1 客户数据管理

如今，消费者可以通过多种渠道与品牌进行互动。这为品牌提供了大量的机会来收集更多的数据，并利用这些数据来提升客户体验。但是，这些数据存储在品牌的各个部门和业务"孤岛"中，品牌很难发掘这些数据的价值。因此，品牌需要了解客户数据管理（Customer Data Management，CDM）的概念。

CDM 是获取、管理和使用客户数据的过程。CDM 主要负责收集、管理和分析不同来源的客户数据，以形成关于每个客户的统一视图。这一过程往往利用技术和软件来完成。CDM 的目标是有效提供独特的、个性化的、实时的客户体验。随着

第 3 章
数据：Martech 的基础

数据量的不断增长及日渐复杂，品牌需要成熟的机制来收集、管理和分析客户数据。这就是 CDM 的用武之地。

根据 Forrester 发布的数据，"平均而言，企业中 60% 至 73% 的数据没有被用于分析。"如今，大多数企业需要处理不可胜数的数据，这些数据从数千个不同渠道、平台和设备的触点进入数据管理系统。营销人员需要了解哪些数据需要输入系统，以便有效地构建 CDM 框架。

1. 数据分类

根据来源的不同，数据可被划分为第一方、第二方、第三方数据。第一方数据是指企业直接从受众（包括客户、网站访问者和社交媒体粉丝等）那里收集的数据。当涉及重定向等业务时，第一方数据是最好的数据，因为它是直接从受众那里获取的。具体来说，第一方数据不仅包括来自品牌官网、品牌 App、CRM、社交媒体的数据，还包括电子邮件或产品邮件的订阅数据、调研数据及客户反馈数据等。

第二方数据来自合作伙伴提供的"第一方数据"，这些合作伙伴包括广告代理公司、营销技术解决方案供应商、合作媒体等。第二方数据的来源主要包括社交媒体、店内购买历史、调查反馈等。第二方数据可以作为第一方数据的延展，扩大影响范围和提升活动的有效性，并让企业的营销活动个性化。但是第二方数据也存在风险，由于其来源是合作伙伴，一旦双方合作破裂，停止供给数据，企业之前的相关工作就付之东流了。

第三方数据是由外部平台收集的、与企业的客户没有任何直接联系的数据。第三方数据应作为第一方数据的补充。第三方数据可以从专门从事数据收集的公司购买，也可以从其他拥有有价值数据集的企业购买。第三方数据的缺点在于质量，它是经由统计和汇总的数据，而不是直接从企业与客户关系中派生出来的，因此很难追溯它是否来自可靠的数据源。此外，第三方数据并非专门提供给一家企业的，也可以卖给竞争对手。

第二方、第三方数据固然重要，但企业更愿意自行掌控数据。因此，近年来，关于私域数据的话题十分火爆。参与讨论者不仅仅是营销技术公司，更有大量的品牌。品牌方逐渐认识到数据的重要性，且不满于自己的数据掌握在平台方手中，形成了一个个"数据孤岛"而无法打通，它们迫切需要适合自身的数据管理工具，能够帮助它们收集、管理数据，挖掘数据背后的价值，且打通各个渠道的数据。

首席营销技术官
Martech 时代，技术驱动增长

另一种数据分类的方式是依据"身份、定量、描述、定性"四个维度进行划分。

身份数据（Identity Data）：身份数据是关于一个客户的最基础的信息，根据身份数据可以触达客户的任何联系方式。一旦客户的身份信息得到确认，企业就可以根据自身在客户旅程中的特定位置，打造定制化的信息与其进行沟通。身份数据包括姓名、性别、出生日期、家庭住址、工作地址、电话号码、社交网络账号等。通常情况下，当客户在结账时输入付款细节、提交注册表单，或为了获得产品、服务、奖励而自愿提交信息时，企业就在收集这类数据了。

定量数据（Quantitative Data）：定量数据是在整个客户旅程中收集的信息，包括购买过程中的细节、客户与各种渠道的互动、促使购买的特定转化因素等。定量数据包括以下若干环节中发生的数据：线上/线下交易（购买产品、购买金额、购买时间、订单价值、订单日期、购物车退出、产品退货等）；在线活动（网站访问、产品浏览、在线注册等）、社交网络（社交群组、互动、兴趣等）；客户服务（投诉详情、客户查询详情、呼叫中心沟通等）。这些数据可以通过 Google Analytics 等网站分析工具、网站 Cookies 等渠道获取。

描述性数据（Descriptive Data）：描述性数据是身份数据的升级版本。描述性数据旨在收集更多的人口统计信息，进一步描述客户角色。描述性数据包括家庭（婚姻状况、关系、子女数量等）；生活方式（住房、车、宠物、爱好、收藏、兴趣等）；学历（高中、专科、本科、硕士研究生、博士研究生等）；职业（职位名称、职位描述、收入、专业背景等）。企业可以通过开放式的面试问题、深入问卷调查、目标行为观察、焦点小组访谈等方式收集描述性数据。

定性数据（Qualitative Data）：定性数据主要用来解释客户消费决策背后的理由。比如，"客户的观点和态度是如何形成的""为什么人们会这样做""社会群体之间有什么不同"等。定性数据包括态度（感知价值、评价、反馈、复购可能性等）；动机（购买原因、客户需求等）；意见（喜欢/不喜欢、偏好等）。收集定性数据的方法包括一对一的直接交互，在团队环境中与个人的直接交互，在客户旅程中对各种沟通渠道的客户意见的解释，社交聆听，行业相关的评论网站（如大众点评之于餐饮业，豆瓣网之于图书出版、电影业）等。

2. 数据管理技术

收集数据的下一步是将数据引入"中央系统"，这一过程称为 ETL，即 Extract（提取）、

第 3 章

数据：Martech 的基础

Transform（转换）、Load（加载）的首字母缩写，指的是将所有的关键数据引入位于中心的营销数据平台，如数据仓库、客户数据平台、数据管理平台或者数据湖等数据管理系统。所有需要的数据都以同一种格式存储在同一个地方。

需要解释一下其中几个术语的含义，Gartner 把数据管理技术分为三类：数据仓库（Data Warehouse）、数据湖（Data Lake）和数据枢纽（Data Hub）。

数据仓库通常是数据进入数据库时就构建好的数据存储空间，数据通常来自操作系统——交易行为、客户档案、人力资源、CRM 系统、企业资源规划系统等。在存储到仓库之前，数据通常会被仔细筛选和处理，如果某种信息具有法律约束力且需要可追踪，那么会被数据库优先选择。

数据湖存储任意来源输入的各种数据，包括视频、音频、面部识别数据、社交媒体帖子等。数据湖有时会动用人工智能来标注流入的数据，如命名数据。但数据的格式化、处理和管理通常发生在为某种特定需求做导出的时候，而非在存储之前进行。数据仓库通常更容易区分它们接收的数据类型，而数据湖可以接受大多数数据。

数据枢纽相对前两者规模要小，是来自多个数据源的数据集合。这些数据集合起来再进行分发和共享，但数据枢纽不存储交易信息。数据枢纽与数据仓库的不同之处在于，数据枢纽里的数据通常是没有被整合的，粒度也未经统一。数据枢纽与数据湖的不同之处在于，它对数据进行同质化，并可能以多种所需格式提供数据，而不是简单地将数据存储在一个地方，数据枢纽可以提供重复数据删除、安全性、标准化的查询等服务。数据湖则是将数据存储在一个地方，并且需要使用者自己来处理数据。

数据湖、数据仓库这些术语，是从企业层面定义的数据库，与营销人员等需求还有一段距离：数据库是从各种源系统收集的数据的大型存储库，可以作为企业数据的单一"仓库"发挥作用，但这些数据的来源不同，格式不同，很难用于分析或获取洞察；数据仓库提供了协调和标准化数据的方法，但存储其中的信息通常只是定期批量更新，而非实时更新，限制了营销人员与消费者互动的能力。

涉及具体的数据管理工具，品牌方通常选择客户数据平台或者数据管理平台。这两个概念近年来格外受品牌方重视。此外，品牌可能还需要一些附加工具——这取决于企业的业务范围和优先级、用例及业务复杂性——如数据浓缩工具（Data Enrichment tools）。数据浓缩是将第一方数据与来自其他内部系统的不同数据或第三方数据相结合的过程。客户数据不论其来源（网站流量、社交媒体或电子邮件）为何，都是以原始形式存储在一个中央数据库中的，这些数据基本上是无用的。在使用外部数据进行丰富以添加其他有用信息之前，原始数据将被清理和结构化。数据浓缩通过增加数据的价值使其更有用。它有助于品牌更深入了解自己的客户，如用第三方广告数据来丰富内部销售数据，以便更好地了解广告效果。

3.2.2　私域流量与数据中台

自 2019 年以来，品牌持续在第一方数据管理上加大投入。基于第一方数据，品牌能对自身消费者进行统一、全面的洞察。随着对第一方数据的管控力的不断加强，品牌在其他数据源上的投入费用将不断降低，从而降低自身成本。

1．私域流量

自从 2018 年年初，阿里巴巴将流量分为公域流量和私域流量以来，私域流量这一概念便受到企业重视，并在 2019 年成为热门话题，越来越多的企业希望拥有自己的数据库，数据库能够与其他平台打通，且有专业人士来负责运营。在 2020 年 Q2（第二季度）财报中，腾讯首次提及"私域"。在"业务回顾与展望"部分，腾讯提出："我们认为，微信生态正重新定义中国的网络广告，令广告主可在其私域（如公众号及小程序）与客户建立关系，使其投放可有效维护长远而忠诚的客户关系，而非只是单次交易的广告投放。"

私域流量指的是品牌可以完全控制并管理的流量，而不依赖任何第三方或付费渠道，如官网、App、自有社群、小程序等。品牌通过私域流量直接联系消费者，提高消费者留存率，以及专注于目标消费者群体，同时节省在流量方面的开支。

与私域流量相对的公域流量，高度依赖平台和外部渠道。对品牌来说，尽管这些渠道可以帮助其接触更广泛的消费者，但品牌获得流量的成本通常较高，品牌对流量的控制力较弱。

易观数据显示，从 2014 年 Q1（第一季度）到 2017 年 Q2，天猫平台获客成本涨了 62.5%；从 2015 年 Q1 到 2017 年 Q2，京东平台获客成本涨了 164%，其获客成本已超过 200 元。

第3章

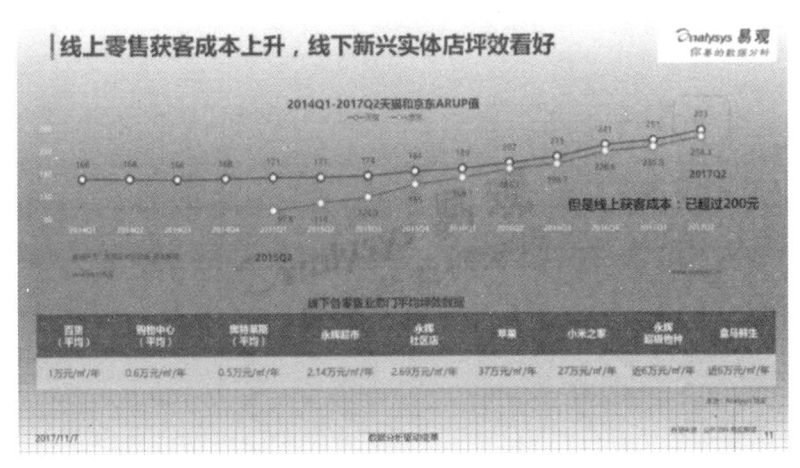

数据：Martech 的基础

此外，自欧盟《通用数据保护条例》和我国《中华人民共和国网络安全法》推出以来，可用的第三方数据商和第三方数据的规模迅速缩小，这也是品牌搭建私域流量池的原因之一。

相较公域流量，私域流量的优势体现在以下方面。

有效提升品牌形象和转化率：在公域流量池中，品牌很难与既有客户重新建立联系。而通过拥有私域流量池，品牌可以与客户建立更紧密的关系。通过从老客户到新客户的口碑宣传，有助于提升品牌形象。

更加接近客户：在推出新产品之前，公司需要做广泛的市场调查，以满足市场需求。有了私域流量池，企业可以直接收集消费者的需求和反馈。私域流量可以有效地降低流失率，特别是当品牌与客户的互动更加人性化和个性化的时候。品牌通过运营私域流量池，可以与客户建立积极有效的互动，产品推荐更容易被客户接受。

案例：

耐克的私域流量运营

2017 年，耐克就公布了全面调整零售战略的计划——名为"Consumer Direct Offense"的项目，以数字化和 DTC 营销为主要策略，目标在于加强与消费者的联系，创造更好的个性化用户体验。

2020 年年初，受"新冠"肺炎疫情影响，由于客流量低于预期，耐克发布公告称，近 50%的中国门店已暂时关闭，剩下门店也将缩短营业时长。同时，耐克许多业务向线上转移，通过其 App、品牌网站、官方微信公众号和小程序等吸引流量，并通过高质量的训练课程和体育热门话题吸引粉丝。

首席营销技术官
Martech 时代，技术驱动增长

2月5日，耐克在官方微信公众号及微博发布特别栏目第一期"趁此刻，蓄力吧"，分享在家运动的技巧和心得，同时引导用户下载 Nike Training Club App，发现更多训练内容。2月12日，第二期"把运动，练到家"启动线上健身直播，在抖音、腾讯看点直播开设直播课程，集结多位 Nike 专业教练，"零距离"面授诀窍。2月19日，耐克上线第三期"和宝贝，玩拆招"，邀请为人家长的教练，教用户如何带孩子在家中开练。耐克以"运动健身"为纽带，与用户建立更为直接的联系。

在与腾讯看点的合作中，依托微信小程序，用户可直接通过耐克官方微信公众号进入腾讯看点直播观看或者订阅，无须下载 App，大大降低了用户观看直播的门槛，并且缩短了用户进入直播的路径，能够很好地活跃品牌以往沉淀的粉丝，提升用户黏性。

耐克还启用了公众号底部的横幅投放功能，利用微信大数据，将直播广告定向投放给健身人群，即使不是粉丝，也可点击广告直接跳转至耐克官方微信公众号直播入口参与活动，提高直播触达和用户转化。

通过这些自有渠道，耐克与球迷建立直接联系，并将他们转化为客户。除了增加粉丝基础，耐克还通过这些自有渠道积累了大量的客户行为数据，并因此获得实时和深入的洞察。

耐克鼓励中国消费者在家中运动，推动 Nike Training Club 在中国的注册人数和用户参与度都有了惊人的增长。进入2020年，不但耐克所有运动 App 的每周活跃用户数量大幅度增加，而且耐克整体线上渠道销售额大幅度增长。其中，女性活跃用户的增长速度远远超过男性活跃用户，服装的增长速度快于鞋类，而电子产品的增长速度也较快。耐克总裁兼首席执行官 John Donahoe 表示，中国消费者强烈的参与，是促使耐克全球线上业务增长超过30%的主要原因。

2. 数据中台

"中台"是源自中国本土互联网的概念。2015年年底，阿里巴巴启动中台战略，构建符合 DT（数据处理技术）时代的更具创新性、灵活性的"大中台、小前台"的组织机制和业务机制，将搜索事业部、共享业务平台、数据技术、产品部提出来，组成了"中台事业群"。其中，前台作为一线业务，更敏捷、更快速适应市场；中台集合整个集团的数字、运营、产品、技术能力，对各业务前台形成强力支撑。

阿里巴巴提出的中台又可进一步细分为业务中台、数据中台等。营销人员需要

第 3 章
数据：Martech 的基础

格外重视"数据中台"这一概念。营销科学家于勇毅提出，"数据中台"对标国外数据湖的概念，提出的背景是因为阿里巴巴生态系统中淘宝、天猫、盒马等业务板块每天产生大量有价值的数据，要实现在不同业务群间做到数据的互联互通，以及对数据价值的最大化挖掘，便需要对各业务群的数据进行整合以建立集团层面的"数据中台"，统一管理和应用数据。

"数据中台"解决的是企业数字化转型过程中遇到的一系列数据问题，首先是数据孤岛。根据知萌咨询机构的在线调查，企业目前在数据应用过程中面临的最大挑战是数据孤岛，这一比例高达 61.5%。从某种意义上说，数据孤岛是企业内外部普遍存在的现象。受众行为数据分散在不同的触点渠道，企业内部数据以部门为单位割裂存在，缺乏融合、连接与沟通。这无疑对企业的数字化转型造成了阻碍。

在品牌数字化转型的过程中，存在的一个问题就是很难触及终端消费者，数据基本掌握在平台方手里。品牌方自营电商的尝试基本失败，微信公众号等新媒体运营也没有起到太大的作用。调查显示，目前企业获得的数据主要来自微信、广告、企业官网等渠道。这些渠道之间并没有打通。用户的触媒渠道分散、接入设备多元化，导致数据形态多样，增加了数据整合的难度。

其次是数据质量参差不齐、精准度不高，数据在企业数字营销中应用不充分等问题。企业想要直击目标受众，达到提高转化的目的，除了在数据方面要打破数据孤岛，还需要提高数据应用程度，使数据和技术深度结合。调查显示，大约 80% 的企业在营销活动中对数据应用并不充分。

在中台概念提出后，企业开始向中台化转型，在中台化的过程中逐步解决这些问题。企加云联合创始人、首席战略官李军认为，"中台化"是企业数字化转型的关键词。中台化区别于中台，是一个过程，并不是说企业用一个中台就可以解决问题了，而是需要"中台化"这个过程，中台化除了要重构信息系统，还要重构运营理念、管理组织、人才培养等，这是一个比较长的、动态的、持续演进的过程。

3.2.3 客户数据平台

大数据时代，企业能够从多个渠道发掘并整理数据，如企业官网、微信公众号、电子邮件、社交媒体等。这些原始数据分布在不同系统中，如果能够正确地加以利用，那么这些数据对市场营销人员来说将会是消费者行为信息的"金矿"。

然而，企业普遍存在"数据孤岛"的现象，这些受众行为数据分散在不同的触点渠道，渠道之间并没有打通，这就给营销人员的数据整合工作增加了难度。

客户数据平台（Customer Data Platform，CDP）正是负责整合各触点的现有客户及潜在客户数据，帮助企业进行客户洞察及客户运营的。

根据 CDP 研究院（CDP Institute）的定义，CDP 指的是"创建统一、可持续且可由其他系统访问的客户数据库的整套软件"。CDP 是一个预先构建的系统，支持一对多交互，实时传输数据并收集数据，将所有来源的客户数据集中起来，整合成为统一的客户文档，提供给其他系统，用于营销活动、客户服务及客户体验活动。

所谓客户文档（Customer Profile），是关于单个客户的所有数据的集合。客户档案越完整，企业就能提供越好的客户体验。客户文档需要不断更新，以便提供每位客户的最新、最准确的信息。

1. CDP 的作用

CDP 可以帮助企业提升营销效率与效果。

打造营销闭环：CDP 通过数据融合、打通，为企业展现了一个完整的客户行为轨迹，形成客户 360 度画像，通过多维洞察，帮助企业优化客户数字化体验，针对反馈的营销数据进行分析，输出结果，形成完整闭环。

绘制客户专属标签画像：通过 CDP，企业可以融合多维度数据，完整绘制客户全行为 360 度画像，进行社交化、有温度的精准营销。

洞察客户生命周期阶段：通过 CDP，企业可以从多层次（潜在访问者/消费者）和多维度（人口统计学/兴趣/购买意向）进行客户洞察，识别客户所处生命周期阶段，采取不同营销模式，开展精细化运营。

获取新客户，激活老客户：通过 CDP 对客户生命周期阶段的洞察，采取新客户获取和老客户激活两种策略，帮助企业实现客户增长。

差异化营销：针对客户不同生命周期阶段的不同需求，进行差异化沟通，提高转化效率。

个性化与精准的内容推送，提升客户体验：通过对数据的洞察，判别客户属性，根据客户的兴趣、特点和购买行为，制定千人千面的广告内容，并找到合适的时间、渠道、方式进行推送，不会让客户感觉被打扰，从而提升客户体验。

第 3 章

数据：Martech 的基础

指导程序化购买媒体策略：企业通过 CDP 进行品牌与受众分析，明晰市场定位，制订推广方案。通过投放效果的实时监控，优化媒体的资源组合投放。

归因分析，持续优化：企业通过数据反馈结果，对营销全链路的环节进行分析，找到影响客户的行为因素，优化行销策略，选择最合适的投放渠道，做到让营销每一个环节都可以提质增效。

当然，这些功能并非所有企业都需要。不同的企业构建数据中台时，面临的场景环境，对业务的需求等其实都不一样。悠易互通 CTO 李旸建议，企业在选择 CDP 产品时，首先应从数据和业务需求角度（如先评估企业内部有哪些数据，有什么样的用户触点，所希望的数据应用场景，未来的应用场景）出发，再结合需求评估所有 CDP 供应商的相关能力。

案例：

百威英博如何建立 CDP

如今传统快消品品牌商面临着多维的竞争，强调线上线下融合，多维度触达消费者，营销诉求也在改变。全球领先的酿酒制造商百威英博传统的营销渠道相对单一，主要围绕着品牌宣传，以投放广告为主。百威英博关心如何拉动更多的消费者，让他们更多地消费。以往通过分销渠道销售的方式无法让百威英博接触到大量的终端消费者，自然也就很难及时了解消费者是怎么样的，对产品有什么需求。百威英博希望能与消费者直连沟通。

百威英博此前没有大量消费者的沉淀数据，Convertlab 从零开始为百威英博所有主要啤酒品牌建立 CDP 和数字运营体系，并提供数据驱动营销运营服务。项目具体的实施方案是，首先要建立一个 CDP，打通全渠道的消费者数据。

CDP 强调管理消费者全生命周期数据，包括消费相关的交易类数据和各个触点的行为数据。CDP 的核心是身份识别与合并，它完全聚焦在消费者这个点上，随着消费者数据的自动持续累积，百威英博也能统一客户体验，能做到客户的精准营销，从而提升客户活跃度和黏性，进一步变现。

百威英博最开始建立 CDP 就是为了支撑数据应用，围绕消费者，围绕营销应用，真正体现了 CDP 的核心理念，所以它在数据打通的同时，营销应用也就运转起来并立即产生业务价值。

消费者数据主要来自百威英博的第一方数据，这是企业自有的数据，这类数据主要是百威英博在销售、活动等业务过程中产生并积累的受众或者客户的相关数据。百威英博通过在全渠道收集各个消费者触点上的数据形成自有第一方数据，实现与消费者的直连，目前可识别和触达的消费者已超过1000万名。

当百威英博拥有大量的第一方消费者数据后，就结合市场部的媒体投放，用第一方数据来优化，主要分为两大应用方向：重定向广告和Lookalike。此外，百威英博在线下餐饮和娱乐渠道有大量日常促销活动，借助Convertlab DM Hub解决方案，在促销场景下获取消费者数据，并完成消费者直连和再营销。

通过不同的促销活动，百威英博既促进了消费者购买产品，又收集到大量消费者数据和消费者行为数据，获得了第一方数据。随着数据的不断累积，各个渠道的数据也蜂拥而至，我们需要对这些大量数据进行分析，分析出哪些是真正的消费者，哪些是店主、服务场所服务员等，应该把精力投入真实的消费者上。

百威英博根据消费者洞察，形成消费者画像，为不同的消费群体制定不同的再营销策略，实施精准营销。例如，通过对不同活动参与频次的消费者，进行有针对性的微信端提醒，使活动再次参与率提高40%；给稳定高频率活动参与群体（判断为品牌忠诚客户）推荐品牌的高端产品，带来增量消费10%。

项目方案实施后，百威英博建立起了覆盖天猫、京东、官方商城、微店、微信、线下的全渠道数字化客户运营体系，也有了第一方数据资产，沉淀了所有活动的消费者数据，提升了基于第一方数据的消费者洞察能力。品牌也能直连消费者，优化了消费者体验。

2. CDP与CRM的区别

根据Gartner发布的技术成熟度曲线，CDP是数字营销和广告行业最受瞩目的前沿技术之一，营销人员对CDP的期望值很高。但在Gartner的调查中，已部署了CDP系统的过半数企业营销人员认为，这是他们的CRM系统，这表明他们对系统功能目的和差异化存在误解。

在CDP等数据管理工具诞生之前，企业通常采用CRM工具来管理数据。CRM是一种集成的、数据驱动的软件解决方案，帮助企业管理和维护现有和潜在的客户关系，跟踪销售线索、市场和渠道，并提供可操作的数据。

但是近年来，CRM的生存环境发生了巨大变化，特别是数据量发生了爆炸性增长，也出现了新的数据类型。客户或者潜在客户通过比以往更多的渠道与企业进

第 3 章

数据：Martech 的基础

行互动。如果这些客户对企业来说是"未知的"，CRM 系统就无法识别。此外，CRM 系统并不从任何来源实时获取数据，或与其他系统共享数据。

营销人员需要将每项有价值的客户数据聚集在一起，以建立一个"360 度"的客户视图。在此基础上，他们需要能够最大限度地利用客户数据，利用这些数据进行更智能的细分并洞察客户旅程，使用机器学习模型分析数据，并揭示更深层次的见解，从而从现有的客户数据中获得额外的价值。这正是他们需要 CDP 的原因。

当然，CDP 与 CRM 是两种不同的营销技术系统，具有不同的优势，营销人员需要了解两者的区别，以便选择适合的系统以满足自己的需求。比如，CRM 系统最适合作为管理现有联系人的解决方案，营销人员通过 CRM 可以查看个人记录和相关数据，轻松管理自己的账户；而 CDP 是一个更专业的、由营销人员管理的系统，能够从电子邮件管理平台、CRM 平台、广告技术和其他平台导入大量数据，并对这些数据进行分类整理，使其可用来实现实时、跨渠道沟通，并对如何进行大规模个性化客户体验提出实时建议。

3.2.4 DMP

与 CDP 相似的另一个数据管理工具，是数据管理平台（Data Management Platform，DMP）。根据 Forrester 的定义，DMP 指的是能够管理和整合分散的第一方、第二方和第三方数据的统一技术平台，DMP 能对这些数据进行标准化和细分管理并输出，让营销人员能够对目标受众进行挖掘、洞察和策略输出。从功能角度来说，DMP 可以指导程序化媒体购买，保证跨平台营销的一致性和联动，以及进行以客户为中心的运营。

业界有这样的说法：DMP 应用范围较广，能够收集很多数据，既包括 Media 的数据，也包括 CDP 的数据。就广义的概念而言，CDP 其实是 DMP 的一部分。但也有人认为，两者还是有一定的区别的。例如，悠易互通 CTO 李旸认为，DMP 更偏广告投放层面的应用，以设备 ID 为单位，收集整合内外部数据、分析并输入标签供内外部应用，所解决的是站外引流问题。CDP 解决的是站内运营时数据的积累和应用问题，CDP 更偏助力企业管理自己的第一方客户数据，让企业在已知客户身份的情况下进行数据归集与分析并与之沟通，更适合"人本营销"中的一对一个性

首席营销技术官
Martech 时代，技术驱动增长

化沟通。例如，可口可乐大中华区先后搭建了 DMP 和 CDP，二者的区别在于：DMP 是为了解决媒体投放的优化问题；而 CDP 的目标是积累会员，建立可识别的个人身份信息，用以识别客户信息。

作为数据管理平台，CDP、DMP 存在一定区别，但在数据应用逻辑上都有着同样的架构：收集数据—打通数据—处理数据—应用数据。李旸同时提出，DMP 和 CDP 的概念在应用的时候，边界并不是很清晰。"很多企业说想要一个 DMP 的时候，不仅仅是需要管理服务于广告投放的数据，也包括很多第一方客户数据管理的需求。"

按照 DMP 的归属，DMP 可分为第一方 DMP、第二方 DMP 和第三方 DMP。

第一方 DMP 指大型广告主自己搭建或者寻找外部技术供应商为自己搭建的内部 DMP，主要用于分析和管理客户数据，为营销环节提供决策支撑和客户数据支撑，广泛应用于电商、游戏、旅游等行业。

第二方 DMP 指需求方服务提供者（一般是指需求方平台）搭建的 DMP，旨在帮助广告主更好地进行广告投放，在提升效果的同时加大投放量，间接提升广告主在需求方平台的投放额度。

第三方 DMP 指以数据交易为主要形式的 DMP，为需求方提供数据交换、售卖等服务。通常需要在接入需求方平台后再运用到广告投放中。如果是 PC 端数据，那么需求方平台与 DMP 之间还需要进行 Cookie 匹配。[①]

DMP 不仅仅服务于广告主，对不同的角色来说，DMP 有着不同的作用。

- 营销人员可以通过 DMP 了解最有价值的客户，如客户想从广告主提供的产品或服务里获得什么。营销人员同时可以凭借 DMP 定位特定的受众。DMP 提供跨平台或全渠道定向广告，因此营销人员可以针对特定客户推送个性化内容和消息。总之，DMP 是营销人员获取、触达和留存客户的有力工具。
- 广告公司站在广告主的角度上，使用 DMP 来收集、整理和分析客户数据。这些数据包括网站的浏览数据和广告活动数据，研究哪些客户在参与广告活动。广告公司还可以用 DMP 为数据驱动的定向广告活动提供受众，并使用第二方或第三方的数据来扩大受众范围，以触达更广泛的目标受众。对受众行为和人口统计数据的洞察可以以活动总结报告或受众概况报告的形式提

---

① 梁丽丽. 程序化广告[M]. 北京：人民邮电出版社，2017：37-38.

第3章
数据：Martech 的基础

供给广告主。

- 出版商通过收集到的客户行为信息，可以发现访问者的活动、兴趣和动机。这反过来又可以用来创造和开发更具个性化的体验，如产品推荐、定向广告等。对出售广告空间的出版商来说，可以利用这些数据点来发起有针对性的广告活动。

3.2.5 SCRM

2004年，MySpace成为第一个月活跃用户达到100万人的社交媒体网站。经过15年的发展，美国成年人使用社交媒体的比例从2005年的5%上升到2019年的79%。据互联网数据咨询中心GlobalWebIndex研究，2019年中国人每人每天平均花在社交媒体上的时间为139分钟，比2018年增加了19分钟。

社交媒体与其他类型的互联网媒体经历了一个彼此融合的过程。Facebook、微博、微信不再是单纯的社交媒体，其他类型的互联网媒体也开始具备社交功能。凯度发布的《2019年中国社会化媒体生态概览白皮书》研究发现，随着社会化功能在各种互联网平台中的深度普及，大多数的中国互联网媒体已经可以被称为"社交媒体"。

1. 什么是SCRM

越来越多的品牌通过微博、微信、Facebook、Twitter等平台与客户进行互动，品牌不再仅通过广告或其他营销活动向客户推送信息，而是通过与客户沟通和合作来解决业务问题，赋予客户塑造自身体验和建立合作关系的权力，从而让客户成为品牌的拥趸。在这个过程中，品牌也积累了大量的社交媒体数据。因此，CRM平台也开始支持传统渠道以外的社交媒体，由此产生了社交CRM（Social CRM，SCRM）。

SCRM是品牌通过各种社交媒体与客户进行互动的方式，它整合了社交媒体和CRM系统，以提供对客户与品牌互动的洞察，并提高客户互动的质量。

SCRM强调的不是管理，而是客户的互动。如今，客户对品牌的期望值在不断提升，他们希望各种沟通渠道能够无缝连接，以便品牌能够迅速通过其中任一渠道做出反应。而对品牌来说，如果自己能够更快地采取行动、做出反应，甚至能够预

首席营销技术官
Martech 时代，技术驱动增长

测客户即将到来的需求，则能明显提升客户对体验的满意度。

SCRM 帮助品牌将客户参与变成双向通道。客户不再是被动的观众，而是品牌活动的积极参与者，也看到了品牌的价值。品牌也可以使用监控和跟踪工具，来查看谁通过社交媒体参与了与自己的对话，SCRM 可以帮助品牌识别和奖励品牌的拥趸和意见领袖，鼓励他们进一步传播信息。在一定程度上，可以说互动、沟通才是 SCRM 的核心。

在 SCRM 中，客户实际上是品牌运营的核心。品牌不再是通过营销或向客户推送信息，而是通过与客户沟通和合作来解决业务问题。品牌可以利用社交平台进行数据收集并与客户互动，推动客户参与品牌的营销活动。SCRM 使品牌能够以多种不同的方式将其销售、营销和客户支持扩展到社交媒体渠道，具体职能包括以下几点。

360 度客户视图：客户通常使用多种社交网络，而 SCRM 解决方案将这些社交网络整合起来，可以跨多个平台合并联系人的社交媒体活动，从而更全面地了解客户与品牌之间的互动。

社交互动：就像客户彼此之间的互动一样，品牌也可以以一种亲密、随意、即时的方式与客户发生互动。品牌在社交网络上的活跃度就意味着面向客户的开放性。例如，如果品牌邀请客户参与关于产品的对话，这就提供了一个关于服务质量、客户支持及品牌社会责任等话题征求客户意见的机会。

社交聆听：SCRM 将在仪表板上显示社交媒体活动，可以跟踪品牌提及率以及关键词、标签、影响者等。当客户直接向品牌账户发送信息，品牌相关的热门话题达到某个阈值时，或者当品牌与某种热门词汇相关时，客户可以定制实时通知。社交聆听可以通过社交网络自动进行，同时保留对影响品牌形象的社交媒体活动做出直接反应的能力。

社交媒体分析：从海量的非结构化社交媒体数据中获取洞察，可以从客户之间、客户与品牌代表之间的自行对话中，提供即时的、对品牌情感的洞察。社交媒体分析可以为营销活动、销售线索质量和销售线索打分、销售方法和客户支持提供信息，包括特定于社会的关键绩效指标，如关注者、转发、印象、点击或提及的数量。

社交客户服务：客户在联系品牌之前，通常会通过社交媒体投诉产品。入站客户查询为品牌提供了一个通过解决一个案例来促进有意义的参与和建立品牌宣传的机会。SCRM 解决方案还可以将这种参与作为客户交互的审计历史，从而进一步

第 3 章
数据：Martech 的基础

了解每个客户的成本。

社交媒体管理集成：SCRM 通常将社交媒体集成与 CRM 功能（如销售渠道、联系人管理工具等）结合起来。许多 SCRM 与社交媒体管理软件集成在一起，可以弥补功能强大的传统 CRM 平台与管理软件提供的前沿社交媒体功能之间的差距。

2. CRM 与 SCRM 的区别

传统 CRM 软件主要侧重于追踪与客户和潜在客户的"传统"沟通方式，如电话、电子邮件、会议或现场会议的谈话记录。CRM 软件的数据库中通常包含每个客户和潜在客户的联系方式。除客户的联系方式之外，CRM 软件的数据库中通常还包括品牌与特定客户的联系历史、客户对外链的反应、客户与企业的互动。

下面所示为传统 CRM 软件联系人记录中可能出现的数据类型。

除分析个人层面的潜在客户行为外，CRM 软件还提供了有关外联类型的总体指标，如企业的销售团队本月打了多少电话、哪些活动的产品报价成交最高。这些报告可以让营销人员从整体上了解销售过程和渠道，还可以帮助营销人员找出留住现有客户或向他们追加销售其他产品或服务的方法。

SCRM 与传统 CRM 的不同之处在于，SCRM 主要通过社交媒体定位潜在客户，能为客户提供更加便捷的服务和更加个性化的营销策略。SCRM 作为传统 CRM 的延伸，更强调客户的参与和双边互动，更多是以品牌的关注者、聆听者、建议者、共同创造者的身份而存在。

传统的 CRM 是通过传统渠道进行的，通常是从企业的角度出发的。但在 SCRM 中，客户处于控制者位置：客户决定何时开始和结束对话，以及对话的渠道和交互的过程，并且主导整个 CRM 过程。

而传统的 CRM 以收集和管理当前客户数据为中心。传统的 CRM 主要使用直接广告来促进销售，收集客户数据以针对特定的消费者开展活动，并以留住现有客户为目标。

Twittfaced 一书的作者 Jacob Morgan 这样描述传统 CRM 和 SCRM 的区别：社交为客户关系管理带来了新的元素，我们处理的不再是数据和信息，而是对话和关系。这些对话和关系不仅发生在企业与消费者之间，也发生在消费者与消费者之间。

3. SCRM 是做什么的

案例：

联合利华"+Trust"：通过数字化转型，激活经销商的销售活力

联合利华饮食策划是联合利华旗下的餐饮品牌，面对中国五六百万家餐饮企业的庞大市场，联合利华饮食策划一直思考如何进行有效、深入的市场渗透，如何赋能经销商，提升经销商的忠诚度。联合利华饮食策划面临的问题也很明显：品牌、经销商之间多通过面对面沟通，成本高、易出错；地区经销商从一级经销商拿货，与品牌的关联度和忠诚度都比较低；电商、O2O 模式的盛行，部分客户被分流，经销商的价值被大大削减，经销商销售活力弱、销量不理想。

联合利华饮食策划选择从下游的地区经销商入手，打造了"+Trust"经销商忠诚度计划，与地区经销商保持持续互动，将线下地区经销商引流至线上，通过奖励机制将引入的流量转化为实实在在的销售业绩。

基于全域用户平台，群脉帮助联合利华打通官方微信与 SCRM 系统，定制了地区经销商业绩考核模块。首先将现存的地区经销商庞大的关联数据导入 SCRM 系统，为每个经销商生成唯一识别 ID，作为验证身份的通行证。地区经销商通过验证后，在微信端就能直接收到联合利华制定的销售目标，如果其对销售目标有异议，则可选择通过微信进行便捷的在线沟通，确认新的销售目标。地区经销商确认领取任务、在指定一级经销商处进货完毕，业绩考核界面将自动匹配业绩考核指标，地区经销商可实时查看销售进程。

为了最大限度调动地区经销商的销售积极性，所有地区经销商都可依据进货量获取相应的积分，去积分商城兑换丰厚的礼品。此外，完成销售目标的地区经销商，还可获得代金券，代金券可以直接抵扣下次货款。方便快捷的沟通方式、线上线下一体化融合、完善的分层次激励体制，在提升地区经销商黏性、最大限度聚合地区经销商销售力量的同时，也完成了一级经销商社交化管理的转型之路。

互动是增强客户体验感的秘密武器。为了不断激发地区经销商参与"+Trust"计划的热情，进一步优化地区经销商销售目标考核机制，联合利华搭建 SCRM 平台的同时，又设置了"积分翻倍送"的社交式互动环节，只要地区经销商在指定经销商处订购了家乐鸡粉和煎鱼粉的调料，就能获得双倍的积分。联合利华还通过"快乐星期三拉霸"游戏，每周定期放送缤纷礼物的方式，吸引了超过 50%的地区经销商参与互动环节体验，在维护现有客户的基础上发展了大量潜在客户。

第 3 章
数据：Martech 的基础

随着持续性互动体验的不断深入，SCRM 平台沉淀了越来越丰富的场景化数据，通过比对地区经销商每季度销售目标与实际销售情况，能及时调整下一季度销售目标，在保证销售目标合理性的基础上增加地区经销商的黏性，通过最终销售出去的调味品类目和数量，优化生产配置。

3.2.6 知识图谱

知识图谱是 Google 在 2012 年提出的概念。这里的"图"不是指柱状图、饼状图或线状图，而是相互关联的实体，可以是人、位置、组织，甚至是事件。知识图谱本质上是 Google 的一个知识库，使用语义检索从多种信息源收集信息。知识图谱的信息源包括 CIA（美国中央情报局）的《世界概况》、Freebase 和维基百科等。用户将能够使用此功能提供的信息来解决他们查询的问题，而不必导航到其他网站并自己汇总信息。知识图谱除了显示其他网站的链接列表，还提供结构化且详细的关于主题的信息。因此，知识图谱呈现的不是单一的信息，而是多元的信息网络。根据 Google 的说法，知识图谱的目标是"从信息引擎转变为知识引擎"。

对营销人员来说，知识图谱是数据的可视化，可以帮助营销人员根据地域、社交和职业网络、产品、品牌和购买力等维度，对复杂的客户数据进行建模。

为了构建知识图谱，需要让机器理解自然语言，这可以通过使用 NLP 技术来实现。NLP 技术探讨的基本命题是如何处理和运用自然语言。而知识图谱则是在 NLP 对语言文本的解构基础上，以图数据形式存储信息，并描述客观世界中的概念、实体及其关系。简单地说，NLP 技术类似于人类读懂语言和文字的能力，而知识图谱则对应着人类储存在脑海里的知识体系。

明略科技资深科学家、明略科学院知识工程实验室主任张杰认为，"在知识组织层面上，图谱化将是企业进行数据管理的未来趋势。"一方面，知识图谱便于将客户已有的结构化知识做更深度的关联，同时保证查询效率。另一方面，知识图谱可以帮助客户从来自物联网、互联网的海量的非结构化数据中抽取出知识片段，从而拓展客户的数据维度，增大知识储量，释放出大数据红利。而在知识表示层面上，知识图谱则是上游大数据和下游 AI 任务的有效连接。图谱化之后的知识便于进一步的语义化，知识碎片关联起来形成图谱之后，更多关联信息意味着更加丰富的语义信息。适当地引入常识知识和领域知识，可以对图谱中的节点和关系进行向量化处理，进而突破以往基于字符串匹配的浅层语义，更加便利、有效地帮助客户组织领域知识，为流程优化、辅助决策、预测分析等下游应用提供基础服务。

案例：

金佰利电商评论数据分析智答系统

长期以来，金佰利集团旗下"好奇""高洁丝""舒洁"等品牌的产品开发人员与消费者服务人员的核心工作之一即从产品功能、性能、包装、服务等方面对产品及服务体系本身进行优化迭代，最终为用户提供更好的产品体验。产品开发人员每年需要面临大量的产品创新、迭代工作，其中包括以下问题。

- 不知道用户对产品的使用评价如何。
- 不了解用户对产品给予好评或差评的原因。
- 不知道用户期待产品做出什么改进。
- 不知道用户对于产品在不同的场景（季节/白天/夜晚等）的使用是否满意。
- 不了解用户对于本产品及相应的竞品，在哪些领域的评价有差异，以及差异具体是什么。
- 电商平台每年都会产生很多好评和差评，消费者服务人员应如何针对每一位好评用户的评价进行一对一的针对性回复，给用户提供更好的服务体验以带来高复购；如何更高效地对给予差评的用户进行安抚、答疑，为其带来个性化的一对一服务体验以挽回用户。

对上述问题，针对产品创新迭代方面，传统方法是采用问卷、回访、情感分析等方法收集用户反馈，但问卷回访是抽样调查，往往不具有普遍性，不能全面反映问题；调研问卷的内容有限，无法覆盖用户需求的方方面面；调研的方式本身是让用户针对问题、基于自己的记忆做出回答，并不是实际发生时的体验和反馈，用户的回答可能比较片面。此外，问卷调研的方法时间周期比较长，无法做到及时反馈，会影响产品创新的周期。

如果只是针对评论进行简单情感分析，则仅能获知好评率，而无法得知用户给予好评或差评的原因，且当用户同时对产品的不同方面表达出不同态度时，这些反馈信息除人工查看外无法完全被收集到。

而对用户服务方面，品牌则往往舍弃掉对于好评用户的维护，同时雇用大量客

第 3 章
数据：Martech 的基础

服对给予差评的用户进行人工维护，既耗费人力，又错失了与忠诚用户互动的机会。

为了解决上述业务问题，宏原科技采集了全行业的超过 3700 万条原始评价数据，经过清洗后得到约 500 万条清洁数据。基于业务专家的知识与大量言论数据经由独有的知识图谱解析方法构建了包括纸尿裤、卫生巾、湿巾等的垂直类知识图谱。图谱涵盖产品感官体验、包装、设计、产地、性能、促销、服务、品牌形象、物流等 5 大类 45 小类，共计 1122 个维度，同时对每条评价文本生成对应的维度标签多达 1800 万个。此外，以知识图谱为基础设计开发了售后客服机器人。机器人能够自动识别用户针对产品与服务的各个方面是好评还是差评，同时生成对应的回答话术并及时回复。

该系统能够帮助业务人员实时、自助实现对用户对本产品及竞品评论情况的发现、统计、分析，帮助业务人员快速挖掘用户在任意时段内对本产品各个方面维度的好、差评情况并支持评论原文的查看，帮助客服人员生成个性化的评价回复话术，同时能够自动回复大量好评。

此外，该项目能提供针对电商平台本产品、竞品用户评论情况的实时洞察功能，查看任意竞品的用户在各个方面对竞品的评价情况，发现更多商业机会；帮助产品设计人员实时掌握各产品线 3 个以上产品的改进维度，发现包括"小腿尺寸不合""松紧过紧"等 20 多个产品主要遭受差评的方面；快速生成推荐答案，将客服人员的回复效率从 5 分/条提升到 30 秒/条；具备针对大量评价的快速回复功能，一键实现一天服务十万多名用户。

3.3 数据安全与数据合规

3.3.1 数据安全

数据作为企业的核心资产，其重要性不言而喻。但近年来，业界屡屡出现数据泄露事件。

在大数据时代，企业每天都会处理大量数据，如客户的浏览记录、购物记录等。数据保护以及企业如何处理、存储敏感数据成为热门话题，企业有义务保护这些数据不受侵犯，并且遵守与数据隐私相关的法律规定，让客户的敏感信息得到有效保护，数据安全的问题值得所有企业高度重视。

具体来说，数据安全是一套标准和技术，保护数据免受故意或意外破坏、修改或泄露。企业可以使用的保证数据安全的标准和技术包括管理控制、物理安全、逻辑控制、企业标准，以及其他限制未经授权用户或恶意用户前来访问的安全技术。

数据泄露可能导致诉讼案件和巨额罚款，更不用说对企业声誉的损害。保护数据不受威胁对企业来说非常重要。调查发现，任何一条受损的数据记录都可能给企业带来严重的经济损失和声誉损失。

数据安全的核心要素是机密性（Confidentiality）、完整性（Integrity）和可用性（Availability）。机密性确保只有授权的个人才能访问数据；完整性确保信息的可靠性和准确性；可用性确保数据可用且可访问，以满足业务需求。

以下是一些企业应该注意的数据安全问题。

第一，敏感数据位于何处？如果无法回答这个问题，企业也就不会知道如何保护数据。

第二，谁可以访问数据？当用户进行未经检查的访问或很少进行权限审查时，就会使企业面临数据滥用、盗窃或误用的风险。知道谁可以随时访问企业的数据是重要的数据安全考虑之一。

第三，是否实现了对数据的持续监视和实时警报？这些行为不但对数据合规很重要，而且可以及时发现异常的文件活动、可疑的账户和计算机行为。

企业可以使用以下方法保护数据。

身份验证：认证和授权是提高数据安全性和防止数据泄露的方法之一。身份验证技术可以验证用户的凭证是否与数据库中存储的凭证相匹配。标准身份验证过程包括使用多种方法组合来识别授权用户，如密码、安全令牌、刷卡或生物识别等。

通过单点登录技术可以简化身份验证。该技术使用一个安全令牌允许经过身份验证的用户访问多个系统、平台和应用程序。授权技术决定了经过认证的用户可以在网站或服务器上做什么或看到什么。

访问控制：根据安全等级的不同，访问控制系统可以具体分为以下三种。

- 自由访问控制（对来访者限制最少）：允许基于用户或用户组的身份访问资

第 3 章
数据：Martech 的基础

源，同时阻止非授权用户访问客体，某些用户还可以把自己所拥有的访问权限授予其他用户。

- **基于角色的访问控制**：根据用户在企业中的角色分配访问权限，只允许用户访问特定的信息。
- **强制访问控制**：允许系统管理员严格控制对所有信息的访问。

备份和恢复：优先考虑数据安全性还需要制订计划，以便在发生系统故障、发生灾难、数据损坏或遭到破坏时访问企业和客户的数据。数据备份需要复制数据并将其存储在单独的系统或介质上，并且可以使用备份来恢复丢失的数据。

加密：数据加密软件通过使用一种算法（称为密码）和一个加密密钥将普通文本转换为加密的文本，有效地增强了数据安全性。对于未获授权的人，密码数据将不可读。只有具有授权密钥的用户才能解密这些数据。加密主要用于保护存储的数据（称为静态数据）和在数据库、移动设备和云（称为传输中的数据）之间交换的数据。加密密钥必须得到安全管理，包括保护关键管理系统、管理安全的离线加密备份和限制访问。

数据屏蔽：数据屏蔽软件通过用代理字符模糊字母和数字来隐藏数据，以保护数据不被外部恶意源泄露，内部人员也不会在无意识的情况下使用这些数据。只有在授权用户获得数据时，软件才会将数据更改为原始形式。

数据实时警报：通常情况下，企业需要几个月的时间才能发现一个漏洞。企业经常通过客户或第三方而不是 IT 部门发现漏洞。通过实时监控数据活动和可疑行为，企业可以更快地发现导致意外破坏、丢失、更改、未经授权泄露或访问个人数据的安全漏洞。

删除和擦除：当企业不再需要电子数据并且必须将其从系统中永久清除时，擦除可以覆盖该数据，使其不可恢复。而删除是一个简单的隐藏数据的过程。

数据风险评估：数据风险评估可以帮助企业识别其敏感数据是否泄露，并提供可靠和可重复的步骤来优先处理和修复严重的安全隐患。这个流程从标注陈旧数据或不一致权限访问的敏感数据开始。风险评估的重要发现是告知数据漏洞，并提供每个漏洞的详细解释及优先修复建议。

近年来，企业的数据观念发生了转变。以前，大多数企业认为数据越多越好，但是无法提前确定用这些数据来做什么。如今，过多的数据反而成了一种负担。数据泄露、高额损失或罚款带来的威胁，让企业产生并强化了这样的认知：收集任何超出最低数量的数据都有潜在危险。为此，企业遵循数据最小化的原则，并从业务角度审查所有数据收集需求和过程。

3.3.2 数据合规

数据合规（Data Compliance）指的是企业必须遵守一些"规则"，以确保其拥有的敏感数字资产（通常是个人身份信息和财务细节）不被丢失、盗窃或滥用。这些"规则"形式多样，可能是国家、地区颁行的法律法规，或者是行业标准，不遵守"规则"的企业将会受到处罚。

数据合规与数据安全的目标一致——尽可能减少企业面临的数据风险。但是，数据合规只能确保企业满足法律规定的最低标准；而数据安全涵盖处理敏感数据和防范数据泄露的所有流程和技术。

国内外颁行的与数据合规相关的主要法律规定包括以下几项。

1.《中华人民共和国网络安全法》

对中国本土企业来说，首先应当遵守的是《中华人民共和国网络安全法》（以下简称《网络安全法》）《网络安全法》于2017年6月1日实施。《网络安全法》由七章、七十九项条款组成，旨在监管网络安全、保护个人隐私和敏感信息，维护国家网络空间主权和安全。在中国通过运营网络开展业务、提供服务或收集数据的企业，都在《网络安全法》的管辖范围之内。

其中，第四章"网络信息安全"专门对数据相关的安全事宜进行了规定。例如，第四十条规定，"网络运营者应当对其收集的用户信息严格保密，并建立健全用户信息保护制度。"第四十四条规定，"任何个人和组织不得窃取或者以其他非法方式获取个人信息，不得非法出售或者非法向他人提供个人信息。"

除第四章外，《网络安全法》其他章节中与数据安全相关的条款节选如下。

第二十四条 网络运营者为用户办理网络接入、域名注册服务，办理固定电话、移动电话等入网手续，或者为用户提供信息发布、即时通讯等服务，在与用户签订协议或者确认提供服务时，应当要求用户提供真实身份信息。用户不提供真实身份信息的，网络运营者不得为其提供相关服务。国家实施网络可信身份战略，支持研究开发安全、方便的电子身份认证技术，推动不同电子身份认证之间的互认。

第 3 章
数据：Martech 的基础

第三十七条 关键信息基础设施的运营者在中华人民共和国境内运营中收集和产生的个人信息和重要数据应当在境内存储。因业务需要，确需向境外提供的，应当按照国家网信部门会同国务院有关部门制定的办法进行安全评估；法律、行政法规另有规定的，依照其规定。

2.《中华人民共和国电子商务法》

2019 年 1 月 1 日正式实施的《中华人民共和国电子商务法》（以下简称《电子商务法》）从立法层面确定了精准营销的推定机制。《电子商务法》第十八条规定："电子商务经营者根据消费者的兴趣爱好、消费习惯等特征向其提供商品或者服务的搜索结果的，应当同时向该消费者提供不针对其个人特征的选项，尊重和平等保护消费者合法权益。"电子商务经营者若向消费者发送广告，则应当遵守《中华人民共和国广告法》的有关规定。

《电子商务法》中其他与数据安全相关的法条节选如下。

第二十五条 有关主管部门依照法律、行政法规的规定要求电子商务经营者提供有关电子商务数据信息的，电子商务经营者应当提供。有关主管部门应当采取必要措施保护电子商务经营者提供的数据信息的安全，并对其中的个人信息、隐私和商业秘密严格保密，不得泄露、出售或者非法向他人提供。

第三十一条 电子商务平台经营者应当记录、保存平台上发布的商品和服务信息、交易信息，并确保信息的完整性、保密性、可用性。商品和服务信息、交易信息保存时间自交易完成之日起不少于三年；法律、行政法规另有规定的，依照其规定。

第三十二条 电子商务平台经营者应当遵循公开、公平、公正的原则，制定平台服务协议和交易规则，明确进入和退出平台、商品和服务质量保障、消费者权益保护、个人信息保护等方面的权利和义务。

3.《信息安全技术个人信息安全规范》

2020 年 3 月 6 日，国家市场监督管理总局、国家标准化管理委员会发布了全国信息安全标准化技术委员会编制的《信息安全技术个人信息安全规范》（GB/T 35273-2020），该标准于 2020 年 10 月 1 日实施，并取代 GB/T 35273-2017 版本国标。

相对于 2017 版标准，2020 版标准新增了"多项业务功能的自主选择""用户画像的使用限制""个性化展示的使用""第三方接入管理""个人信息处理活动记录"等多项内容。关于"个性化展示的使用"，2020 版标准要求 App 在提供业务功能的过程中使用个性化展示的，应显著区分个性化展示的内容和非个性化展示的内容，如标明"定推"字样。"第三方接入管理"的规定包括要求进行安全评估、明确安全责任、需要告知个人信息主体等。

4.《通用数据保护条例》

2018 年 5 月 25 日，欧盟《通用数据保护条例》（General Data Protection Regulation，GDPR）正式实施，开启了全球数据合规监管的新时代。GDPR 的实施是为了保护欧盟组织收集的个人信息，通过规定如何收集和使用这些数据来达成。

GDPR 列出了一系列规则，涉及人们有权知道企业拥有哪些数据，企业应如何处理这些数据，以及更严格的违规报告规则。违规行为会使企业损失巨大。网站经营者必须事先向用户说明会自动记录用户的搜索和购物记录，并获得用户的同意，否则按"未告知记录用户行为"当作违法处理。

GDPR 不只适用于欧洲的公司，即使企业在欧洲没有实体店，如果在收集来自欧盟网站访问者的数据，仍可能受制于 GDPR。当来自欧盟的用户访问企业的网站时，企业有两个选择：完全阻止来自欧盟的用户访问；在自己的网站上使用"同意"管理。

GDPR 中大多数条例可以归结为三项基本原则：取得同意、尽量减少所持有的数据和保障数据当事人的权利。可以说，GDPR 在以每一种可能的方式保护用户数据。其理念是，GDPR 理解数据收集和处理是大多数企业赖以运行的基本引擎，但它仍努力保护这些数据，让用户最终保有对数据的控制权。

为了遵从 GDPR，企业不仅要仔细处理用户数据，还要为用户提供多种方法来控制、监视、检查，如果需要，那么用户还可以要求企业删除与自己相关的信息。

GDPR 特别强调了对个人数据的匿名化、假名化及加密处理。匿名化是对可识别信息进行加密或删除，这样信息永远不会与用户进行绑定；假名化介于已识别和匿名之间，通过假名化，数据部分可以进行匿名化和分离，但可以重新组合在一起。例如，系统为用户分配一个位置标识符和一个浏览器标识符，只有将它们与用户的出生日期放在一起，才能将它们与用户进行绑定——而用户的出生日期是单独保存的。相对于匿名化，GDPR 更提倡假名化。

企业应努力提高数据安全性，以达到兼容的目的，并防止网络罪犯窃取宝贵的用户数据。

5. CCPA

《加州消费者隐私法案》（CCPA）于 2018 年通过，于 2020 年 1 月 1 日起生效。这是许多美国企业面临的最严厉的消费者保护措施之一，被称为加利福尼亚州的 GDPR，某些方面甚至更为严格。例如，CCPA 所涉及的"私人数据"外延更广，包括任何可以用来创建客户档案的信息，这些客户档案可以反映一个人的偏好、心理趋势、倾向、行为、态度、智力、能力等特质。

尽管 CCPA 目前仅适用于加利福尼亚州的居民，但这些规定很有可能影响美国其他地区及海外的网站。如果一个企业在加利福尼亚州有客户，它就需要遵守 CCPA 的规定。

此外，CCPA 只适用于年收入超过 2500 万美元的企业；购买、接收或出售 5 万美元或以上消费者、家庭或设备的个人信息；或年营收的 50%或以上来自销售消费者个人信息的企业。虽然这将许多小型企业排除在它的范围之外，但这意味着几乎所有与加利福尼亚州客户发生关系的中型或大型企业都将被包括在内。针对数据泄露的潜在罚款高达每项记录 7500 美元——考虑到近年来许多大型数据泄露已导致数千万甚至数亿条记录遭到泄露，不合规的成本可能还会增加。

与 GDPR 相似，CCPA 同样要求收集用户数据的企业允许这些用户访问他们自己的数据。用户不仅需要能够看到企业从他们那里收集了什么数据，还可以要求企业删除这些数据。

随着数据合规在全球范围内的实施，数据合规和数据安全正日益成为一枚硬币的两面。安全性和隐私需要成为企业系统的重要组成部分。

第 4 章

分析：发掘数据的价值

4.1 营销分析

每个人每天都会产生很多数据，这些数据如何被解读，信息如何转化为决策，是企业面临的严峻挑战。营销人员需要对数据进行分析，为决策提供洞察和证明。

分析可以将无用的数据转化为有价值的洞见。在过去十年左右的时间里，营销已经因为数据分析而发生了革命性的变化，营销分析使用各种指标来衡量营销活动的绩效，从各类来源和渠道收集数据，并将其总结为一个统一的视图。然后，营销团队使用营销分析来复盘其营销计划如何执行，是否有改进的机会。如果没有营销分析，则很难确定营销活动的有效性和 ROI。此外，营销分析还可以提供关于客户偏好和趋势的深刻洞察，这些可以运用于下一步的营销甚至业务决策。

4.1.1 营销组合建模

互联网、病毒式营销、事件营销、体育营销、植入式广告、手机等新媒体手段

第 4 章
分析：发掘数据的价值

的扩散，电视观众人数的减少，广告屏蔽软件的增多……所有这一切结合起来，使得企业越来越关注营销预算是如何使用的。营销人员必须用数据来支持其 ROI，以产生最大的销售增长及利润最大化。营销组合建模可以测量所有营销投入的潜在价值，并确定最有可能产生长期收入增长的营销投资。

1. 营销组合与营销组合建模

营销组合，即通常说的 4P，主要由四个元素组成：产品（Product）、价格（Price）、通路（分销渠道，Place）和促销（Promotion）。其中，产品是关于市场和目标受众需要什么；价格是关于产品的成本；通路是关于将产品交付给客户的最佳分销模式；促销是关于企业产品的信息如何在市场上传播。

自从 1960 年 Edmund Jerome McCarthy 首次提出 4P 营销组合建模以来，各类营销专家不断对其进行补充，以适应现代市场环境。例如 5P 模型，添加了包装（Package）这一元素，将产品的包装提升到与通路同等重要的水平，认为包装在客户决策过程中起着重要作用；7Ps 营销理论（The Marketing Theory of 7Ps）则是在 1981 年由布姆斯（Booms）和比特纳（Bitner）建议在 4P 基础上添加三个"服务性的 P"得出的理论，即人（People）、过程（Process）、有形展示（Physical Evidence）。

营销组合建模（Marketing Mix Modelling，MMM）以销售增长为标准，用来测量整体的营销效果，特别是决定不同营销渠道中的预算分配，了解各种不同的营销活动如何推动产品的业务指标。营销组合建模被各企业用作决策工具，营销人员利用这些分析结果调整营销策略，优化营销计划，以评估各种营销手段在提升 ROI 方面的有效性。

早在 20 世纪 40 年代，美国营销学和广告学教授 Neil Borden 就已经在使用"营销组合建模"这个词了。20 世纪 70 年代，它开始从学术圈发展到商业圈。第一家把这套方法用于商业环境的公司是 Hudson River Group，随后 Mindshare、Omnicom 和 OHAL 等公司也相继使用这套方法，使其成为一个广泛应用的营销分析工具。

2. 营销组合建模的变量组成

营销组合的元素被归类为三种变量：基础变量、增量和其他变量。这三种类别进一步细分为一系列可以影响产品或服务的市场表现的因素，了解每种变量对营销人员准确预测促销活动和产品渠道的影响至关重要。

基础变量：主要包括定价、分销、季节性及宏观经济因素等。其中，季节性是指周期性发生的变化，季节性的机会往往是一年中最重要的商业时期；宏观经济因素包括 GDP、失业率、购买力、增长率、通货膨胀和消费者情绪等，这些因素不受企业控制，但会对企业产生实质性的影响，进而影响企业的营销策略。

增量：主要包括电视广告、广播广告、平面广告、植入式广告等 ATL（线上）营销策略，促销、折扣、社交媒体营销、直邮、店内促销活动等 BTL（线下）营销策略等变量。

其他变量：主要包括直接竞争对手和间接竞争对手等变量。直接竞争对手是指提供相同产品的企业。间接竞争对手是指那些不提供类似产品，但以另一种方式满足相同需求的企业，如亚马逊 Kindle 电子书与纸质书之间是间接的竞争关系，前者是后者的替代品。

3. 营销组合建模的相关方法

营销组合建模适用的方法包括以下几种。

多元线性回归

多元线性回归（Multiple Linear Regression）是回归分析技术的一种。回归分析是源自统计学的概念，指的是确定两种或两种以上变量间相互依赖的定量关系的一种统计分析方法。在大数据分析中，回归分析是一种预测性的建模技术，它研究的是因变量和自变量之间的关系。这种技术通常用于预测分析、时间序列模型及发现变量之间的因果关系。

在回归分析中，如果有两个或两个以上的自变量，就称为多元回归。因变量可以是销售额或市场份额。通常使用的自变量是分销、价格、数字渠道费用、电视费用、户外费用、平面媒体费用、线下促销费用、网站访问者及消费者促销信息等。

因变量和自变量之间形成一个等式。这个方程可以是线性的，也可以是非线性的，这取决于因变量和各种营销投入之间的关系。某些变量如电视广告与销售呈非线性关系，这意味着电视 GRP[①]（Gross Rating Points，毛评点）的增长与销售额的增长并不成正比。

[①] 暴露在电视媒体下的目标受众群体占总目标受众群体的百分比。

第 4 章

分析：发掘数据的价值

预测因素的线性和非线性影响

某些变量与销售额呈线性关系。这意味着，只要投入增加，销售额将继续增长。但是像电视 GRP 这样的变量对销售额没有线性影响。电视 GRP 的增长只能在一定程度上增加销售额；一旦达到饱和点，每增加一单位 GRP，对销售额的影响就会减少。

电视 GRP 被看作非线性的变量，电视广告只能在一定程度上引起消费者的注意。超过了这个程度（增加广告的曝光），则不会提升消费者对品牌的认知，因为他们已经了解了品牌。

贡献图

贡献图（Contribution Charts）用一种直观的方式，来衡量哪些营销投入促进了销售，以及各项营销投入的影响有多大。每项营销投入的贡献是其系数和投入价值的乘积。要计算贡献百分比，则可以用单次投入的贡献除以总贡献。

贡献图通常有两种绘制方式：绝对值贡献的总和为 100；非绝对值贡献合计达 100。

下图用来表示绝对值贡献。假设已经销售了 100 单位的商品。其中，53 单位的商品不依赖任何广告，仅仅是依靠商品自身的品牌知名度；通过电视广告销售了 7 单位商品，通过消费者促销和线下促销各销售了 3 单位商品。需要注意的是，如果将所有数值加起来，所得结果并不是 100，所以只是统计所有正数值。最后一项"价格"前的负号，代表它可能造成的销售损失。在下图中，由于价格上涨，损失了 28 单位的销售额。同样，竞争对手的营销活动在贡献图上也用负号表示。

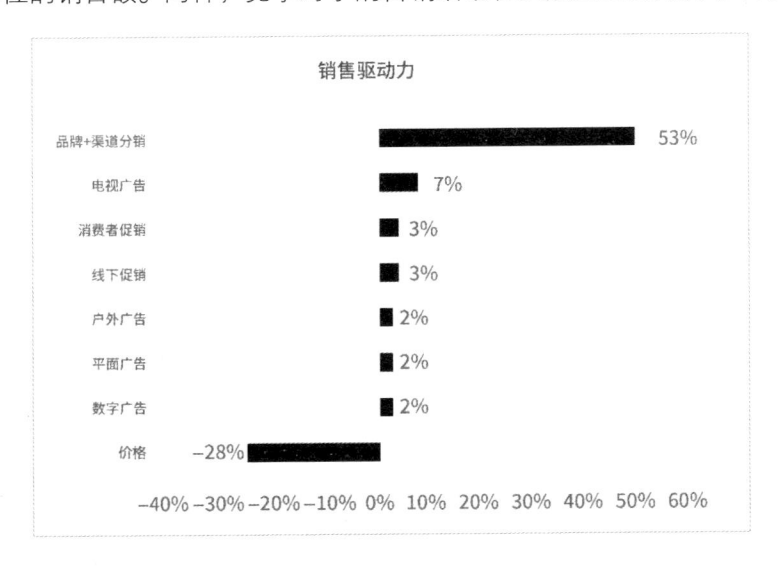

销售驱动力

品牌+渠道分销	53%
电视广告	7%
消费者促销	3%
线下促销	3%
户外广告	2%
平面广告	2%
数字广告	2%
价格	-28%

下图用来表示非绝对值贡献。在保持负号不变的情况下，所有的贡献总和为 100%。从图上得知，所有正数之和为 162 单位，其中 118 单位来自品牌本身的影响和渠道分销，17 单位的销售由电视广告推动，面向消费者的促销活动贡献了 7 单位。由于价格上涨，损失了 62 单位的销售额。因此，最终的销量总数为 100 单位。

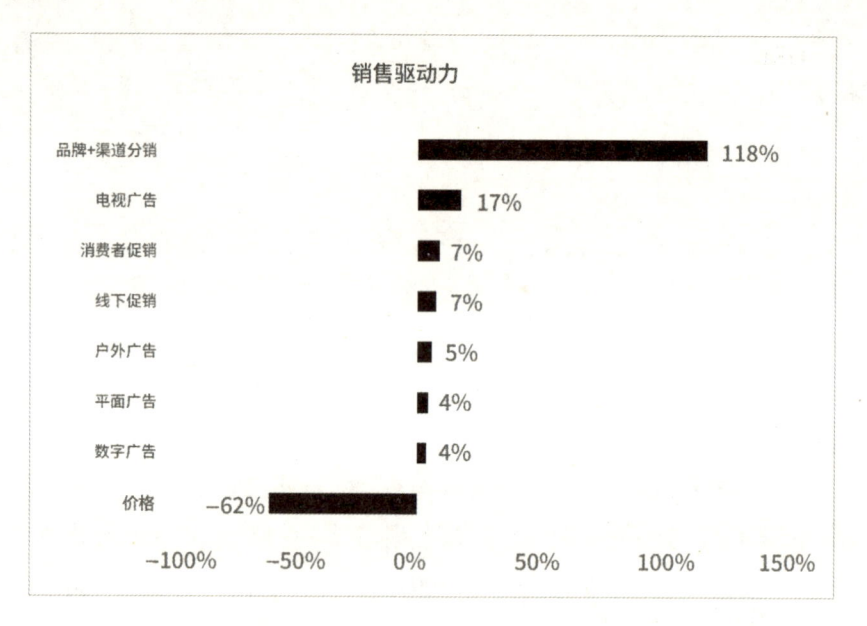

销售驱动力

驱动因素	百分比
品牌+渠道分销	118%
电视广告	17%
消费者促销	7%
线下促销	7%
户外广告	5%
平面广告	4%
数字广告	4%
价格	-62%

4.1.2 营销归因

从某种意义上说，营销组合建模是一种归因方法。消费者在整个购买过程中会遇到大量的触点，而大多数营销人员无法准确说出每个触点所带来的价值。这意味着他们无法了解是否有效使用了预算——这就是归因的目的：评估消费者在购买过程中遇到的触点，确定哪些触点对转化起到的作用最大，以及下一步该如何操作。简单来说，营销归因是一门分析科学，它决定哪些营销策略有助于销售或转化。

营销归因可以被看作营销组合建模的一个子集，其重点在于衡量和理解数字营销触点在转换路径中的影响，并确定最有效的投资营销渠道，即营销归因可以被理解为数字媒体背景下的营销组合建模。

当然，线上和线下的营销活动和触点都是相互影响的。尤其是在跨渠道营销市

第 4 章
分析：发掘数据的价值

场发生的环境下，没有一个单一的营销渠道独自负责产生销售。不同的营销渠道各司其职，共同促进销售或转化。所以，为了真正了解整体营销绩效，我们需要同时考虑线上和线下的营销触点，换句话说，营销归因需要同营销组合建模结合在一起发挥作用。

与归因相似的一个概念是转化追踪（Conversion Tracking），两者的区别如下。

转化追踪提供了一种简单的方法，来跟踪人们在网站上采取的具体行动。其前提是设置了一个操作或目标，当满足该条件时，它就算作转化。最常用的转化追踪是在表单提交中，如订阅电子邮件列表；还可以用于跟踪页面上的其他操作，如单击按钮、跟踪链接或在页面上花费的时间。

归因则跟踪具体的营销活动，以及对营销渠道的影响——最终，它们产生收入的点，以及它们创造了多少收入。归因不是仅追踪潜在客户的一次行为，而是密切关注他们的每一次活动，如客户从第一次访问网站到购买产品的整个过程。

1. 单一触点归因

单一触点归因（Single-Touch Attribution）是假设第一次或最后一次的接触决定了最后的成交。即使客户在下单前看过 20 个广告，单一触点归因模式也只能确定 20 个广告中只有一个促成了转化。单一触点归因模式无法细致入微地观察客户的旅程，优点在于简单，易理解。但问题是：该模型将转化归因于单个接触点，应该选择哪一个触点？通常是客户遇到的第一个或最后一个接触点。

- 初次接触归因模型：最终的成交归功于第一次产生互动的触点，而不管随后接触到的任何其他信息。例如，假设客户在看过第一个广告后实现了转化。
- 最终触点归因模型：完全将成交归功于客户在购买前与之接触的最后一个触点，而不考虑之前所产生的关系。

2. 多触点归因

多触点归因（Multi-Touch Attribution，MTA）关注客户在购买前接触的所有触点。因此，多触点归因模型被认为是更准确的模型。根据多触点归因模型，它们可能会为通道分配不同的值。例如，有些分配值基于使用者和与转换相关的接触点交互的时间，而另一些分配值基于所有接触点的重量。

- 线性归因模型：对客户消费旅程全程接触到的触点都给予相等的权重。
- U 型归因模型：第一个和最后一个触点获得最大的权重，剩下的权重平均分配给中间过程的所有触点。
- W 型归因模型：U 型归因模型的升级版，第一个触点、获取客户的触点及最后一个触点获得最大的权重，剩下的权重平均分配给其余触点。
- 时间衰减归因模型：越接近最终成交的触点，权重越大。
- 自定义归因：顾名思义，营销人员可以自己拟定规则，为转化路径上的触点分配权重。
- 机器学习 MTA 模型：又称数据驱动的 MTA 模型，使用机器学习技术，根据历史数据创建规则，为每个营销触点分配权重。

4.1.3　A/B 测试

　　Hubspot 在 Performable（一家营销自动化公司）网站的主页上做了一个按钮颜色测试，发现按钮的颜色对网页的整体转化有很大的影响。

　　被测试的颜色是绿色和红色。绿色意味着"自然"和"环境"，鉴于它在交通信号灯中的广泛应用，它意味着"前进"或向前运动。绿色也在 Performable 的配色方案中（同时还有黑色和灰色），因此绿色按钮更适合页面设计。绿色也是许多网站选择的色调；而红色常被看作表达兴奋、激情、鲜血和警告的颜色，它也被用在交通信号灯中表示"停车"。众所周知，红色也很抢眼。但作为按钮颜色，红色不如绿色常用。

　　首先，Hubospot 用最初设计的绿色按钮创建了普通的主页，然后创建了一个完全相同的副本，并将按钮的颜色改为红色。除此之外页面上的其他内容没有更改，每个页面的内容、消息和图形完全相同。这样一来，如果按钮的颜色对转化有影响，则可以在测试结果中显现出来。

　　接下来的几天，该页面有超过 2000 次的访问。每次访问，Performable 都会记录是否有人点击了按钮——所有的分析和转换数据都会被自动收集。结果显示，红色按钮的"表现"比绿色按钮好 21%。

第4章

分析：发掘数据的价值

1. 什么是 A/B 测试

Hubspot 的做法是一次很典型的 A/B 测试。A/B 测试是一种营销试验，企业为了测试网站文案、销售邮件、搜索广告、产品设计等营销项目，提供两种（A/B）或多种版本的营销素材——之前使用的版本称为"冠军（Champion）"或对照组，而仅仅有一项元素被改变的版本称为"挑战者（Challenger）"或试验组。在同一时间内，向尽量一致的两组或多组受访者展示这些版本，收集各组的用户体验数据和业务数据，来确定哪种营销素材"表现"得更好。

A/B 测试是"转化率优化（Conversion Rate Optimization，CRO）"的策略之一。转化率优化是一个系统的过程，目的是提高访问网站并采取预期行动的用户的百分比。预期行动包括填写表格、成为客户等。转化率优化的过程包括了解用户如何浏览网站，他们采取了什么行动，是什么阻止他们达到目标，等等。

A/B 测试很适合进行单个变量的测试，如 Hubspot 在 Performable 网站上进行的试验。而同样的试验如果进行用户测试，则可能需要数千次才能获得有意义的结果，与如此多的人进行面对面的测试将花费大量的时间和金钱。

A/B 测试提供了一种非常系统的方法，来找出特定的营销活动中哪种策略是有效的，哪种策略是无效的。适宜进行 A/B 测试的营销素材包括标题和文案，CTA 按钮，图片、音频或视频，邮件主题，产品描述，登录页面，等等。

2. 如何进行 A/B 测试

大多数线上营销都是为了增加流量。但是，随着流量获取变得更加困难和昂贵，为访问网站的用户提供良好的体验变得至关重要，良好的体验将促成这些用户以最快和最有效的方式实现转化。A/B 测试使营销人员最大限度地利用现有流量，找出关键的需要优化的问题。下面以网站页面设计为例来说明 A/B 测试大体上包含的步骤。

步骤一：研究

在制订 A/B 测试计划之前，营销人员需要对网站当前的运行情况进行彻底的研究。营销人员应当收集所有相关的数据，包括有多少用户访问了这个网站，哪个页面的用户访问量最大，不同页面的转化目标是什么，等等。使用的工具可以包括定量的网站分析工具（如 Google Analytics 等），这可以帮助营销人员找出访问量最大、访问者停留时间最长或弹出率最高的页面。

另一个用于进行更深入研究的流行工具是网站用户调查。调查可以作为网站团队和最终用户之间的直接渠道，并可以找出可能遗漏的问题。进一步的定性分析可以从收集访问者行为数据的工具中获得。

步骤二：观察并制定假设

定性和定量研究工具只能帮助营销人员收集访问者的行为数据，分析和理解这些数据是营销人员的责任。利用收集到的每一点数据的最好方法是分析、观察，然后得出对网站和用户的洞察，以形成数据支持的假设——为什么试验组会比原先的版本更好。最后，根据预期的影响和实施的难度来对该假设进行优先排序，并用各种参数来测试这一假设。

步骤三：创建试验组

根据假设创建一个"试验组"版本，然后与现有版本对比并进行测试。无论是优化网站页面还是电子邮件，都有许多变量需要测试。为了保证有效性，营销人员需要确定一个单一变量进行测试，否则就无法确定究竟是哪个变量引起了绩效的变化。新的版本在现有版本的基础上，对其中一个变量进行了更改。

步骤四：启动测试

启动测试，等待访问者参与。网站的访客将被随机分配到对照组或试验组。他们与各个版本之间的互动结果将会被测量、计算和比较，以确定各个版本的"表现"如何。

步骤五：结果分析与应用

A/B 测试需要持续的数据收集和分析。测试结束后，分析测量结果的指标（如增长百分比等）。指标分析后，如果测试成功，则采用最终胜出的版本。如果测试结果仍然不理想，那么可以从中获得一些洞察，并在随后的测试中实现这些洞察。

3. 多元测试

多元测试（Multivariate Testing）是与 A/B 测试相似的测试方法，其核心机制与 A/B 测试相同，只是在更多变量间比较，并揭示关于这些变量之间如何相互作用的更多信息，目的是测量哪些变量组合在所有可能的组合中"表现"最好。

最常见的多元测试的例子是有几个元素需要讨论的页面。例如，一个包含注册表单、页眉文本和页脚的页面。营销人员要在这个页面上运行一个多元测试，不是像 A/B 测试那样创建一个完全不同的设计，而是可以创建两个不同长度的注册表

第 4 章
分析：发掘数据的价值

单、三个不同的标题和两个页脚。接下来，营销人员将引导访问者访问这些元素的所有可能的组合。这也被称为完整的阶乘测试（Factorial Testing）。多元测试经常被用于网站设计，因为网站有大量的日常流量——需要测试的变量越多，越需要足够的时间以获得有意义的数据。

在运行测试之后，营销人员将对每个页面上的变量进行比较，并比较它们在其他版本测试中的绩效，最终得出哪个页面执行得最好、哪些元素最可能影响绩效等。例如，更改页面页脚可能对页面的性能影响很小，而更改注册表单的长度则会对页面的性能产生巨大影响。

多元测试的最大限制是完成测试所需的流量。由于所有的试验都是完全阶乘的，一次修改太多的元素可能导致最终需要测试的组合数量十分庞大。即使是一个流量相当大的网站，在一段时间内完成超过 25 个组合的测试也会有困难。如果几次设计良好的 A/B 测试能够很好地完成工作，那么就不值得花费额外的时间来进行一次完整的多元测试了。

4.2 客户分析

客户分析是企业对客户信息和客户行为的系统检查，目的是创建一个单一的、准确的客户视图，以确定如何更好地获取和留住客户，识别高价值客户并主动与他们交互。对客户购买习惯和生活方式偏好的了解越深入，预测行为就越准确，客户旅程也就越顺利。如果没有大量准确的数据，那么从分析中得出的任何洞察都可能是不准确的。

4.2.1 客户画像

客户画像（Customer Persona）是基于对真实客户的分析和研究所创建的具有代表性的受众样本。客户画像有助于建立更详细的客户档案，包括更多的情感信息（如个人动机）、他们对品牌的价值、他们喜欢品牌如何与其交流等。品牌可以基于客户画像，为他们提供更具关联性、更个性化的体验。

一份典型的客户画像可能包括以下信息。

- 姓名。
- 工作：所在公司的主要信息（规模、业务等），职位详情。
- 人口统计资料：年龄、性别、工资/家庭收入、住址、学历等。
- 目标和挑战：主要目标、次要目标，品牌如何帮助其实现这些目标；主要挑战、次要挑战，品牌如何帮助其解决这些问题。

除了这些基础信息，对于特定业务还需要一些特定信息。

- 爱好。
- 动机。
- 信息来源。
- 经常访问的媒体。

客户画像所需要的信息可以从调查、反馈和一对一访谈中获取。关键词研究是一种有效的数据生成工具，品牌可以准确地发现客户在搜索什么。例如，如果零售商发现一个热门搜索词是它的品牌名，旁边是"折扣"或"优惠"，那么这可能是因为客户更看重价格而不是其他因素，这是客户画像的"动机"部分。社交媒体也是建立客户画像的另一个重要工具，大多数平台已经内置了能够提供关键数据的分析。

创建客户画像的技巧包括以下几点。

- 给角色起个真实的名字，使角色看起来像一个真实的人。
- 一个人物角色应该有足够的心理细节，以便从人物角色的视角来看待产品和服务。
- 确定角色的工作和公司。
- 视觉化处理客户画像，将粗糙的草图变成真实的肖像。

品牌创建了理想的客户画像之后，可以再创建一个消极的客户画像，即确定哪些是品牌不想要的客户。消极的客户画像可能是那些过于消极或期望不切实际的人、通常会放弃购买的人或者购买成本高的人。尽早识别这些类型的客户可以让营销人员相应地完善他们的沟通和营销信息，转向针对有价值的客户。品牌可以避免浪费资源和预算。

第 4 章
分析：发掘数据的价值

4.2.2 客户细分

在产品极其丰富的今天，却很难找出一种产品适用于所有人。即便是品牌能够吸引大多数人，如可口可乐，也不得不推出"零糖"可乐以满足一部分消费者的需求。因此，营销人员要清楚目标客户有哪些。通常情况下，品牌会应用客户细分来为特定的目标客户提供服务，有效利用渠道、推广等资源来吸引潜在客户。

传统的细分策略，通常以年龄、性别、住址、职业等为依据。然而，互联网时代让社群成为消费者沟通的主要渠道，消费者惊奇地发现，潜藏在他们内心的偏好、特质居然在各个社群中得到了呼应，因而这些偏好、特质被激发了出来。他们主动给自己贴上标签，如一个上班时间不苟言笑的 CEO 可能是"萌宠"的爱好者，穿 Prada 的"女王"却是个"猫奴"。消费者身上的标签数量剧增，这进一步促成了对消费者的细分。

毫无疑问，市场细分和消费者角色建设都依赖于各种各样的数据，包括第一方调查数据、定性焦点小组数据、购买数据、行为数据、在线跟踪数据等。随着 Martech 和大数据的出现，通过整合、分析各种来源不同的数据，企业能够获得的不是对消费者的简单解读，而是详尽的市场细分和消费者角色建设。

通常情况下，品牌会选择人口统计资料、地理位置、购买模式等维度进行客户细分。除此之外，还有一些客户细分模型也是可以采用的，其中使用较多的是 RFM 模型。

RFM 模型是一种营销分析工具，它基于客户的交易历史将客户划分为不同的类别或群组，以确定哪些客户更有可能对促销和个性化服务做出响应，从中选出优质的客户。

根据帕累托法则，80% 的产出来自 20% 的投入。可以说，20% 的客户贡献了总收入的 80%，也就是说进行过一次交易的客户更有可能复购。帕累托法则是 RFM 模型的核心，品牌需要重点关注关键客户，因为品牌可能从他们身上获得更高的投资回报。

RFM 模型基于以下三个定量因素。

Recency（最近一次消费的时间间隔）：客户最近一次消费的时间距离今天的时间间隔。1 天前？14 天前？365 天前？客户购买产品的时间越近，就越可能在今后的购物中对产品或品牌留下印象。与那些几个月甚至更长时间没有购买该品牌产品的客户相比，最近购买过产品的客户再次购买产品的可能性更高。营销人员可以通过发送信息来提醒最近出现的客户尽快再次光顾；或者采取发放优惠券等措施，提醒客户距离上次交易已经有一段时间了，鼓励他们再次光顾。

Frequency（消费频率）：客户购买产品的频率。如果一位客户在一段时间内下了 10 个订单，则其购买产品的频率为 10。频率可能受产品类型、购买价格等因素的影响。营销人员可以根据客户的购买周期进行提醒。

Monetary（消费金额）：客户在一段时间内购买产品时所花费的金额。通常，我们认为购买金额较高的客户是优质客户，但忽略了他的购买频次。有可能进行一次交易之后，他就再也没有光顾了。因此，仅仅从单方面衡量客户的价值往往是不准确的，RFM 模型提供了三个维度来为客户打分。

下面是一份简单的 RFM 表格。

客户 ID	姓名	Recency/天	Frequency	Monetary/元
1	张三	3	6	540
2	李四	6	10	940

以客户张三为例，他 3 天前下了 6 笔订单，价值为 540 元。

根据购买历史记录得出的 RFM 总值，我们可以为每位客户打分（1～5 分），其中 5 分为最高分，1 分为最低分。例如：在 Recency 一项中，最近的交易被认为价值最高，分数也相应最高。最终的 RFM 总值可以通过各项分数相加来计算。企业需要注意以下几类客户群体。

- 最佳客户：近期交易频繁，同时比其他客户花费更多。
- 高消费新客户：这些客户最近只有过一次交易，但花费金额较大。
- 消费较少的活跃忠诚客户：近期经常交易，但花费较少的客户。
- 流失的优质客户：根据之前的交易记录发现，这部分客户以前交易频繁，花费也很多，但已经很久没有前来消费了。

根据不同客户群体的特性，品牌应定制特定的信息，以更有效的方式与客户进行沟通。

4.2.3 客户生命周期价值

客户生命周期（Customer Lifetime）描述了客户在完成交易之前、期间和交易后经历的各个阶段。客户生命周期价值（Customer Lifetime Value，CLV）表示客户在其生命周期内预计在企业的业务或产品上花费的总金额。这个数据可以帮助企业决定投资多少钱来获取新客户和保留现有客户。

一个最基础的计算 CLV 的公式为：

$$CLV = 平均订单值 \times 重复销售次数 \times 平均留存时间$$

例如，如果一个客户持续从某公司购买产品 10 年，每年花费 100 元，那么对该公司来说，其 CLV 为 1000 元。如果计算客户生命周期净值，则应再减去为获得这个客户所花的钱。例如，一家在淘宝平台出售袜子的店铺，花费了 50 元做广告来吸引客户。客户平均每年购买 7 双袜子，持续 10 年，每双袜子的利润为 10 元，那么每年该店铺从客户那里获得 70 元的利润，十年为 700 元，再减去为获得客户而支付的广告费，则客户生命周期净值为 650 元。

一个有趣的事实是，并非产品的单价越高 CLV 越高。一个经常喝咖啡的人的 CLV 可能高于本田车主，因为前者的消费频率很可能更高；那些在一生中买过两次房子的人，对房地产经纪人来说可能其 CLV 并不高——尽管房子的价值不菲，但付给房地产经纪人的佣金只是其中的一小部分。

总体来说，CLV 是与特定客户关系相关的利润的衡量标准，它可以指导企业投资多少费用来维持这种关系。也就是说，如果一个客户的生命周期价值是 500 元，企业就不会花费超过 500 元的钱来维持关系，因为这对企业来说是无利可图的。

企业使用 CLV 这个指标来识别对自身有价值的重要客户群体。当然这并不意味着完全忽略那些 CLV 较低的群体，企业可以通过定制个性化服务等方式提高他们的 CLV。

当了解 CLV 后，企业就可以通过电子邮件营销、短信营销、社交媒体营销等方式留住现有客户，毕竟留住一个老客户的成本远远低于获取新客户的成本。

决定 CLV 的四个 KPI 为平均订单值（AOV）、购买频率（F）、毛利率（GM）和流失率（CR）。

计算 AOV 的公式为：AOV = 总销售收入/订单总数。

计算 F 的公式为：F = 订单总数/唯一客户总数。

计算 GM 的公式为：GM=[总销售收入-销货成本（COGS）]/总销售收入×100%。

计算 CR 的公式为：CR=（时间段结束时的客户数量-时间段开始时的客户数量）/时间段开始时的客户数量×100%。

最终得出计算 CLV 的公式为：CLV=AOV×F×GM×（1-CR）

4.2.4　客户旅程

客户旅程是指从构建受众对于品牌的基本认知，到最终完成销售的采购决策链中，品牌可以影响受众的所有阶段。关于客户旅程的组成部分，有多种说法，通常包括客户获取、客户留存和客户参与三个阶段。

1. 客户获取

简单地说，客户获取（Customer Acquisition，或称"获客"）就是企业获得新客户的过程。在流量红利消失的今天，客户获取已成为众多企业，尤其是互联网企业首先要解决的问题。

以前在流量红利下，通过拉新获客带动增长是一件非常容易的事，而如今流量红利消失，获客成本居高不下，单纯地依靠品牌曝光和广告投放已经难以满足企业对增长的需求，这使得很多企业非常看重营销带来的效果。

在增长乏力的大环境下，企业不再只做单纯的品牌曝光，而是开始以 KPI 为导向制定营销战略，希望看到投放出去的资金带来良好的效果，包括与客户更深度的沟通、更高的转化及理想的销量等。

获取客户的成本是评估客户为企业带来多少价值的重要指标。

客户获取成本（Customer Acquisition Cost，CAC）可简单计算为营销成本除以获得的客户数量。例如，如果某公司在一个吸引 500 个新客户的营销活动上花费了 50 000 元，那么其 CAC 就是 100 元。当然，实际情况下的计算会更复杂。例如，要计算营销成本，就必须计算与营销相关的费用——从具体活动的实际费用到与营销部门运转相关的间接费用。CAC 可以通过活动、季度报告、年度报告或其他方式来测量。

客户获取的第一步是识别高质量的潜在客户，通过呼叫中心、邮件列表等方式

第 4 章
分析：发掘数据的价值

接触潜在客户，以确认哪些个人或团体对产品感兴趣或正在使用类似的产品。接下来，企业应使用不同的方法进一步确定潜在客户是否能成为客户，并安排营销人员进一步与他们进行交流。交流的内容包括与潜在客户建立关系，以确认其需求，并确定所提供的产品应如何满足他们的需求。这些都基于与潜在客户的互动所提供的数据。营销人员还可以发现潜在客户的额外需求，并提供额外的产品或服务。

2．客户留存

《哈佛商业评论》在 2014 年 10 月刊载的一篇文章中提出，获取一个客户的成本可能是留住一个现有客户成本的 5 至 25 倍。此外，贝恩公司的一项研究发现，若留存率提高 5%，利润就会增加 25%至 95%。这也是越来越多的企业开始重视客户留存的原因，不同于客户获取，客户留存的对象是转化后的客户。

所谓客户留存（Customer Retention），是指吸引现有客户继续从企业购买产品或服务，或者提升现有客户的盈利能力的过程。客户获取建立了客户基础，而客户留存策略是从现有的客户基础上提取更多的价值。好的客户留存的策略可以让企业与客户建立持久的关系，他们甚至能主动充任企业的"宣传大使"。

正因为客户留存针对的是现有客户，对于那些新创立的企业，其精力应该主要放在客户获取而非客户留存上。当企业的业务成熟后，注意力再逐渐向客户留存转移。

对于不同品类，客户留存策略也是不同的。Shopify 提供了"客户留存矩阵"，横轴为购买频率，纵轴为产品单价。一般来说，品类在矩阵上的位置越靠右（购买频率越高），企业应该越关注客户留存。

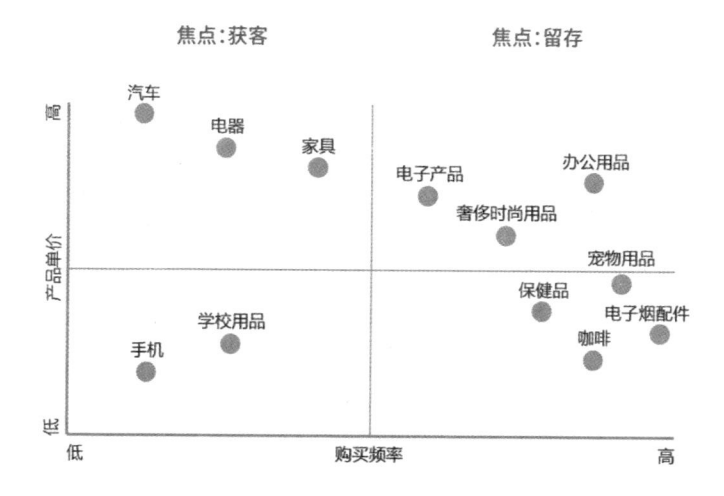

首席营销技术官
Martech 时代，技术驱动增长

客户留存指标主要有三个：重复购买率、购买频率和平均订单值。购买频率和平均订单值前面已经解释过，重复购买率是留住客户的关键。它测量的是愿意再次购买产品的客户比例。重复购买率越高，客户越愿意做"回头客"。

重复购买率的计算公式为：重复购买率=购买超过一次的客户数量/唯一客户总数×100%。前一个指标是指一段时间内不止一次购买了产品的客户数量（时间段通常以一年为限）；后一个指标是指在不同时间段内购买产品的客户数量。

以下方法可以帮助企业提高客户留存。

提前注意客户流失：确保客户留存的最简单的方法是防止客户流失。客户在"离开"之前，总会留下一些蛛丝马迹，企业要及时捕获这些信号。例如，识别客户行为的关键变量（购买模式、产品使用情况和客户服务查询历史等），分析这些信号，在客户流失之前采取行动阻止他们。

提供折扣或其他优惠政策：提供折扣（如提供下次购买时使用的折扣代码）对于第一次下单的客户和有一段时间没有购买的客户来说，是很好的推动他们复购的方法。如果平时的优惠额度是 10%，则不妨提供 20%甚至力度更大的优惠，以激发他们的积极性。会员制也是一种增加购买频率的有效方法，可以促进客户更频繁地购买，以获得有价值的奖励。

为 VIP 客户提供奖励：数据库收集的信息可以帮助企业分析出哪些客户是最有价值的，他们是企业不能轻易放弃的客户。企业有效地分配时间和资源，给这些 VIP 客户提供更好的服务，让他们知道奖励和激励措施，让他们觉得自己很特别，会增加更多的销售机会。这是符合帕累托法则的。

个性化服务：客户关系是人与人之间建立起来的关系，企业要把客户视为人，而不仅仅是数字。Econsultancy 的研究发现，基于购买历史、客户偏好和其他相关信息的个性化可以为企业带来很高的 ROI。例如，送一份小礼物给客户是提醒他们购买的好方法，会让他们感到惊喜和愉悦，进而会提高客户满意度。

改进客户支持系统：有效地与客户沟通，并为他们提供适当的支持。支持系统可以通过使客户服务代表与客户进行清晰的沟通，以助力售前和售后。使用在线聊天等工具可以将客户问题转化为销售，将客户投诉转化为解决方案。一个得到有效解决的投诉或问题可能把一个对企业不满意的客户变成企业的忠诚客户。客户反馈的价值更大，它可以帮助企业改善产品及客户整体购物体验。

第4章

分析：发掘数据的价值

3. 客户参与

客户参与（Customer Engagement）是通过各种渠道与客户互动并加强与他们之间关系的过程。客户参与是客户和品牌之间的情感联系。高度投入的客户消费更多，客户忠诚度更高。品牌可以通过社交媒体、电子邮件、网站、论坛等渠道与客户进行互动。盖洛普的调查显示，一位全身心参与互动的客户往往比一般客户对品牌的贡献多。

2014年，可口可乐发起了"Share a Coke"活动。可口可乐去除了20盎司（1盎司≈28.350克）瓶上的品牌标志，以250个美国常见的名字代之。其他没有这些常见名字的人也可以参与"Share a Coke"活动，个性化定制自己的可乐罐。这次活动的成功之处就在于它吸引了大量客户参与。

参与互动的客户通常有以下几种类型。

- 他们是买家，会为品牌付费。
- 他们是传播者，会主动应和品牌提供的内容，并通过社交平台进行传播。
- 他们是响应者，经常与品牌对话，提供持续的反馈。客户反馈是产品和品牌发展的重要组成部分。这些人对品牌有一种投入感，就好像是企业的员工一样。
- 他们是品牌的拥趸，在一个特定品类里只忠诚于一个品牌。这个群体最有可能同时表现出其他三种特征。

当然，有些客户只会表现出一种特征，而有些则可能会同时表现出四种特征。例如，一个经常购买品牌产品的人可能不会推荐给朋友，但他们仍然会与品牌互动；有些品牌的客户不是付费客户，但经常给他人分享品牌产品。

下面一些方法可以帮助企业促进客户参与。

品牌"个性化"：客户希望接触有个性的品牌。许多品牌通过使用独特的"品牌声音（Brand Voice）"来彰显自己，这使品牌人格化，使它更能引起客户共鸣，让客户对品牌留下深刻印象。创建"品牌声音"可以让品牌成为行业领袖。

在网上"发声"：与他人分享的"品牌声音"会更有力量。品牌要在社交媒体上树立自己的个性，就像建立个人账户一样。发布符合品牌价值的内容，让客户分享。

提供个性化的品牌体验：个性化可以采取多种形式，包括自动生成的生日快乐电子邮件及基于浏览历史推荐产品的复杂算法。有些企业在客户首次光顾时会要求他们填写一份客户资料，或者让他们做一个选择偏好的测试。通过这种方式，品牌可以及时获得客户反馈，从而做好客户服务。

提供有用的内容：通过内容来吸引客户。根据谷歌的研究，48%的智能手机用户更倾向于购买那些提供教学视频内容的企业的产品。

客户（用户）参与度的测量由于平台的不同而有所区别。例如，分析某网站用户的参与度，可以根据其页面平均停留时间、每次浏览的平均页面数及跳出率来测量；社交媒体用户的参与度可以用回复、点赞、转发、分享等指标来测量；打开率和点击率则是测量电子邮件用户参与度的指标。

4.3 商业智能

商业智能（Business Intelligence，BI）的概念于 1996 年由 Gartner 提出。商业智能是一个技术驱动的过程，它利用软件和服务让所有规模的企业实时分析指标和大量数据，将数据转化为有意义的洞察。尽管今天很多企业收集和存储了大量的原始数据，但很少有企业真正利用这些数据来推动商业洞察和转型。

过去，只有那些备有大量资金和人力的企业才能采用商业智能技术，因为生产和分析数据需要大量的专家和复杂的数据处理设备。如今，随着技术的进步，大多数企业可以使用简单的一体化软件来执行商业智能任务。

4.3.1 数据、情报和洞察的区别

数据（Data）是客户信息的"原材料"。它可以是年龄、教育程度等个人信息，可以是对调查问题的单一回答，也可以是一次购买的离散记录。数据是必不可少的，但就其本身而言，它基本是无用的——单凭数据无法预测客户的行为。只有把数据放到具体的环境中，它才有实际意义。例如，一个客户本月购买了产品 A 两次，这

第 4 章
分析：发掘数据的价值

本身没什么意义。

情报（Intelligence）是对客户的整体理解，它来自收集和分析数据。情报是实时研究和审查数据，以产生可操作的洞察。客户情报意味着更进一步地将信息放入具体情境中。例如，30 岁的、受过良好教育的客户最近搬家了，并且成立了一个新家庭。

洞察（Insight）是通过收集、分析和综合客户情报对客户的深刻理解。洞察超越了"谁""什么""什么时候"和"在哪里"来告诉我们为什么客户会这样做，从而指导企业做出更好的业务决策。例如，受过良好教育的客户成立了一个新家庭，因为产品 A 是尿布，我们可以推断出这个新家庭中有一个婴儿。我们进一步了解到，这个家庭有时也会购买竞争对手的尿布，因为竞争对手的尿布更便宜，而且他们搬进新家后经济很紧张。此时品牌可以为其提供优惠券，降低他们的生活成本，帮助这个家庭度过经济困难时期，从而建立客户和品牌之间的良好关系，提升客户的忠诚度。

4.3.2　商业智能的组成部分

商业智能的组成部分主要包括以下几项。

- 源系统：这是所有商业智能活动的起点。企业数据首先在这些数据仓库中创建。操作系统（OLTP）形成了数据仓库所需的大量数据。此外，源系统中也可能包含次要来源的数据，如市场数据等。商业智能体系应该对所有不同格式和标准的数据进行标注。

- ETL 流程：很可能有多个系统充作商业智能系统需要的数据源，因此数据整合是必要的一步，即从不同的数据源中提取数据，转换为适合数据仓库的格式，最后加载到数据仓库中。这个过程被称为 ETL，即"提取（Extract）、转换（Transform）、加载（Load）"的简称。这个过程通常使用市场上的定制解决方案来完成。

- 数据建模：数据仓库被设计为分析和报告的来源，因此它的工作速度比生产报告的操作系统快得多。然而，数据仓库并不能快速满足所有需求，因为它仍然是一个关系数据库，而且数据仓库有许多限制会增加查询的响应时间。一方面需要更快的处理速度和更短的响应时间，另一方面需要聚合的信息，这导致商业智能系统中另一层的创建。这一层称为数据模型，它包含基于文件或基于内存的数据模型，用于生成对报告的快速响应。数据建模有助于解决数据源到底需要什么、数据的格式，以及数据元素的结构和它们之间的关系。从源系统中提取所有内容是不可行的，因为这会增加成本。数据建模将有助于管理数据，从而最小化存储的成本和减少构建数据仓库所需的工作。

- 数据仓库：数据仓库是商业智能系统的核心，负责保存从内部和外部获得的数据。不同来源的所有结构化数据聚集在一个数据库中，以便企业在需要时对其进行比较和分析。数据仓库应该以安全的方式存储，以便能够轻松检索和管理。

- 企业信息管理（Enterprise Information Management，EIM）：通常包括ETL工具、数据建模工具、元数据管理等。

- 数据可视化：商业智能系统的前端。数据可视化是用户可以看到的一部分商业智能系统，如仪表盘，它基本是最重要和最相关信息的可视化显示。所有的重要信息都安排在一个屏幕上进行展示，以便用户可以对信息进行监视并快速阅读。仪表盘显示重要的业绩指标，需要定期监测。

4.3.3 商业智能应用于营销

商业智能提供了合适的工具让企业实时分析业绩指标和大量数据，营销人员可以利用这些信息，发起有针对性的营销活动，并了解哪些活动可以产生较大的收益。

- 客户数据管理：商业智能工具从多个领域收集数据，并将这些数据转换为统一的格式。这些数据提供了对客户和数据来源的洞察，让营销人员知道每位客户是从哪里进入消费环节的。这些工具为营销和销售提供了最有效的商业智能。

- 预测分析：预测分析是一种统计或数据挖掘解决方案，可以为企业未来的行动提供建议。预测分析不仅通过分析客户过去的行为来为客户制定适合他们的信息，还告诉企业某些产品更适合向哪些客户推销。当营销人员更好地理解客户行为时，他们就能够对未来的客户需求采取主动行动。

- 技术整合：当企业使用商业智能工具进行营销时，营销人员创建了一个完全整合的营销方法。正因为客户通过所有可用的渠道和资源来研究和讨论产品或服务，以决定是否购买，营销人员必须整合所有可用平台的数据来设计最佳的交互。整合营销技术是在客户与企业的体验中传达统一信息的最佳方式。在客户的整个购买过程中，信息的统一对于提供无缝的客户体验非常重要。当营销技术经过整合后，企业就能在所有平台上向客户提供一致的信息，确保品牌在客户心中的位置更加突出。

- 社交媒体分析：商业智能工具从所有在线平台的用户对话和操作中收集信息。社交媒体分析为营销部门提供了洞察客户行为和思维过程的机会。网络分析为营销人员提供数据，告诉他们网站的哪部分、链接和广告能让客户更有兴趣访问企业的网站。这些数据可以帮营销人员在网站内容设计方面做出更好的决策。

4.3.4 客户情报

与商业智能相类似的一个概念是客户情报（Customer Intelligence，CI）。简单来说，客户情报是关于客户的洞察。企业从多个数据源获取数据并进行分析。客户情报不仅告诉决策者客户是谁、何时、何地、有什么行为，还告诉他们得出结论的原因。正是了解了客户为什么会那样做，企业才能清楚客户的需求。良好的客户情报不仅能为企业提供信息，还能指导和建议企业做出更好的商业决策。有人提出，客户情报是商业智能的一部分，它代表企业的发展前景。

客户情报出现的背景是权力的天平从企业转向客户。如今，客户可以随时获取关于某企业和企业竞争对手的大量信息，并充分利用这些信息。微博、微信等社交媒体，以及一些在线评论网站就像一个"扩音器"，人们可以在上面发布自己对品牌的评论，不管是积极的还是消极的，这些"声音"会对其他人产生影响。因此，企业必须更迅速、更全面地获取、利用有关客户的情报，以做出有效的业务决策。

成功的客户情报工作，首先需要有效地将各种渠道的信息收集到单个存储库，以供后续的检查和分析工作。其次，企业需要有分析数据以获取洞察所需的技术基础设施，充分利用客户行为建模、客户生命周期价值预测、预测分析和机器学习等技术。最后，企业需要在分析数据的基础上采取有效的行动，并测量每次行动的结果，优化未来的营销行动，也就是将客户情报系统连接到一个自动化的活动调度/测试/优化引擎，这样就可以安排个性化的、与客户相关的互动。

第 5 章

神经：科学支持的小数据

5.1 神经营销学的发展

如今，似乎所有人都在谈论"大数据"，当我们使用在线服务，尤其是社交网站时，通常会留下大量信息，包括我们的姓名、位置、爱好、朋友、观点等。大数据的缺陷是它太"大"了，以至于处理和分析成为难题。此外，还有一种类型的数据值得营销界关注，这些数据被一些业界人士称作"小数据"，因为它揭示了我们头脑中发生的许多小事情，通常是无意识的，但是这些小事情可能会决定营销活动的成败。

5.1.1 什么是神经营销学

自营销学创立以来，大多数营销理论都在寻找说服消费者购买产品的方法，这项任务越来越困难：一方面，受互联网等技术的影响，消费者的偏好越来越碎片化，在选择上也越来越谨慎；另一方面，社会化大生产催生了无数品类与品牌，竞争变得更加激烈，消费者越来越无从选择，以至于他们经常根据自己的心情或感觉来购

第 5 章

神经：科学支持的小数据

买产品，而不是追求"性价比最优"的产品。

在传统营销时代，品牌通过定性或定量访问来研究消费者；在数字时代，品牌则使用大数据等技术研究消费者的购买习惯。近年来，许多品牌开始借助神经科学来研究，神经科学的发展改变了人们对大脑及其工作原理的理解。

神经科学是研究大脑和神经系统的科学。它经常被用来研究人们的情绪、个性和决策过程，以及了解人们的情绪是如何被影响的，他们是如何做出决定的，他们的情绪是如何影响其日常生活的等，这些都是了解如何向人们推销的有力工具。因此，神经科学提供了一个客观的视角来了解消费者的真实想法。营销人员和研究人员开始思考如何利用神经科学来改进对营销的研究。

神经科学研究神经系统和大脑的结构或功能。神经心理学是一门研究行为、情感和认知与大脑功能之间关系的学科。神经营销学是一门将神经科学和神经心理学的发现和原理应用到市场营销中的学科。神经营销学试图理解消费者如何做出购买决定，以及他们对营销刺激反应背后的原理，从而将这些知识应用到营销领域。

神经营销学与传统营销学的区别在于增加了来自神经科学的实验技术和工具的使用，能够获得关于消费者大脑思维过程的信息。这将使我们能够看到消费者在决策过程中的情绪。正如哈佛商学院教授 Gerald Zaltman 所说，"考虑到 95% 的购买决定是由我们的潜意识控制的，神经营销学作为一种有效的客户参与和说服技巧，就有用武之地了。"

2012 年，美国国家癌症研究所（National Cancer Institute）计划发布一个广告，以引起观众的强烈反应，鼓励他们戒烟。该组织采用焦点小组研究，向参与者展示了三个不同的广告，并结合功能性磁共振成像（fMRI）——功能性磁共振成像通过检测血流变化来测量大脑活动如何应对环境刺激。根据功能性磁共振成像的数据，研究所对这三个广告进行了排名，并选择了最有效的一个来增加国家癌症研究所热线电话的通话数量。三个广告的结果各不相同，通话数量增幅为 2.8%~32%。

美国国家癌症研究所所采用的焦点小组属于传统的市场调查技术，而同时采用的功能性磁共振成像则属于神经营销学的范畴。这个例子表明，功能性磁共振成像及脑电图（EEG）等其他测试，在影响营销活动方面具有巨大的潜力。

神经科学与营销结合经历了一段时间。首先，很少有营销人员接受过认知神经科学的正式培训。其次，营销人员一直担心，将神经科学相关技术用于商业目的可能引发道德和隐私问题，引发公众的强烈反对。

如今，情况正在迅速改变。品牌开始认识到通过眼动跟踪、脑电图和功能性磁共振成像等神经科学技术来预测营销活动效果的重要性。"疲软"的经济也给企业高管带来压力，对预测和测量各种营销活动的 ROI 提出更高要求。

因此，谷歌、微软、迪士尼、可口可乐等大公司，以及许多新创立的或规模较小的公司都开始认识到神经营销学的价值——利用这种新型研究技术可以了解消费者的决策过程、做出购买决策的动机，更好地通过提高网站的可用性、产品测试、社交媒体优化或广告宣传来提高转化率等。

有了关于消费者日常生活各个方面的"大数据"，以及挖掘这些数据以获取实时信息的能力，再将"大数据"与"小数据"结合起来，我们便可以了解一个人的大脑是如何对不同类型的刺激做出反应的。

5.1.2 神经营销学的发展历程

神经营销学的研究始于 1960 年左右，赫伯特·克鲁格曼（Herbert Krugman）测量了人们寻找产品或看到平面广告时扩大的瞳孔，以此作为兴趣指标。后来，市场上出现了皮肤电反应的测量，可以显示人类对广告和新技术的情绪反应。这种方式叫作眼球追踪，它可以精确地追踪瞳孔，从而揭示某些吸引人类眼球的地方。1970 年，克鲁格曼和弗莱明·汉森开始通过脑电图研究人类大脑左右半球的活动过程。

第一批关于宣传、行为决策和决策制定之间关系的书籍出现于 1984 年，如 Stewart 的《广告效果的生理测量：未实现的承诺》（*Physiological Measurement of Advertising Effect: An Unfulfilled Promise*）、Weinstein 等人的《广告研究中的脑电波分析》（*Brain Wave Analysis in Advertising Research*）等。"神经营销"一词是由荷兰营销学教授 Ale Smidts 于 2002 年提出的，但关于该领域的研究早在 20 世纪 90 年代就已开始。

20 世纪 90 年代末，英国的 Gemma Calvert 和美国的 Gerald Zaltman 建立了消费者神经科学公司。1999 年，Gerald Zaltman 开始使用功能性磁共振成像来显示消费者大脑活动和市场刺激之间的相关性。Gerald Zaltman 的营销研究方法促进了心理学研究在营销领域中的运用。

2003 年，一桩被视为神经营销学发展里程碑的案例出现了。贝勒医学院神经成像学专家 Read Montague 进行了一项神经营销的学术研究。

第 5 章
神经：科学支持的小数据

研究人员对参与研究的志愿者进行了功能性磁共振成像扫描（这项技术可以识别大脑不同部位的活动），志愿者在不知情的情况下饮用可口可乐或百事可乐，并告诉科学家们他们更喜欢哪种饮料。

研究结果表明：大脑的不同部位"活跃起来"取决于喝的可乐的类型。当志愿者在完全不知情的情况下喝可乐时，大脑中一个叫作腹内侧前额叶皮质（Ventromedial Prefrontal Cortex）的区域非常活跃。它是控制一系列情绪和行为（如冲动行为和计划不周）的大脑部位的组成部分。然而，当志愿者被告知自己在喝什么时，情况则发生了变化。

志愿者倾向的品牌极大地影响了他们的偏好，并激活了他们的背外侧前额叶皮质（Dorsolateral Prefrontal Cortex）和海马体，这二者都能改变个人依赖情绪的行为。《新科学家》杂志公布了研究结果，并表明：人们根据记忆或对某种饮料的印象及口味来做决定。

这项研究揭示了当人们意识到或没有意识到自己所消费的品牌时，大脑的不同部分会活跃起来。这项研究可能不足以让营销研究人员相信神经科学可以帮助我们破解决策的神经代码，但它已经显示了神经营销学研究的潜在力量。

几十年来，市场研究方法一直致力于解释和预测广告活动的有效性。研究人员主要依靠消费者的陈述来判断他们对某一特定广告的感觉，无论是在一个私密的环境中（如面对面的采访、调查），还是在一个小组环境中（如深度访谈、焦点小组访谈）。然而，这些市场研究方法的局限性相当大。他们假设人们能够描述自己的认知过程，实际上，由于刻板印象、认知偏见、情绪、社会和道德规范的影响，或者仅仅因为受访者无法表达自己的感受、想法及购买决策的动机，所给出的答案很可能有意或无意地存在偏差。

除了方法论上的问题，由于情绪是消费者处理信息的重要媒介，理解和模拟对销售信息的认知反应一直是传统市场研究方法面临的挑战。

5.1.3 神经营销学与行为经济学的联系

与神经营销学相联系的另一门学科是行为经济学（Behavioral Economics）。行为经济学是经济学的一个分支，承袭经验主义，并受到心理学与认知科学的影响，

首席营销技术官
Martech 时代，技术驱动增长

探讨社会、认知与情感的因素，以及个人和团体形成经济决策的背后原因，从而了解市场运作与公共选择的方式。

认知科学的目的是研究经济主体的神经生理反应，神经营销学反映了买方与卖方关系的心理感知。一些行为经济学领域的研究发现同样适用于神经营销学领域。

选择的悖论：该理论由美国心理学教授巴里·施瓦茨（Barry Schwartz）提出，他的研究表明，提供过多的选择往往会让消费者在决策时无所适从。巴里·施瓦茨的团队在加利福尼亚州美食市场进行研究，在那里设置了一个摊位，展示 24 种 Wilkin & Sons 果酱样品。每隔几个小时，他们就会减少 6 种果酱样品。当果酱样品数量为 6 种时，有 30% 的人决定购买；而那些面对 24 种果酱的人中只有 3% 的人购买了果酱。因此，最终得出的结论是：选择越少，消费者越容易做出决定。斯坦福大学的一个研究小组认为背后的原因是：过多的选择往往会导致消费者在做出决定后，满意度更低，他们往往会觉得自己本可以有更好的选择。

免费的力量：《怪诞行为学》的作者丹·艾瑞里（Dan Ariely）发现，"免费"远远比"几乎免费"有效。即使两种产品的价格十分接近，情况也是如此。罗伯特·西奥迪尼（Robert Cialdini）教授同意这一观点，并在他的《影响力》一书中，通过"互惠"的概念解释了为什么很多品牌会在营销活动中分发免费样品。"互惠"是人类行为中的一个重要因素。即便是小的恩惠也可能产生一种义务感，受惠者认为要给予大得多的回报。

害怕失去：让产品显得稀缺可能是一种强有力的营销工具，这可以让消费者在购买过程中有一种紧迫感。研究表明，这是因为我们更害怕"失去"而不是"得到"。例如，在一次试验中，每位试验对象收到 50 美元。然后，他们被询问愿意留下 30 美元还是愿意损失 20 美元。尽管最终的金额相同，但大多数试验对象选择了"留下 30 美元"。

故事的力量：当理性思考与情感冲突时，情感会最终获胜。讲故事的方式可以让品牌在情感层面上与消费者建立联系。研究发现，将想法与众所周知的故事联系起来，会利用消费者记忆中先前建立的神经通路。当人们专注于一个故事时，他们会较少注意不准确、不和谐的信息；而当阅读枯燥的内容时，人们会更加挑剔。

社会证明：1969 年，社会心理学家斯坦利·米尔格拉姆（Stanley Milgram）在纽约市第 42 街进行了一项"社会传染（Social Contagion）"研究。他和同事们站在

第 5 章
神经：科学支持的小数据

街上，抬头盯着六楼的窗户。结果发现，如果有一个人抬头看，那么45%的路人会停下来，但如果15个人抬头看，则有85%的路人会停下来。该理论似乎可以解释为什么在社交网络上人们更容易受到"病毒式"营销和口碑营销的影响。人们看到很多人在做同一件事，他们就越想去看看。数据显示，人们对企业的信任度在稳步下降，但对伙伴的信任度在增加。因此，企业需要利用个人推荐的力量。

5.1.4 神经营销学与品牌

创建一个品牌，究竟是一门科学，还是一门艺术？研究表明，这两种策略完全可以结合起来，从情感和逻辑层面对消费者产生吸引力。神经科学与营销的结合，让品牌深入了解消费者大脑对特定刺激的反应方式。企业可以通过神经营销学了解如何调整品牌策略，在心理层面影响消费者。正如 Kantar Millward Brown 南非创始人、哥本哈根商学院客座教授 Erik du Plessis 所说，"品牌价值不但是一个基于会计原则的术语，而且是基于神经科学、生物学的事实。"企业从科学的角度对消费者了解得越多，就越能调整营销活动和广告策略，以吸引合适的群体，并将预算浪费降至最低。

例如，神经营销学研究发现，熟悉的品牌在与积极情绪相关的区域会产生更高水平的大脑活动。另一项研究表明，品牌可以与积极的体验联系在一起，这种联系可以在大脑中以类似巴普洛夫条件反射的方式"固定"下来。

具体而言，一些品牌开始在许多领域应用神经营销学，甚至涉及交叉性学科。比如，神经设计（Neurodesign），它属于神经科学和社会心理学的一个分支领域，旨在探索人们的大脑是如何和为什么会对某些设计产生更大的兴趣，以及为什么人们会认为某些产品特征天生就比其他特征更具有美感。科学家们发现，一些审美反应似乎是普遍的，并且"根深蒂固"地存在于人们的大脑中：与直线和尖角相比，大多数人似乎更喜欢曲线和棱角；大多数人也倾向于选择简单、对称、具有高对比度的设计。

曾任苹果首席设计官的乔纳森·艾维（Jonathan Ive）说过，"包装可以是剧场，也可以是故事。"研究发现，超过50%的采购决定是消费者停留在货架前做出的。此时，包装设计是吸引消费者的主要因素。一些神经设计领域的发现有助于改进包装，让包装更加吸引消费者。例如，现代人的阅读习惯大多是从左向右读，因此从包装的左上角开始移动到包装的右下角形成的三角形区域是最有价值的区域；品牌需要保证包装的内容和意义能够在几秒内被清晰地解读出来，因为消费者花在浏览标签上的时间不会太长。

经过两年的神经设计研究，金宝汤公司通过分析消费者在观看汤碗、商标和其他味觉刺激图片时，皮肤湿度、心率和其他生物特征的变化，改变了浓缩汤的标签和货架展示。

色彩选择也是神经设计学的重要领域。研究发现，色彩可增加80%的品牌认知度。相关报告显示，93%的消费者会受视觉刺激的影响，彩色广告比黑白广告提升了42%的注意度，而人们对一件产品的观感，60%取决于颜色。

5.2 神经营销学的相关技术

神经科学的方法与程序包括使用工具和技术来测量、绘制神经元活动，并理解大脑是如何对不同的躯体感觉、刺激做出反应的。当然，并不是所有的神经科学方法都对神经营销研究有价值。应用于营销研究的神经科学技术可以分为记录大脑生理活动（中枢神经系统）的技术、记录外周神经系统活动的技术及其他记录行为的技术。

5.2.1 记录大脑生理活动的技术

脑电图：负责认知反应的生物学基础的细胞被称为神经元。人类大脑中约有1000亿个神经元和上万亿的突触连接，代表了神经回路的基础。一旦受到广告的刺激，神经元就会放电，并产生可放大的微小电流。这些电流有多种频率模式，被称为脑电波。当脑电图用于市场研究时，电极被放置在被测试者的头皮上，脑电波可以在很短的时间间隔内记录下来。一些新的脑电图波段每秒可以记录多达10 000次。然而，脑电图没有良好的空间分辨能力，不能精确地定位大脑中神经元放电的位置。

情绪反应分析利用脑电图成像来识别个体对产品、广告等的情绪反应，评估消

第 5 章
神经：科学支持的小数据

费者满意度。

美国膨化食品品牌奇多（Cheetos）测试了一个广告：一家自助洗衣店，一名女子将橙色的零食放进装满白色衣服的烘干机里，作为对朋友的恶作剧。参与测试者说他们不喜欢这个广告，但同步进行的脑电图测试显示，大脑活动表明他们喜欢这个广告。原来，参与测试者害怕说出事实，以防其他成员认为自己不友善。通过这种方式，神经营销可以揭示消费者隐藏的想法和偏好。

脑磁图（MEG）：脑磁图出现于 20 世纪 60 年代中期，由于在测量和显示大脑磁场方面取得了巨大进步，得到了人们的广泛关注。由于大脑活动是神经元之间电化学信号的功能，神经元活动产生的磁场可被脑磁图放大并绘制出来。脑磁图可以以毫秒为单位测量大脑活动，实时跟踪大脑用于信息交流的处理速度。

脑磁图具有良好的时间分辨能力和比脑电图更好的空间分辨能力。然而，和脑电图一样，脑磁图在某种程度上局限于捕捉大脑表面的活动，因此它在大脑皮层下的大脑区域成像方面并不擅长。使用脑磁图的最佳方法是测量已知或预期在特定任务下产生活动的区域的活动，而不是进行探索性实验。

功能性磁共振成像：功能性磁共振成像是一种新兴的神经影像学方式，使用核磁共振扫描仪来测量大脑内血流的变化。当神经元放电时，它们需要利用血液流动输送的能量，并迅速进行新陈代谢。当受到广告的刺激时，受测试者大脑的某些区域的含氧血流量比休息时要多。这种变化造成了血液中的水分子中氢质子发射的磁场的扭曲。所有功能性磁共振成像研究的基础都是认为 BOLD（血氧水平依赖）信号的变化是对神经元活动的精确测量。功能性磁共振成像的主要优势是能够成像大脑深层结构，尤其是那些涉及情绪反应的结构。

5.2.2 记录外周神经系统活动的技术

心电图（ECG）：心电图通过在皮肤上放置传感器来测量和记录心脏的电活动。在神经营销学中，心电图能够实时收集暴露在公开刺激下的参与者的情绪状态信息。

皮肤电反应（GSR）：皮肤电反应是指皮肤传达一个人对某种刺激的情绪反应的方式。皮肤电反应利用身体交流的方式来理解情绪反应。当人产生某种情绪时，皮肤内血管的舒张和收缩及汗腺分泌等变化，能引起皮肤电阻的变化。皮肤电反应仪就是以此来测定植物神经系统的情绪反应。这种方法常用于测试受众对特定营销内容和创意的回应。

5.2.3　面部编码

我们可以通过观察他人的脸来找出他们对社会暗示的反应。如果他们高兴，他们可能就会微笑；如果他们紧张或忧虑，他们的眼睛可能就会乱转；如果他们感到不安或担心，他们的眉毛可能就会皱在一起。正如有专门的设备来测量消费者对产品或营销展示的心理反应一样，也有专门的方法来检测、记录和分析消费者对营销提示产生的面部表情。

面部编码（Facial Coding）就是一种通过分析人们在受到一定刺激时的面部表情，来测量不同情绪的方法，包括测量快乐、惊喜、愤怒、厌恶、恐惧、悲伤、蔑视等。

面部肌电图（fEMG）：面部肌电图通过连接在皮肤表面的电极来跟踪面部肌肉的活动，理解与某些面部表情相关的情绪。当面部肌肉收缩时，面部肌电图会检测并放大它们产生的微小电脉冲。面部肌电图的优点在于它是一种无创的、精确的连续测量面部肌肉活动的方法。它非常准确，甚至可以测量面部肌肉的细微活动，即使被测试者被指示抑制他们的情绪表达。面部肌电图的缺点是需要电极、电缆和放大器，因此提高了被测试者对被测物的意识；它非常敏感，必须在一个严格控制的环境中进行；此外，它还需要专业的生物传感器处理技能。

面部动作编码系统（FACS）：通过实时观察和一个手动编码系统来实现，该系统有一个标准化的面部表情分类系统。面部动作编码系统由专业的面部编码人员进行操作。这种方法允许对肉眼可见的宏表达式进行编码，也允许对通常持续不到半秒的微表达式进行编码，这些微表达式通常出现在试图抑制当前情绪状态的时候。这些微妙的表情通常与低强度的情绪有关。面部动作编码系统的优点之一是它是一种非侵入性的、客观的、可靠的面部表情测量方法。面部动作编码系统还可以有效地测量面部编码的强度，但是需要训练有素的专家完成。

人脸表情分析：该技术利用计算机视觉算法自动进行，使用嵌入在笔记本电脑或其他设备中的摄像头来捕捉被测试者接触内容时的反应。软件通常测量7种基本情绪。自动编码可以在线和离线记录，然后提交视频进行编码。在线面部表情编码

第 5 章
神经：科学支持的小数据

的主要缺点是，被测试者在被记录的时候，会因为打哈欠或吃东西而被错误编码。

眼球追踪（ **Eye Tracking** ）：通过使用自动收集和记录相关数据的可穿戴式眼部追踪器进行测试。眼球追踪技术可以测量受众的注视点，即眼睛相对于头部的运动，发现受众在看什么。它通过一个人看某个特定区域的时间长短或者一个人看某件物品的方向，来追踪一个人看某件物品的方式。眼球追踪系统通常会创建一个热图，显示消费者的眼睛在页面上停留的位置。眼球追踪可以用来分析消费者如何与产品或服务进行交互。通过这种方式，品牌可以发现消费者体验方面的潜在问题，并纠正这些问题，从而提高消费者参与和消费者满意度。

广告行业的"3B 理论"认为，包含婴儿的图片和视频往往会吸引潜在客户更长时间的关注。长期以来，广告主试图通过可爱的婴儿脸的特写，来提高婴儿产品的销量——借助眼球追踪技术，研究人员发现，当婴儿正对着受众时，受众会更关注婴儿的脸，而不是广告内容；然而，如果婴儿将目光投向产品或广告语，那么受众会关注产品或广告内容。

需要说明的是，以上技术往往不是单独使用的，而是互相配合使用的。例如，皮肤电反应经常用于支持眼球追踪研究。眼球追踪研究允许品牌看到被测试者在看到某种刺激时眼睛的移动，以观察其注意力集中在哪里。然而，眼球追踪本身并不一定有助于解释被测试者眼睛移动的方式，基于本能反应会出现研究偏见。这时候皮肤电反应就有了用武之地。通过提供皮肤活动的实时连续读数，皮肤电反应可以将积极或消极的情绪状态与眼球追踪结果联系起来。这有助于解释基于科学而非仅仅凭直觉得出的眼球追踪结果。

第 6 章

Adtech：Martech 时代的广告

6.1 程序化广告

自 1994 年第一条横幅广告出现以来，数字广告领域发生了翻天覆地的变化。数字化对于广告业的改造，分别体现在广告发布流程、广告形式和广告创意三个方面。首先看广告发布流程，从传统的手动操作订单等人工作业方式发展为机器自动化，即利用人工智能和机器学习等技术实时购买广告。

在数字时代早期，由于资本的大量介入，数字媒体发展迅猛，与此相对应的是广告主的持币观望。这导致了一个后果：出版商的增长速度超过了广告主的增长速度。因此，出版商手里留下很多广告位和大量库存。

解决这个问题的办法是广告网络（Ad Network）。广告网络是连接广告主和出版商的平台，它从不同的出版商那里汇集起尚未出售的广告位，使之与广告主的需求相匹配，广告主可以以折扣价购买。主要的广告网络有 Google AdSense、淘宝联盟及 ValueClick 等。需要注意的是，在当时，优质的媒体库存仍然是由人工处理，剩余的则卖给出价最高的广告主。

这种方式的问题在于定向。广告主在一个大型网站上发布广告，没办法知道

第 6 章
Adtech：Martech 时代的广告

谁看了发布的广告，面向 50 岁以上人群的产品广告也可能被其他年龄段的人群看到。这导致实时竞价（Real Time Bidding，RTB）的诞生。这是最早的程序化广告产品。

RTB 诞生于 2009 年，这是一种通过实时拍卖买卖广告的方式。当用户访问一个网站时，一个请求将网站上的信息连同访问者数据一同发送到一个广告交易平台上，然后将这些信息与广告主进行匹配，并在符合条件的广告主之间进行实时拍卖。广告主会在自己认为符合目标受众的网站上投放广告，广告将展示给该网站的所有访问者，不管他们是否是相关客户。交易是在网页加载的时间内完成的，约为 100 毫秒。

在传统媒体购买环节中，广告主或代理公司会联系出版商来讨论广告位、价格等指标。这个过程在程序化广告的售卖过程中自动化了，广告售卖变得更高效、更快、更有针对性。出版商可以将库存出售给出价最高的竞标者。广告主也能够对库存的曝光量（Impression，一种广告计数方法，指广告所在页面被受众打开的次数）进行评估，从而提升对目标客户的影响力。

假设某用户访问一个出售有机狗粮的网站，但没有购买。后来他在登录自己最喜欢的新闻网站时，突然发现到处都是关于有机狗粮的广告。这些广告正是借助 RTB 呈现在该用户面前的。这个有机狗粮品牌表示，"我想在这些网站上展示我的广告，但只向那些之前访问过我的网站而没有购买的人展示。"在用户登录网站的这段时间里，这个有机狗粮品牌和其他对展示广告感兴趣的品牌之间会有一场竞价，中标者可以在出版商的网站上展示广告。

这种类型的实时媒体购买是程序化广告的初始形式。程序化广告是一种自动购买和优化数字广告活动的方式，这个过程通常是通过实时拍卖来实现的，如在访问者加载网站时购买广告，其目的是提高广告主和出版商的效率和透明度。

如今，程序化广告已广泛应用于数字渠道，包括展示、移动、视频和社交。传统的线下渠道也正在走向数字化，汽车站、购物中心、广告牌等户外数字屏幕上也开始投放程序化广告。

6.1.1 组成部分

RTB 只是程序化广告生态系统的一部分。为了使这套生态系统正常运转，还需要其他关键组件：在广告主一端，将会有一个需求方平台（Demand Side Platform，DSP）连接到一个 DMP；而在出版商一端，将使用供应方平台（Supply Side Platform，SSP）在一个或多个广告交易平台上分发他们的可用库存。

1. DSP

DSP 即需求方平台，是指帮助广告主执行广告投放策略的平台，可以设定投放金额、单价、数量、物料等执行策略。随着越来越多的出版商开始在互联网平台上提供广告业务，广告主开始寻找一种自动管理广告位和购买的方法，而不是与销售人员和广告交易管理平台打交道——这种人工方法既昂贵又不可靠，而 DSP 的出现帮助广告主解决了这个问题。DSP 同时与 DMP、广告交易平台和广告主相连接。

当有人访问一个与广告交易平台相连的网站时，一个拍卖信号被发送到交易平台，然后该交易平台向 DSP 发起询问：广告主是否有适合这个位置的广告。如果有，DSP 则会发送一个信号，与其他广告主一起进入 RTB，争夺广告位。中标者可以向网站访问者展示自己的广告。这是从广告主一端来说的程序化广告的基础操作。

2. SSP

SSP 即供应方平台，是指媒体把广告资源进行销售的系统，记录了媒体销售的广告位、物料尺寸规范、售卖金额、库存等信息。就像广告主使用 DSP 来管理程序化广告购买一样，出版商使用 SSP 来管理自己的展示空间。以前，每个出版商都有自己的销售人员，并由他们负责联系广告主和销售广告位，这一人工作业现在已经被 SSP 取代了。SSP 同样与广告交易平台相连接，告诉它有什么样的库存。通过 RTB，这些库存会自动拍卖给出价最高的广告主。

DSP 的工作是以尽可能低的价格从出版商那里购买广告位；SSP 的功能则正好相反，是以尽可能高的价格出售广告位。一个 SSP 可以连接到几个不同的广告交易平台，以便以最高价格出售广告位。通过 SSP，出版商也可以更有效地控制库存：他们可以设定最低价格，并指定特定的买家或特定的渠道。

3. 广告交易平台

广告交易平台是出版商与广告主会面，并就广告价格达成一致的地方。它很像

第 6 章
Adtech：Martech 时代的广告

股票市场的交易大厅，但其用于数字展示广告，被称作"DSP 的 DSP"。由于 DSP 往往由数字代理公司（Digital Agency）建设，因此也被称为 ATD（Agency Trading Desk）。

广告交易平台与广告网络的区别在于：广告交易平台是一个交易场所，广告主可以从多个广告网络购买广告位；而广告网络是一个连接到一定数量网站的平台，主要为这些网站上的广告主提供目录。

程序化广告交易双方通常以 CPM 为基础进行交易。基于媒体质量和目标受众的级别，CPM 可以有很大的变化。库存质量越高或者目标受众越具体，CPM 就越高。CPM 也因行业、设备、格式和页面位置而异。

6.1.2 交易模式

程序化广告的交易模式有以下四种。

1. 公开竞价

在程序化广告领域，公开竞价（Open Auction）是 RTB 的官方用语。公开竞价发生在公开市场（Open Marketplace）。在公开市场，出版商的库存价格由公开竞价决定，任何出版商或广告主都可以参与进来，通过 RTB 来获得可用的媒体，最高出价方赢得曝光量。

需要注意的是，尽管最高出价方胜出，但其不需要按照自己提出价格的付费。目前行业普遍采用的是第二价格拍卖的方式，出价最高的竞标者需要支付的费用为第二高价竞标者提出的价格。

此外，出版商可以根据自己的要求屏蔽广告主，过滤广告类型甚至为他们的库存设置最低价格。因此，对出版商来说，公开竞价是处理库存的良好方式。尤其对那些内容小众且浏览量较少的出版商来说，公开竞价可以帮助他们在市场中找到相关的广告主。

公开竞价的劣势也很明显：由于多个广告主可以竞标，数据泄露的可能性大大增加了；与其他程序化交易模式相比，公开市场提供了很高的曝光量，容易出现供过于求的现象，让广告主获得控制权，使得给出版商很低的 eCPM（每千次展示费用）；RTB 的流量质量参差不齐，甚至充斥着大量的无用流量；资源位和价格不确定,广告主有可能失去某展示机会或者超出预算;虚假流量的问题也会导致广告主花了钱却没有得到预期的效果。

2. 私有竞价

私有市场(Private Marketplace,PMP)可以理解为升级版的 RTB,同样是用程序化的方式来管理媒介购买。在私有竞价(Private Auction)中,出版商限定特定的广告主参与,这些广告主有优先权,可以于库存在公开市场出售之前对其进行竞价。在某些情况下,出版商可能允许特定的广告主申请参加私有竞价。因此,在整个过程中,只有少数广告主参与竞价,购买出版商所提供的更优质的库存。

私有竞价的库存被标为"优质",并向出版商预先批准的一组广告主提供差异化的广告库存包(建立在受众数据、曝光量、内容类型等基础上)。出版商更容易销售他们的第一方数据,这些数据对广告主来说也非常有价值。

在私有竞价中,强制使用交易 ID,用于在竞价期间识别卖方和买方。交易 ID 为一串独特的字符,用来定义优先级、透明度、底价等。

私有竞价的优势表现在以下几个方面。

媒体资源和价格的透明:私有竞价就像是一个"VIP 交易室",有限的几个广告主可以对同一个黄金广告位进行有底价的竞价,出版商和广告主都非常清楚交易的广告资源类型、需要支付的 CPM 及向用户展示的广告素材类型。

高 CPM:优质库存具有更高的可见度和用户参与度。广告主愿意为这样的广告位支付高价,从而为出版商带来更高的 CPM。

精准投放:广告主参与私有竞价相当于买断资源,无须再与其他广告主共享同一个广告位。广告主可以自主管理所购买的广告位,当用户访问媒体时,广告主可根据不同的用户去有针对性地选择投放自己不同的产品广告。

成本控制:通过程序化技术定位精准人群,有针对性地定制创意,并可按 CPM 把控流量消耗的费用。对于非效果类的品牌营销活动,KPI 在私有竞价环境下更易于管理,广告位、透明度、可见度等不确定性大大降低,同时保证了精准。

防止欺诈:由于出版商和广告主是直接进行交易的,出现广告欺诈的可能性更小,确保了用户数据的安全。

第 6 章
Adtech：Martech 时代的广告

私有竞价的问题在于，广告主只有在发现库存足够"优质"时，才会同意出高价购买广告位。否则，出版商可能会以一个更低的价格结束谈判。

3．优先交易

优先交易（Preferred Deal）完全抛开了拍卖环节，是出版商和广告主或代理公司进行的直接交易。在公开市场上拍卖出版商的库存之前，广告主能看到库存，并可对库存进行检查，看看其是否符合自己的要求。买卖双方就交易条件（数量、价格、目标等）进行谈判。卖家提供一个交易 ID，买家可以直接购买库存。

出版商以确定的固定 CPM 向选定的广告主出售其优质库存。该交易将采用实时交易，广告主通过给出等于或高于出版商设定的固定 CPM 来赢得曝光量。在这种隐蔽的交易环境中，优先交易为出版商提供了一个可控的、稳定的收入流。广告主也从中受益，他们获得了优质的库存，这些库存数量稳定，价格也较合适。在优先交易中赢得的广告位展示给特定受众的内容也与受众更加有关联。

优先交易并不能保证广告主将始终参与并对可用的库存进行竞价，广告主也可以取消购买，如果出现这种情况，库存则将直接进入公开拍卖。因此，优先交易也被称为无担保交易。

4．程序化担保

程序化担保（Programmatic Guaranteed）又称自动化担保（Automated Guaranteed），遵循传统的媒体购买方式，广告主和出版商在一对一的基础上协商条款。广告主同意购买固定数量的曝光，出版商同意以协商的价格提供准确的曝光量。库存在谈判后直接卖给广告主。程序化担保为广告主提供了选择广告目录、价格、目标受众和频率上限的条件。

因为出版商和广告主对交易都要做出保证，出版商也很清楚库存是以协商的价格出售的，这就保证了出版商的基本利益。对广告主来说，则可以获得以前无法通过公开市场购买的优质库存，并且保证了曝光量。此外，广告主知道自己的广告将在哪里显示，这有助于他们挑选确切的发布网站，以解决品牌安全和透明度等问题。

6.2 程序化创意

关于广告是科学还是艺术，一直以来纷争不断。人们争论的焦点集中在广告创意层面。创意是广告活动中最重要的驱动因素之一，也被认为是距离科技最远的一门技艺，典型的右脑思维的产物，著名广告人乔治·路易斯曾公开表示："如果广告是门科学，那我就是个女人。"乔治·路易斯当然不是女人，但创意是不是科学呢？

其实，人们对创意进行科学研究一直没有停止过。詹姆斯·韦伯·扬在其《创意》一书中提出了"五步创意模式"；《广告创意解码》一书将创意解构成几十种模式。在技术日渐普及、"数字化"成为标配的今天，这种传统的对于创意的认知（甚至对创意的误解，认为创意凌乱、非线性、感性、随机、不可预测）影响了创意本身的发展。既然创意"不可预测"，为何要使用它呢？筷子科技 CEO 陈万锋表示，"创意产业应该思考一个问题，卖的东西不是图片、视频，而是产品怎样帮客户变现。"

其实，创意最后还要落到受众的体验上，可以给受众带来体验的不是创意本身，而是产品。创意只是产品的画龙点睛之笔，而整个环节中还有很多有序、理性的元素，因此可以将创意拆分为若干元素，进行数字化处理。程序化创意便是这种思路的产物。

6.2.1 创意与科学的结合

与程序化广告相似，程序化创意是指广告创意过程中的自动化，包括创意的组织、发布和优化等环节。程序化创意与传统创意的区别在于，加入了数据和软件两个元素，让数据和创意实现结合，以更能与用户产生共鸣和更有效的方式讲述品牌故事，使得整个创意过程"有理有据"。

正是程序化广告的飞速发展，为程序化创意提供了发展的"土壤"。营销人员能够运用程序化创意技术最大限度地结合广告自动化、数据和创意来提升广告效果。

最常见的程序化创意是个性化广告。这种广告形式不再是向所有人展示一个通用的创意，因而更贴近受众。在程序化创意技术出现以前，个性化只是广告人的梦想。现在，广告人可以将受众分成小组，并向各个小组展示更有可能产生影响的定制化创意，如用不同的产品、优惠措施、当地的促销活动等信息来吸引不同的受众。

考虑到设计师设计大量广告的过程非常烦琐，而所针对的主要是不同的受众或者市场等变量，程序化创意主要用来改进和优化广告设计中的日常工作和重复性工作，特别适用于广告设计。比如，设计师可以通过程序化创意技术，同时设计多个不同大小和格式的广告，从而节省大量时间。

这些工作主要是通过计算机支持的工作流程、软件自动化和大数据集成实现的。常用的程序化创意技术包括创意管理平台、动态创意和动态创意优化。

6.2.2　创意管理平台

创意管理平台（Greative Management Platform，CMP）是将一系列广告技术整合到云平台上的技术。最基本的 CMP 提供创意设计、规模化生产和集成发布等功能。当然，这些只是基础功能。升级版的 CMP 则可以提供跨渠道发布、广告活动的分析和优化、营销数据收集和分析、实时调度和发布等功能。

CMP 主要被品牌和出版商用于生产、发布和测量其数字创意活动。随着广告行业的发展，媒体渠道甚至广告本身都不断碎片化，品牌发布创意时需要应对各种各样的媒体。然而，根据 AppNexus 的一项内部研究，超过 90%的广告使用的是通用的创意，而这种创意与受众并不匹配。这意味着花费在数据和优化技术上的高额费用并没有得到充分利用。

CMP 将控制权交给广告主，通过一个中心化的平台降低了创意过程中的复杂性，并且所有的创意得到统一生产、分发和测量。CMP 使广告主能够用符合 DMP 中受众细分的定制广告取代一般广告，而每个广告创意都由 DSP 进行优化。一些广告主将 DMP、DSP 和 CMP 组成一个广告技术栈，优化媒体的购买，提供大量的目标受众定向和测试功能，创作适合他们的广告，确保广告被正确的人看到。

此外，不同业务或不同地区的营销团队可以根据需要，创建"改版"后的广告，如将广告语言修改为当地的语言。连锁酒店 Melia Hotels International 使用 Bannerflow 的 CMP，每周为不同的受众群体制作 2000 多种广告。没有 CMP，这种强度的工作是无法靠人工来完成的。

媒体也会从中受益。尽管许多媒体团队不会用 CMP 进行实际工作，但会让其参与工作，如做一些简单的编辑——为了保持广告的新鲜度，让广告对受众更有影响力，而通过 CMP 替换陈旧的广告内容。

6.2.3 动态创意和动态创意优化

动态创意（Dynamic Creative）是指利用消费者的特定数据（如所看到的产品、地理位置、展示时间等），将图形元素整合到广告创意中。企业可以在设置广告展示时手动定义图形组件，而涉及的动态信息是在为每个消费者提供创意之前实时填写的。

动态创意优化（Dynamic Creative Optimization，DCO）是一种展示广告技术。这种技术不是用个性化的数据来填充一般的创意，而是使用机器学习技术为每个消费者和情境实时选择要展示的最相关的视觉组件，从而优化内容和创意。

动态创意的"动态"尤其表现为创意的内容完全依据受众的个人行为和喜好，如果受众在某个产品页面停留的时间够久，给予该产品足够多的关注，动态创意就会根据这些行为调整受众看到的广告。动态创意之所以能做到这一点，是因为分析了受众的 Cookies、跟踪数据、地理位置，以及近期的网页搜索或者访问历史，受众的这些线上行为为动态创意广告提供了依据。

DCO 是程序化创意的拓展。程序化是指在创意过程中加入自动化的过程。DCO 则更进一步，涵盖了额外的数据层，并使用多元测试等优化技术来寻找最佳的情境解决方案。有人说过："营销的未来是能够平衡创意与数据。"DCO 正是将创意与数据结合起来，以产生最大的影响力。

优化的目标是提高广告的点击率、转化率等。因为广告作品与受众的关联性很强，也经过了测试和优化，动态广告通常比静态广告表现得更好，有时甚至优势显著。

DCO 将 CMP、DMP 和 DSP 结合起来，根据第一方和第三方数据，将最佳的创意呈现给受众。具体步骤如下：

- 一个与目标群体相匹配的受众访问一个网站，该网站广告库存的实时拍卖开始。

- 某次广告活动的 DSP 以最高的价格赢得了曝光量，它提供了 DCO 广告活动的广告标签。
- 受众的浏览器向 DCO 广告发出请求。
- 来自 DMP 的受众数据和品牌自身的洞察，决定此次广告展示哪些动态内容，然后在广告中插入推荐的内容。这些内容包括动态文本字段、按钮、图像、视频和小部件等，都是由 CMP 收集并提供的。

经过以上步骤，受众就可以看到一条为其量身定制的 DCO 广告。

基于 CMP 的 DCO

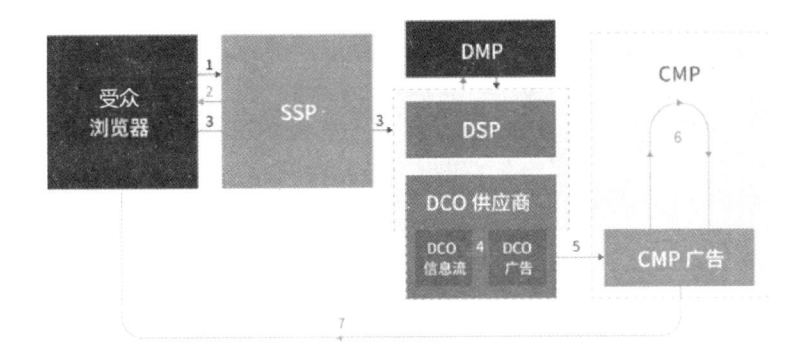

6.3 广告验证

由于各种各样的原因，广告没有被正确的用户看到，这样广告费用就被浪费了。广告验证旨在验证广告投放的位置，以减少浪费，使广告主和出版商免受广告投放不当可能造成的损失。

广告验证对广告主和出版商来说都非常有意义。广告主能根据广告的投放效果及时调整预算，防止浪费；出版商能更准确地衡量广告位的价值，并进行高效管理。

6.3.1 广告可见性

在互联网广告的早期，广告网络强调的是提供的广告数量，而不是用户观看的广告数量，而广告活动的测量标准传统上是前者。营销人员用广告数量除以点击量来计算一次广告活动的效果，即数字广告的测量标准为点击率（CTR）。

随着在线广告的成熟，广告主开始质疑这种做法：如果一个广告出现在网页底部的折叠位置，但是用户没有向下滚动去看它，那么这个广告是不可见的，广告印象不应该被计算在内。除此之外，还有其他因素可能导致广告未被看到：用户在广告加载前就离开页面，甚至可能是机器人或代理服务器打开页面，而不是真实的人。

所提供的广告不一定等于观看到的广告，正是因为这一点，数字营销行业开始重视广告可见性——它是"衡量一个广告是否被用户真实看到"的指标，用于衡量用户屏幕上产生的可见曝光次数。例如，如果一个广告位于页面底部，但是用户没有向下滚动来查看它，那么这个广告就不能算作可见曝光。

根据美国互动广告局（IAB）的标准，一个广告要被算作是"可见"的，至少50%的横幅广告或创意必须在屏幕上显示超过一秒钟。出版商开始采用各种方法提高广告的可见性。

- 出版商可以以这样一种方式设计网页，即注重广告的可视最大化。这可能意味着设计一个页面应使广告单元"在折叠的上方"，或者是一个"黏性"广告单元。"黏性"广告单元是一种当用户滑动页面时仍保持锁定在特定位置的广告。

- 出版商也可以采用响应式网站设计，即根据用户行为及使用设备进行页面布局，这能提升用户体验。

- 广告可见性也可以通过良好的设计原则得到改善：清晰的视觉层次、对称和令人愉悦的比例、空白和干净的设计。

- 广告可见性的另一个重要考虑因素是速度。加载来自多个广告网络的广告的网站通常需要很长时间才能加载，这可能会导致用户在加载广告之前点击的广告的可见性较低。加速广告交付的技术可以极大地提高广告的可见性。

- 除了专注于广告投放的活动，出版商还可以通过第三方软件测量和验证广告的可见度，并将得到的指标提供给广告主。想要表明自己"公平竞争"的出

第 6 章
Adtech：Martech 时代的广告

版商可以与多家媒体评级委员会（MRC）认证的可见显示印象或广告验证供应商合作。

2017 年 5 月，MMA 中国无线营销联盟（MMA China）宣布，由 MMA 中国品牌安全与流量质量标准小组制定的《移动互联网广告可见性验证标准 V.1.0》正式发布。这是中国市场第一版移动互联网广告验证标准。2019 年 1 月，新版《移动互联网广告可见性验证标准 V.1.1》发布，对广告可见性进行了规定。例如，"可见展示广告曝光要求"中的"像素要求"为广告中大于或等于 50%的广告像素面积位于聚焦的浏览器页面的可见空间上；"时间要求"为广告呈现后，满足像素呈现的时间要大于或等于连续一秒。

6.3.2 广告欺诈

在数字营销成为主流营销方式的时代，广告欺诈问题也随之而来。越来越多的广告费用被浪费了。根据世界广告主联合会（WFA）的保守估计，2019 年，移动广告作弊行为给广告主造成的损失超过 200 亿美元，并预计到 2025 年，该数字将达到 500 亿美元。

广告欺诈在网络广告诞生之初即存在，是指为获取经济利益而用技术手段"欺骗"数字广告网络的行为，其目的是广告主必须为从未发生的曝光和点击付费。大多数广告欺诈是通过无效（非人为）流量（Invalid Traffic，IVT）产生的。无效流量分为一般无效流量与复杂无效流量。

1. 一般无效流量

一般无效流量（GIVT）是指不是来自真实用户或对网站、产品、服务没有兴趣的流量。MRC 提出这些流量可以"通过应用程序或其他标准化参数检查等例行的过滤手段来识别"。一般无效流量的具体形式包括以下几种。

已知数据中心流量：由 IP 地址检测到的来自数据中心的流量。这些流量可能来自服务器，而不是计算机或手机。

来自机器人、蜘蛛或其他爬虫的流量：这些代表网络上的非人类流量。

基于活动产生的流量：有时，正常、合法的互联网用户的行为方式是不可预测的。如果出现了同样的、单调的动作，如异常快速地点击，或者每隔 10 秒钟点击一次，则很有可能是无效流量。

非浏览器用户代理头或其他形式的未知浏览器带来的流量：HTTP 使用许多字段，这些字段包含有关事务性质的数据，称为"Header"，这些数据与事务本身的内容是分开的。其中一个标题是"User Agent"，指定用户使用哪个浏览器或应用程序访问其内容。当 User Agent 字段的内容是未知的或非标准的，它们将被过滤掉。

提前抓取或加载的流量：浏览器会在用户访问某些网站内容之前进行加载。然而，这种预加载可能会触发一些广告产生曝光，一旦确定用户从未实际访问过预加载内容，这种曝光就会被过滤掉。

2. 复杂无效流量

复杂无效流量（SIVT）是完全欺骗性的流量，会对流量质量构成严重威胁。MRC 提出这些流量"难以检测，需要通过高级分析、多方合作与协调及人工干预等方法来分析和识别"。复杂无效流量的具体形式包括以下几种。

（1）操纵或伪造位置数据：这种类型的欺诈是由不诚实的开发商实施的，他们希望通过产生更多的广告流量来增加收入，具体包括隐藏广告与印象清洗。

隐藏广告：这类欺诈的目标是广告网络，这些广告网络是根据浏览量付费的，而不是点击量。这种类型的攻击使广告在网站上不可见，即使印象会被报告。这类攻击有几种技术：以 1 像素×1 像素的 iframe 显示广告；在视口区域外显示广告；显示多个重新调整尺寸的广告；在加载到单个广告位的 iframe 中显示多个广告，这意味着在加载的所有广告中，只有一个广告实际上对用户可见。

印象清洗：这种类型的攻击隐藏了显示广告的真实网站。广告主从精挑细选的开发商处购买广告，通常支付较高的 CPM。广告主购买的部分广告曝光展示在虚假网站上，其中受众和内容都与广告主的品牌无关。通过一系列复杂的重定向和嵌套广告调用，广告调用被"清洗"，这样广告主就可以看到合法网站，而不是显示广告的实际虚假网站。

（2）恶意软件和广告软件：攻击者通过控制计算机或浏览器来获取广告收入。

广告劫持：广告劫持是指恶意软件劫持网站上的广告位并显示广告，是攻击者而非开发商创造收入的事件。攻击者通过几种方式完成：入侵用户的计算机以更改 DNS 解析器（即将 ad.doubleclick.com 域名解析为攻击者控制的服务器的 IP，从而提供不同的广告）；破坏开发商的网站或用户的计算机，更改 HTML 内容（将开发商放置的广告标记更改为攻击者控制的广告标记）；破坏用户的代理服务器或路由

第 6 章
Adtech：Martech 时代的广告

器，以欺骗 DNS 服务器或动态更改站点的 HTML 内容。

点击劫持：点击劫持类似于广告劫持，是指攻击者将一个广告上的点击重定向为另一个广告的点击，从根本上"窃取"点击。

Popunders：Popunders 类似于带有广告的弹出窗口，只是广告窗口将显示在主 Web 浏览器窗口的后面，而不是前面。它可以与印象清洗相结合，以产生额外的收入。在某些领域，它被认为是一种完全合法的广告方法，但大多数网络广告都禁止以这种方式投放广告。

（3）虚假用户与虚假安装：欺诈者使用移动应用来模仿人类的活动。它通常涉及机器人、恶意软件和点击农场等，所有这些旨在构建大量虚假用户，从而为在线广告生态系统提供内容。

点击机器人旨在执行虚假的应用程序。通过这种方式，广告主就会以为有大量的真实用户点击了他们的广告，实际上广告从来没有触及真实用户。点击农场是指雇用低薪工人手动点击广告，为欺诈者赚取点击率。

安装服务器农场是模仿人类行为的另一种方式——他们使用真人作为专用模拟器安装应用程序。就像欺骗性的广告点击一样，欺诈者使用的是由真人组成的团队，他们安装并与应用程序进行交互。

欺诈者越来越多地使用模拟器来模拟真实的移动设备。为了保持不可追踪性，设备场定期重置其 Device ID，并通过使用新创建的 IP 地址来避免检测。

僵尸流量：这是迄今为止发现的最赚钱、最具破坏性的广告欺诈。发布者可以使用僵尸网络流量，其中包括受感染用户的计算机或一组云服务器和代理，以便实现更高的收入目标、确保 eCPM 增长、保持用户增长。但是，已经有一些大规模的僵尸网络运营，其目的仅仅是创造收入，而实际的业务目标很少。

僵尸流量非常难以被发现，它们伪装成真实的流量。伪装方法包括：假的点击和鼠标移动；虚假的社交网络登录信息；假地理位置；专用代理服务器，等等。

僵尸流量的操作是经过仔细计划和考虑的，它不仅假冒高级网站、伪造库存，还将自己伪装成合法的互联网服务提供商。然后，僵尸程序产生了虚假的、类似于人类的流量，从而在虚假的高级网站上打开广告。它通过虚假域名注册，决定最赚钱的广告应该放在哪里，从而确保欺诈网络空间以高价出售。

6.3.3 品牌安全

随着程序化广告的发展，品牌安全已成为广告主普遍关注的问题。品牌安全是指在网上发布广告时，保证品牌的声誉安全。换句话说，要为广告交易提供一个安全的环境，如避免在不合适的内容旁边放置广告。在广告市场，这方面的案例不胜枚举：航空公司的广告与关于飞机失事的文章放在一起，或者受欢迎的消费品牌的广告与带有种族歧视色彩的言论相邻。

根据中国无线营销联盟于 2017 年 5 月发布的《移动互联网广告品牌安全验证标准 V.1.0》，品牌需要规避以下内容。

- 成人内容。
- 非法活动。
- 有争议的内容（违反社会规范的内容，如禁忌等）。
- 侵犯版权的内容。
- 受管制药品。
- 极端的图像/暴力内容。
- 诱导篡改度量衡的行为。
- 仇恨/亵渎。
- 骚扰/恶意软件/盗版软件。
- 政治/宗教。
- 未经认证的由用户生成的内容。
- 分裂言论。
- 讣告。
- 邪教相关言论。
- 恐怖主义言论。
- 党和国家领导人。
- 革命烈士。
- 在广告主媒介计划以外的内容。

第 7 章

产品：价值的载体

7.1 产品管理

现代意义上的产品管理始于宝洁公司。1931 年，在宝洁公司广告部门任职的 McElroy 撰写了一份备忘录以聘用更多的员工。这份备忘录简明扼要地描述了"品牌人（Brand Men）"及其对品牌的责任——从跟踪销售到管理产品、广告和促销活动。他特别指出，实现这一点的方法是进行现场测试及与客户互动。McElroy 招聘了一个"品牌人"和一个"助理品牌人"，以此为开端，宝洁公司变成了一个以品牌为中心组织，也促使产品经理在快消品领域诞生。

McElroy 后来在斯坦福大学担任顾问，并影响了两位年轻的企业家——惠普的创始人比尔·休利特和戴维·帕卡德。他们把品牌人的精神解释为让决策尽可能地贴近客户，让产品经理在企业内部代表客户的声音。惠普引入了一种独特的部门架构，每个产品组必须成为一个独立的组织，开发、制造和销售自己所负责的产品。

7.1.1 数据驱动的产品经理

产品是为了满足客户的需求、提供价值而存在的。尤其在竞争激烈的全球市场，企业仅仅依靠高产量和低成本是很难取得成功的，只有更加关注满足客户的需求，生产满足客户需求的产品，才能在竞争激烈的市场中占据有利地位。进入20世纪90年代，技术和数据开始在产品管理中发挥重要的作用。这一认知在今天已经得到普遍认同——日益扩大的竞争格局，让企业意识到应该以数据为导向，而非直觉。

因此，产品管理的一项重要技能是处理大数据。正如《启示录》的作者Marty Cagan所说，"今天，产品最重要的变化之一就是对分析的使用。如今，任何有能力的产品经理都应该熟悉数据，并了解如何利用分析来快速学习和改进。"企业需要倾听潜在客户的需求，并能够分析数据以做出更好的决策。

因此，一种新的产品经理——数据驱动的产品经理（Data-Driven Product Manager）出现了。电子商务、App、社交媒体及物联网的发展，催生了大量的数据。对这些数据进行挖掘和分析，可以为产品经理提供更可操作的客户和业务洞察，并帮助他们制定更有效的产品路线图。

数据科学在产品经理的职责范围内大有用武之地。例如，使用聚类分析进行市场细分，产品决策的假设检验，A/B测试，分析目标客户的关键问题和需求，分析客户的购买行为、评论、推荐、社交媒体等。产品经理需要了解哪些数据与决策相关，如何收集数据，如何查询、分析数据，如何做到数据的可视化，等等。

当然，产品经理不应只关注数据，而是应专注于业务需求，理解和传达客户的需求，因此需要回答如下问题：如何解决客户的问题？产品交付面临哪些挑战？企业在哪些方面存在盲点？如何才能为客户提供更深刻的洞察？通过基于所在领域的专长和直觉，与相关数据的科学分析相结合，产品经理可以更有效地做出关键的业务决策，并制定出更有效的产品战略与产品路线图。

7.1.2 产品运营

产品运营是一家企业内部另一个与产品相关的角色，产品运营负责联系产品、技术等职能团队，协助企业的产品团队尽可能有效地运作，因此有人将产品经理比作某个单一产品的CEO，将产品运营比作COO（首席运营官）。对以产品为主导的企业来说，产品是客户旅程每个阶段的焦点，而产品运营是优化体验的关键。产品

第7章
产品：价值的载体

运营人员的主要职责是帮助产品管理人员，通过提供相关的使用数据来做出更有效的决策。

产品运营的具体职责包括以下几点。

- 用户访谈及其他市场调研。
- 监督新产品的质量，以保证通过检查。
- 分析数据以帮助产品管理层做出更有效的决策。
- 开发业务流程以简化产品开发。
- 管理产品团队使用的工具（如路线图、原型设计等）。
- 与支持团队和销售团队紧密合作，改善客户体验。

产品运营职能之所以近年来格外受重视，其中一个重要原因与数据有关：产品团队拥有大量的数据（无论是定量的还是定性的），每年生成的数据呈指数级增长。产品经理越来越难以抽出时间来审查和分析这些数据，而这些数据又将为产品相关的战略决策提供信息。这些数据需要分析、组织、存储和管理，因此需要产品运营人员来承担这一任务。

7.1.3 产品战略与产品路线图

1．产品战略

企业的产品愿景（Product Vision）是指产品未来的发展方向，通常是概念性的，甚至未完全成形。产品战略是企业为了实现这个理想化的未来产品而选择的路径。换句话说，产品战略的目的是描述企业或产品团队打算如何实现这一愿景。产品战略比产品愿景更为具体，但尚未具体到深入研究实现的细节。

产品战略包括以下基本要素。

- 客户：产品战略应该首先确定客户是谁。在制定长期的产品战略之前，需要确保对客户的需求有充分的了解。在整个产品生命周期中，从客户那里得到反馈时，要及时进行调整。
- 竞争对手：大多数企业在市场上都有直接的竞争对手，或者至少有提供类似价值主张的企业。当市场上存在其他产品或服务时，产品战略需要给出一个准确的定位以形成区隔。

首席营销技术官
Martech 时代，技术驱动增长

- 业务：产品如何赚钱，如何实现业务目标。
- 宏观环境：宏观环境包括经济、技术、政治和文化因素，这些因素可能在短期或长期内影响市场和产品。产品战略应适当考虑产品可能有需求的新兴市场，可能影响客户的新兴技术，可能影响客户预算或需求的经济力量，变化中的客户需求和行为，等等。

产品战略被描述为一个分阶段的时间轴，或一系列需要完成的阶段性工作，以当前状态为起点，直到未来某个确定的时间点（3年或5年，在某些情况下甚至更长）。有效的产品战略不但限定了为实现愿景而需要完成的任务的界限，而且排除了那些不在战略范围内的工作。

产品战略需要在产品和工程团队与客户提供的反馈和信息之间取得平衡。通过更加关注客户的需求，产品团队可以快速调整开发优先级，以提升客户体验，提高客户满意度，同时仍然满足工程团队的需求。

迈克尔·波特（Michael Porter）提出三种基本的竞争战略：成本领先战略、差异化战略、聚焦战略。它们同样适用于产品战略。

成本领先战略：重点是用最低的成本创造良好的产品。企业应对正在使用的资源进行评估，并确定在生产过程中哪些地方可以节约成本。该战略适用于家庭清洁用品等低购买成本的产品。在这些品类中，产品差异度并不高，消费者对特定品牌并没有信赖程度可言。如果能创造出一种价格更低的产品，那么它肯定会吸引更多的消费者。

差异化战略：还有很多其他方法可以让产品脱颖而出，如使用良好的材料，或者具有特殊功能。不管是什么，这项战略的重点是赋予产品个性，使它令人难忘。

聚焦战略：针对特定人群的需求，为他们创建个性化的解决方案。这是获取新客户对于品牌忠诚度的好方法。

2. 产品路线图

产品路线图是产品战略和实际产品开发项目之间的桥梁。产品战略描述了产品的未来状态，产品路线图则阐明了实现愿景所需的步骤。因此，在理想情况下，产品路线图应该清晰描述产品愿景和战略，以便获得高管的认同，确保所有人朝着同一个目标努力。当然，随着业务条件和需求优先级的变化，产品路线图也应该随之变化。

第 7 章

产品：价值的载体

产品路线图的目标包括以下几项。

- 描述产品愿景和战略。
- 为战略的实施提供指导性文件。
- 在企业内部取得一致。
- 促进对方案和计划的讨论。
- 帮助与客户等外部利益相关者沟通。

开发有效的产品路线图不仅需要产品经理的直觉和远见，还需要客观的数据及分析这些数据的科学方法。当然，企业可能掌握了大量的数据信息，所以应该首先找出产品最重要的度量指标，以选择能够体现产品价值和洞察的数据，了解如何持续改进产品。这些数据可以来自行业专家、行业分析报告及竞争对手。

产品的度量指标包括以下两种类型。

- 客户导向的指标：利用潜在客户和现有客户每天产生的数据，来了解他们对产品的需求或期望，以及他们期待企业做出什么改变。这些类型的指标可能包括产品的使用情况、营销活动产生的销售线索百分比、客户流失率等。
- 业务导向的指标：企业还可以跟踪和分析与产品相关的重要业务数据，以完善和改进具体策略。这些指标可能包括获取新客户的成本、客户终生价值、每个客户贡献的平均收入等。

7.2 产品开发

产品开发通常是指从概念或想法到市场发布，再到其他各个阶段。换句话说，产品开发整合了产品的整个过程。但产品开发并不等于产品管理，或者说，产品开发根本不是指一个单一的角色。它是一个更广泛的过程或方法，其中涉及企业的许多业务，包括产品管理、市场营销、生产、设计、物流等。

当然，只有极少数的产品有机会获得成功。企业推出一款新产品的风险和成本很高，不可能让每个产品都通过产品开发的所有阶段。

7.2.1 想法的产生与筛选

想法的产生与筛选是产品开发的起点。通常情况下，一个企业会产生数百个，甚至数千个点子，但是最后只筛选出几个可以付诸实践的想法。想法的来源包括内部资源（许多企业鼓励员工提出可行的想法）、SWOT 分析（企业可以分析自己的优势、劣势、面临的机会和威胁，并提出一个可行的想法）、市场调查（企业不断地评估市场上不断变化的需求）、客户（客户的评论和反馈可以帮助企业产生新的产品创意）及竞争对手（对竞争对手的 SWOT 分析可以帮助企业产生想法）。其中，想法最重要的来源是客户，因为产品开发过程应该专注于创造客户价值。

大数据时代的到来，为开发符合客户需求的产品、预测产品盈利能力和产量创造了大量机会。使用大数据为产品开发提供信息有很多好处：企业可以创造与客户相联系的产品，为客户创造更多的价值，最小化与产品发布相关的风险，并且有效地分配和协调内部研发资源的使用。

通过数据挖掘，企业还可以识别客户的需求，这些需求可能是企业没有捕捉到的。通过不断开发满足客户需求的产品，企业可以提升客户参与度，提高客户终生价值。通过建模和预测分析，企业可以近乎实时地预测产品上市前和上市后的市场表现，确定最优的分销链路，优化营销策略，以最低的成本获得最多的客户。

产品开发的第一步是产生大量的想法，后期则需要减少想法的数量。因为想法虽然可以有很多，但真正能投入实践的想法很少，且后期产品开发成本较高。因此，企业要筛选出那些好的和可行的想法，丢弃那些不可行的。这里有许多因素在起作用，其中包括企业的实力、企业的弱点、客户的需求、行业趋势、预期投资回报率等。

数据驱动的产品开发团队通常是由市场营销人员、工程师和数据科学家组成的。这支团队可挖掘企业内部数据库，或者从外部挖掘企业数据和行业数据。企业将商业智能工具、数据挖掘、预测分析和其他大数据工具与传统的市场研究技术相结合，过滤和分析这些数据，以确定现有的、潜在的和未开发的客户需求——这些需求可能会激发开发团队对设计产品的想法。这是一种积极主动的应对竞争对手的方法，能够将产品发布带来的不确定性降至最低。下面一些模型有助于企业理解客户需求，在产品开发的最初阶段促进创新，做出有利于企业的决策。

第 7 章

产品：价值的载体

1. Kano 模型

Kano 模型是东京理工大学教授狩野纪昭（Noriaki Kano）发明的对客户需求分类和优先排序的有用工具，以分析客户需求对客户满意度的影响为基础，描述了产品性能和客户满意度之间的非线性关系。

狩野纪昭认为，一种产品或服务提供的不仅是功能，它还关乎客户的情绪。例如，一些购买新车的客户希望当他们想要停车时，汽车会立刻停下来，因此他们会对汽车的声控停车辅助系统感到满意。

该模型鼓励企业考虑产品如何与客户的需求相关联，同时从"越多越好"的产品开发方法转向"越少越好"的方法：一方面，不断地向产品引入新特性可能会增加成本，并且可能只会增加产品的复杂性，而不会提高客户的满意度；另一方面，增加一个特别有吸引力的功能可以取悦客户，并在不增加成本的情况下提高销售额。

Kano 模型提出产品或服务具备的三种类型的属性。

- 阈值属性：客户希望产品或服务具有的基本特性。例如，当客户预订一家酒店时，他可能会将有热水和一张干净的床作为最低要求。
- 性能属性：这些要素不是绝对必要的，但如果具备会提升客户对产品或服务的满意度。例如，客户发现酒店房间内有免费的超高速宽带和高清电视。
- 兴奋属性：真正可以提高产品或服务竞争优势的惊喜元素。它们甚至可能是客户没有想到的元素，但他们享有时会很高兴。例如，客户惊喜地发现酒店房间内有赠送的巧克力。

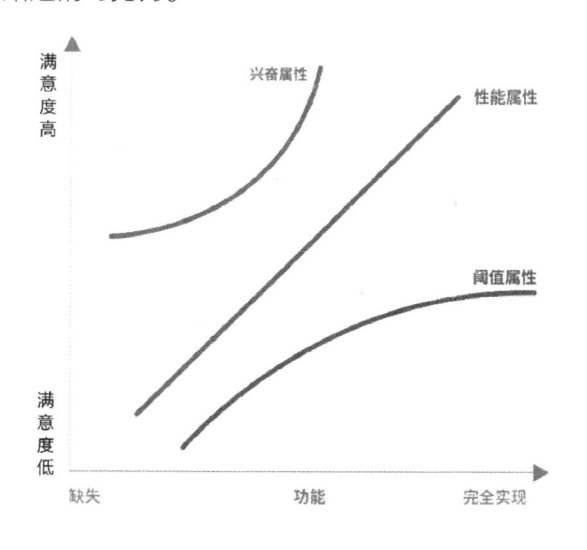

如果产品的特性没有满足阈值属性，那么客户的满意度将非常低。当然，即使产品完全具备这些，也不会给客户留下深刻的印象。大多数产品都是根据性能属性进行竞争的，在这种情况下，客户会对此产品与另一种产品进行对比，并根据各种功能的可用性来进行评价。但如果客户发现一个真正吸引自己的兴奋属性，他们则会给予这一产品很高的评价，即使它并不完美。

除了上面提到的三种属性，还有第四种属性，即那些客户毫不关心的产品特性，它们存在与否不会影响客户对产品或服务的评价。

下图所示为某些特性具备与否对于客户满意度的影响。

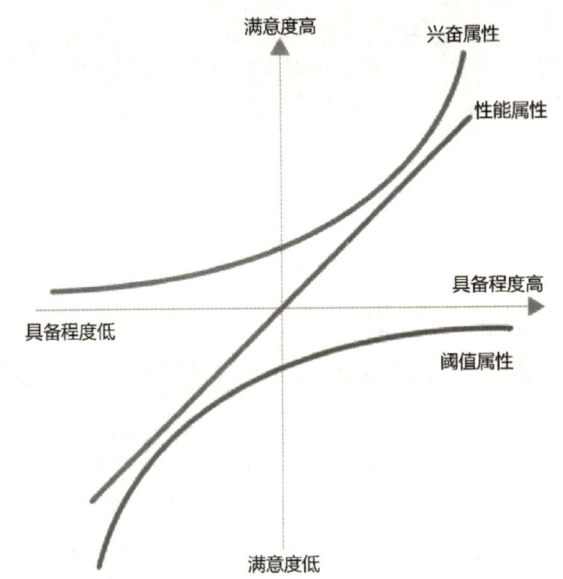

需要注意的是，这些特性不是静态的，随着时间的推移，性能属性会变成阈值属性。这种变化是由许多不同的因素造成的，其中包括技术的发展和竞争者的出现。

2. 联合分析

联合分析（Conjoint Analysis）是一种市场调查技术，可以帮助企业衡量客户对其产品或服务的重视程度。例如，一家电视品牌可以利用联合分析明晰自己的客户更看重产品的图像质量还是声音质量，或者客户更看重产品价格还是产品质量。联合分析有助于对产品的各个特性进行评估，从而帮助企业根据大多数客户的需求调整其产品或服务。

联合分析适用于如下场景：在市场上推出新产品或服务；重新包装现有的产品

第 7 章
产品：价值的载体

或服务；了解客户需求及他们对产品的评价；获得可操作的洞察，以提升品牌的竞争力；根据竞争对手的价格给产品定价。

企业要进行联合分析，首先应确定想要检验的产品特性、调查对象及调查方式（电子邮件、电话等）。然后，企业需要对每个可能的功能给出一个值或排名，然后对选定的客户进行调查，看他们最喜欢哪个功能组合。在调查中，客户被给予可能的各种组合，并被要求根据自己的喜好对每个组合进行排名。调查完毕后，企业就会分析调查结果，以确定哪个特性集最能满足客户的需求。

联合分析主要包括以下几个步骤。

- 选择产品或服务的特性，如尺寸、外观、价格、质量等。这些特性能够影响客户是否购买。通常情况下，一次典型的联合分析包含 6~7 个特性。
- 为每个特性分配一个值。例如，对于"尺寸"特性，设置的选项可以是"5""10"或"25"。量表上的值越高，表示对某特性的重视程度越高。
- 将产品或服务定义为所有不同特性的组合，它将形成企业可以制造或交付的所有可能产品的子集。
- 确定用于表示产品的特性组合。这些信息可以通过可视化的图表、原型或者描述来表示。
- 确定如何聚合被调查者的结果和答案。在这一阶段，决策者面临着三种选择——个体的反应可以被使用，结果可以被聚合成一个单一的效用函数，被调查者可以被细分为子群体。
- 选择合适的技术来处理、组织和分析数据，以从信息中得出有意义的结论。

联合分析方法包括基于选择的联合分析（Choice-Based Conjoint，CBC）和自适应联合分析（Adaptive Conjoint Analysis，ACA）等。

CBC 要求客户模仿真实市场中的购买行为，即给定一定的价格和特性标准，看看客户会选择什么样的产品。ACA 常用于特性数量超过基于选择的场景的情况。ACA 对产品设计和细分研究很有帮助，但无助于确定理想的价格。

7.2.2 概念发展与测试

企业完成了想法的筛选后，接下来需要将想法发展成产品概念（Concept）。概念是产品想法的详细策略或蓝图。营销人员的任务是把这个新产品发展成多个产品概念，再推送给目标客户。企业应了解这些概念对客户有多大的吸引力，并选择其中最好的一个。

2017 年，特斯拉的概念车不仅获得了参与者的认可，还获得了投资，这让特斯拉登上了世界各地的新闻头条。概念测试的参与者被介绍到特斯拉的 Model 3，在了解了未来智能汽车的特点后，参与者可以选择为汽车支付定金。事实证明，此次测试是成功的，特斯拉为自己的项目筹集了大约 4 亿美元的资金。通过收集客户的意见，特斯拉获得了宝贵的客户反馈，以及进行任何必要更改所需的财务资源。

在设计概念测试调查之前，企业应考虑哪种方法最适合。一些最常见的测试方法包括以下几种。

- 单概念评价：在单概念评价中，要求参与者对一个概念进行整体分析。这是一种快速、公正的方法，对参与者来说非常友好。参与者先了解概念的所有特性，然后判断自己是否喜欢这个想法。这为每个概念提供了更高的响应率和更加详细的评价。
- 多概念评价：多概念评价是在一个会话中评估多个概念。参与者先完整分析一个想法，然后继续测试另一个。这将同时为多个概念提供评价结果，这对业务来说是十分划算的。然而，随着时间的推移，参与者可能会感到疲劳，从而会降低热情，产生更慢的反应。
- 概念的选择：在比较选择中，参与者被给予两个或两个以上的概念来分析，然后选出自己最喜欢的想法并解释原因。这为业务提供了参与者最喜欢的概念的快照视图。虽然数据不是很详细，但这是一种快速、简单的方法，可以确定相关想法的受欢迎程度。
- 概念选择和评价：该方法将概念的选择和单概念评价结合为一个关联过程。参与者先选择自己最喜欢的想法，然后完成对这个概念的全面评估。这个过程比标准的概念选择时间稍长一些，但是它为企业提供了对参与者偏好的深入分析。

新的产品概念需要在目标客户群体中进行测试。这些概念可以象征性地或以实际的形态呈现给客户。对于一些概念，一个单词或图片描述可能就够了。为了增加测试的可靠性，企业需要对产品概念进行更具体的物理意义上的呈现。在向目标客户展示概念后，他们将被要求回答问题，以找出每个概念对客户的吸引力和价值。

第 7 章
产品：价值的载体

这一阶段涉及对盈利能力、供应链物流、创意和客户接受程度的进一步细化。企业可以提取详细的制造数据或供应链数据，以确定生产或分销的可行性。数据科学家可以建立数学模型，并使用预测分析来进行盈利预测。除了确定总体可行性，这些模型还可以帮助企业确定产品推出的最佳条件。

概念测试不仅适用于产品开发，还适用于以下场景。

- 促销活动：企业可以使用概念测试来测量客户对促销活动的反应。即便企业拥有质量过硬的产品，但如果制定的促销活动让潜在的买家反感，那么产品也不会发挥其价值。
- 销售物流：产品物流领域的概念测试可以帮助企业了解哪里的客户购买产品较多，他们愿意等待多长时间，以及使用的分销方法的类型。
- 产品定价：概念测试还可以帮助企业确定产品或服务的最佳价格点，了解预先设计的价格是否合理。企业可以了解在特定的价位上，有多少客户会购买产品。

7.2.3 营销策略与商业分析

测试结果有助于企业提出最终的产品概念，并将其升发成产品。接下来，企业需要分析和确定与产品相关的营销策略及其他业务策略，以确定这些因素是否满足企业的目标。

营销策略由三部分组成：目标市场，价值主张，最初几年的销售额、市场份额和利润目标；产品第一年的计划价格、分销渠道和营销预算的概要；所计划的长期销售、利润目标和营销策略。

一旦确定了产品概念和营销策略，管理层就可以评估所提议的新产品的商业吸引力，包括对新产品的销售额、成本和利润预测进行审查，以确定这些因素是否满足企业的目标。

为了估计销售额，企业可以查看类似产品的销售历史并进行市场调查，然后估计最低和最高的销售额，以评估风险的范围。在进行销售预测时，企业可以估算产品的预期成本和利润，包括营销、研发、运营等费用。所有的销售和成本数据最终将用来分析新产品是否有足够的盈利能力。

首席营销技术官
Martech 时代，技术驱动增长

在营销策略分析和商业分析阶段，预测分析发挥着巨大的作用。由于缺乏历史数据，数据科学家可以使用不同的数学模型进行预测，如 Bass 模型和 Fourt-Woodlock 模型。

1. Bass 模型

Bass 模型又称 Bass 扩散模型，是由 Frank Bass 提出来的。它由一个简单的微分方程组成，描述了新产品在人群中被采用的过程，介绍了产品现有的使用者和潜在使用者发生互动的基本原理。

Bass 模型的假设为：产品被潜在客户采用是由两种行为触发的，即创新和模仿。创新是通过广告等影响来驱动的，而不是依赖于社会系统中其他人的决定，在产品生命周期的早期阶段更为显著。模仿是指先前使用者通过正面的口碑所产生的影响。

该模型进一步假设：潜在使用者或购买者的最大数量是固定的；所有潜在使用者最终都会购买。重复购买没有考虑在内。

Bass 模型以 $N(t)$ 代表消费者在第 N 期购买该产品的数量；M 代表市场潜力，即潜在使用者总数；p 代表受外部影响的创新系数，即尚未使用该产品的人受到广告或其他外部因素的影响，开始使用该产品的可能性；q 代表受内部影响的模仿系数，即尚未使用该产品的人受到先前使用者的影响，开始使用该产品的可能性。现列出如下公式：

$N(t)$=受外部影响（创新）的使用者数量+受内部影响（模仿）的使用者数量

受外部影响（创新）的使用者数量=p×剩下的潜在使用者

$$=p[M-N(t)]$$

受内部影响（模仿）的使用者数量=q×使用者数量×剩下的潜在使用者

$$=qN(t)[M-N(t)]$$

最终得出 Bass 模型的公式：

$$N(t)=p[M-N(t)]+qN(t)[M-N(t)]$$

2. Fourt-Woodlock 模型

Bass 模型适用于仅进行一次购买的情况。在涉及日用消费品这样需要重复购

第 7 章
产品：价值的载体

买的产品时，Fourt-Woodlock 模型就派上用场了。该模型基于产品上市第一年消费者尝试购买和重复购买的数量，估计产品销售情况。其公式为：

$$V=S(t)×TU+M×RR×RU$$

其中，V 代表单位时间内的购买量；$S(t)$ 代表初次使用产品的人；TU 代表首次购买的单位数量；M 代表准备多次使用产品的人；RR 代表限定时间内重复购买的次数；RU 代表每次重复购买的产品数量。

除以上两种模型外，企业还可以使用其他方法来预测产品性能，包括内部能力，产品组合中同类产品的线上和线下转化率，销售业绩预测，对企业其他新产品发布的分析等。大数据可以提供多种变量来完善企业的预测。

7.3 体验

"没有商品这样东西，顾客购买的不是商品，而是解决问题的办法。"西奥多·莱维特（Theodore Levitt）这句话可以改编一下——"没有商品这样东西，顾客购买的不是商品，而是商品所产生的体验。"

典型的例子如 Casper（一个床垫品牌），它仅仅进行线上销售，减少了线下商店所需要的大量成本，因此与同类品牌相比其成本更低。然而，2018 年 2 月，Casper 在美国纽约开设了第一家线下门店，接着连续开了 200 多家门店，直面 Mattress Firm 和 Sleepy's 等同行的竞争。

传统的床垫商店，通常在一个巨大的开放式房间内展示多排床垫；Casper 的门店则打造了一个吸引人的空间，客户可以使用产品并获得乐趣，并且不受销售人员打扰。在纽约的 Casper 门店里，设有 6 个展室，每个展室有不同的设计和声音效果，展室的设计隔几个月就会更新。

Casper 售卖的不只是床垫，还有睡眠的体验。正如沃尔沃卖的不只是汽车，还有安全；巴塔哥尼亚卖的不只是户外服装，还提倡可持续性；宜家卖的不只是平价家居用品，还追求"为许多人提供更好的日常生活"。当客户与品牌互动时，这些最终会让客户真实体验到。

体验这一概念提出于 1998 年，约瑟夫·派恩（Joseph Pine）和詹姆斯·吉尔摩（James Gilmore）以《欢迎进入体验经济》为题在《哈佛商业评论》上发表文章，提出"体验经济"的概念。在二人随后出版的《体验经济》一书中，人类的历史被他们从经济学的角度分为物品经济时代、商品经济时代、服务经济时代和体验经济时代四个阶段。相对应的经济价值演变过程，分别表现为物品、商品、服务和体验四种形式。

当一家企业有意将服务作为舞台，将商品作为道具，以创造难忘事件的方式吸引客户时，就会产生一种体验。物品是可替代的，商品是有形的，服务是无形的，体验是难忘的、个人化的，只存在于个体头脑中。没有任何两个人能够拥有相同的体验，因为每一种体验都来自舞台事件（如戏剧）与个体心理状态之间的互动。

体验经济被认为是第四个人类经济生活发展阶段，或称为服务经济的延伸。体验经济并不局限于某一行业，而是覆盖工业、农业、IT 产业、旅游业、商业、服务业、娱乐业等。

7.3.1 营销与体验

体验的兴起对品牌的营销职能提出了挑战。虽然营销部门负责沟通，但通常不会为后续的体验负责，那是销售部门或客户服务部门的工作。两种职责之间的距离通常反映在不同职能的组织结构中。这种脱节很容易导致客户失望。出色的营销活动却对应着糟糕的产品——市场营销人员对此几乎没有意识到，且没有致力于解决这个问题。

营销部门必须与其他部门深入合作，以设计和提供卓越的客户体验。客户的体验以及如何将这些体验传递给他人定义了品牌。

近年来，埃森哲、麦肯锡、Forrester 等咨询公司推动客户体验的理念得到普及。毅立方科技联合创始人陈志杰介绍说，客户体验（Customer Experience，CX）涉及客户心理分析、业务优化、营销技术导入、体验流程设计、行为数据采集与分析等，被提升到企业管理层所关注的企业增长与商业效益问题，远远超越了传统 4A 体系所注重的创意内容和营销传播推广的层面。

咨询公司着意强调自己服务于体验，似乎试图借此与 4A 公司区分开来。埃森哲互动 CEO Brian Whipple 提出，品牌现在是通过一系列体验而不是广告来建立的。

第 7 章

产品：价值的载体

广告当然是相关联的，并且会一直存在，但单靠广告不会推动品牌，它只是众多推动品牌因素中的一个。

埃森哲委托 Forrester Consulting 撰写的报告《重新思考 CMO 的角色》指出，客户体验是当今品牌的新战场。研究发现，近 87% 的组织管理者认为，传统体验已经不足以满足他们的客户。这一不断变化的格局为 CMO 们提供了一个机会，他们的职能已经不再仅仅是传统的品牌传播，而是打造客户体验。客户体验已被证明是企业盈利的催化剂，研究发现，客户体验得分每增加 1 分，就能给企业带来 1000 万美元至 1 亿美元的年收入。

根据 Forrester 发布的 2020 年度市场趋势，"目标群组体验"将替代个性化。营销人员将停止耗费人力、物力却无法满足个性化客户需求的举措，而是通过营造更精准、更有针对性的体验（"目标群组体验"）来与客户建立真实的联系。

7.3.2 从 ROI 到 ROX

在介绍 ROX 之前，我们需要先了解一下 ROI。ROI 即"投资回报率"，是一个用来评估投资效率的术语，通过从一项投资中获得的收益除以该投资的成本来计算，结果以百分比或比率的形式表示。ROI 是衡量企业计划成功与否的主要判断因素。

随着体验的重要性日渐凸显，ROI 似乎有点"力不从心"。ROI 忽略情绪这一主要因素，它几乎不关心消费者对品牌的感觉；而体验则与消费者的情绪有直接关系，情感可以促进消费者与品牌的互动，也会对品牌产生影响。另外，仅仅把产品卖给消费者并不意味着销售的结束，更为重要的是消费者的重复购买和推荐。当消费者站在品牌的立场上通过分享体验推荐品牌的产品时，品牌才算真正获得了成功。

因此，营销人员开始采用一种新的测量标准——"体验回报率（Return on Experience，ROX）"来测量消费者的购买体验。它的特点是能够分析结果、得出教训和采取行动，并从实践中获取洞察，因而能够帮助企业测量个性化客户体验的真正价值。

既然提供良好的体验能获得巨大的回报，那么企业如何才能提高 ROX？在《2019 年全球消费者洞察调查》中，普华永道提出了 ROX 模型包括以下五个部分。

首席营销技术官
Martech 时代，技术驱动增长

骄傲（Pride）：对品牌目标和战略的情感承诺，即员工对品牌的目标和战略的投入程度。

意见领袖（Influencers）：内部和外部的品牌大使和情感能量的来源。品牌应该知道关键意见领袖在多大程度上致力于提供良好的客户体验。非正式大使没有头衔或职级。意见领袖具有影响他人态度的能力，对客户体验有很大的影响。

行为（Behaviors）：商业成功的关键是什么？企业员工积极的习惯和行为定义了企业文化，推动了卓越，需要嵌入绩效管理中。

价值驱动因素（Value Drivers）：企业在哪些时刻向客户和员工传递价值？通常，一个简单的 NPS 或 ENPS 评分被用来确定客户和员工的满意度。然而，这并没有提供任何对客户体验有决定性影响的神奇时刻的线索。Booking.com 曾经对酒店体验做过一次精彩的概述，展示了影响客户体验的因素。结果显示，员工对体验的影响最大。此外，Peakon 发布了一份新的报告，该报告基于 1100 万份职业生涯不同阶段的人的重要信息——在客户和员工眼中的关键价值来源。

结果（Outcome）：由较高的 ROX 产生的财务结果。行为、经验和企业业绩之间有什么联系？这并不总是一个简单的计算。企业可能会发现，自己所提供的体验会带来更高的忠诚度、员工保留率和敬业度。

普华永道的这个模型不仅针对客户体验，还涉及了企业内部员工的体验。报告中介绍了员工体验（Employee Experience，EX）的概念。员工体验与客户体验是相互影响的关系，因为业务人员创造了客户对品牌的体验。

在普华永道《2019 年全球消费者洞察调查》中，当被问及什么最能改善店内购物体验时，受访者将"接触对产品系列有深入了解的销售助理"排在第二位。

企业开始认识到投资于员工可以带来更好的客户体验。例如，为了让员工努力工作，美国零售商 Trader Joe's 和全球咖啡零售商星巴克为一线员工提供高于市场水平的薪酬、健康和退休福利。照顾好员工可以让他们成为快乐的品牌大使，从而提升客户体验。谷歌给员工留出 20% 的时间来做自己的项目，Gmail、谷歌地图和谷歌新闻便是这么做的收获。

即使那些不直接与客户互动的员工，他们对提升客户体验也很重要。例如，在

第 7 章
产品：价值的载体

消费品公司，由于产品是通过实体零售商或在线平台销售的，公司与客户的联系一度被切断，而员工可以满足客户需求并以不同的方式与客户建立关系。

7.3.3 如何测量体验

Gartner 提出了测量体验的五种标准。

- 客户满意度（CSAT）。大多数企业都是从 CSAT 开始测量体验的。CSAT 是最传统的度量方法，它既可以明确捕获关于满意度的调查问题，也可以隐含度量方法，如产品评级、交付统计数据的及时性或神秘购物得分。
- 客户忠诚度/保持。这些度量标准可以是追溯性的，如平均任期或者更能预测客户继续成为客户的可能性，其中包括购买频率、忠诚度计划的参与、平均订单大小、重复订单和退货率。
- 品牌声誉。这些度量标准决定了客户愿意推荐及认可产品或品牌的程度。价格敏感度、社交媒体上的情绪评分、信任评级和活动参与度都是很好的例子。
- 质量/操作。这是被低估的一组度量标准。实际上，当产品或服务不符合要求时，无论采取什么措施来补救问题，客户体验都很差。
- 员工敬业度。这组指标可能只包含在 10% 的客户体验计划中。Gartner 的一项调查发现，员工敬业度是实现客户体验提升的关键，86% 的企业将其列为与其他客户体验挑战同等或更大的影响因素。

UserTesting 提出的几项体验测量指标则略有差异。

净推荐值（NPS）：NPS 是一种计量某个客户将向他的朋友、家人或同事推荐某个企业或服务可能性的指数。它通常是通过客户调查来衡量的，调查的问题是："你向朋友或同事推荐这个产品的可能性有多大？"客户可以给企业打分（如 0～10 分）。NPS 等于推荐者所占的百分比减去批评者所占的百分比。

CSAT 调查：CSAT 调查是通过向客户发送一份自动化调查来衡量的，要求他们在"一点也不满意"到"非常满意"的范围内对企业产品、服务及互动的满意程度进行评分。

客户努力程度评分（CES）：CES 可以帮助企业确定客户完成任务所需的工作量，如获得处理的支持请求或找到他们正在寻找的产品。它通常是通过向客户发送一个自动化调查来衡量的，要求他们在一个确定的范围内对一个特定的陈述进行评级。这项调查的目的是帮助企业了解客户在与企业互动时，是否有困难去执行某些行动，企业可以根据调查数据采取必要的行动来简化流程。

客户流失率：客户流失率是指那些不重复购买（基于交易的业务）或取消重复服务（基于订阅的业务）的客户的百分比。用丢失的客户总数除以任何给定时期的活跃客户总数来计算这一指标。

第一响应时间和平均处理时间：第一响应时间是客户获得对其支持问题的初始响应所需的平均时间。这通常是通过计算从客户第一次打开他们的支持票到收到第一次响应的平均时间来度量的。顾名思义，平均处理时间是从头到尾解决客户支持交互所需的平均时间。平均处理时间通常是通过完全解决客户问题所需的平均时间来度量的——从客户首次发起交互开始，一直到成功解决问题为止。

案例：

Airbnb 用数据塑造体验

数据科学应用在 Airbnb 的真正核心是提升用户"Airbnb 体验"——租客出来旅行，受到欢迎和招待，安顿下来，开始居住和游玩，这些都是可以通过网站和应用程序来建立或破坏用户体验的。对 Airbnb 本身来说，这些数据非常有价值，因为可以通过它们了解用户旅行的质量。

Airbnb 使用 NPS 来衡量用户体验，NPS 是一种衡量客户忠诚度的指标。NPS 的实质是在问，"你推荐 Airbnb 的可能性有多大？"

为了评估"推荐可能性（LTR）"的预测能力，Airbnb 控制了其他参数，这些参数如下所示。

- 总体评价和一些子类别评价。
- 获取客户渠道（非付费搜索或付费营销活动）。
- 旅行目的地。
- 客户来源地。
- 客户在 Airbnb 上的预订记录。
- 旅行时间长短。
- 同行客户数量。

第7章
产品：价值的载体

- 每晚价格。
- 结账月份（考虑到季节性）。
- 房间类型（整套房子、单个房间、共享房间）。
- 房东列出的其他住房。

Airbnb 提出，其他一些因素也会影响客户忠诚度（如口碑传播），但这些因素无法衡量。Airbnb 想要确定 NPS（包括 LTR）是否比单纯使用评价更能提高用户再次预订的预测准确性。

在这种情况下，数据科学家们对预测准确性的测试加上了 LTR 和"子类别评价"的因素，来看它们预测用户再次预订的准确性如何。结果如下：

Airbnb 发现，旅行后的评价（包括 LTR）只是略微提高了公司对于用户何时会再次预订的预测能力。换句话说，仅凭借用户旅行后的评价和 NPS 对于数据科学家预测用户何时进行再次预订起到的帮助甚微。

在这种特殊情况下，如果不是因为数据科学家和团队里其他成员进行深入研究，使用评价加上 NPS 来研究预测用户未来预订情况的准确性，Airbnb 永远不会知道这一模型是否可以真正应用到提高了用户体验之后的再次预订可能性的预测中，并影响到 Airbnb 的营收——这就是另一个数据科学帮助企业节省时间和金钱的例子，尽管事情最终未能按理想的方式进行。

第 8 章

触点：兼具触达与交易的"最后一公里"

8.1 触点：媒体与渠道的融合

  2020 年 1 月，沃尔玛正式推出了一项名为 Walmart Advertising Partners（沃尔玛广告伙伴）的新计划，向品牌提供自助广告服务。品牌方可以自行在沃尔玛的网站和移动 App 上购买搜索广告。沃尔玛电商平台的巨大流量，使其成为美国最大的广告媒体之一。根据 Comscore 2020 年 1 月发布的数据，沃尔玛是美国访问量第二大的零售网站，每月吸引将近 1.28 亿个独立访问者，仅次于排名第一的亚马逊。

  沃尔玛的广告科技部门——沃尔玛媒体集团，引入了包含众多第三方平台的广告合作伙伴，如 Flywheel Digital、Kenshoo、Pacuve 和 Teikametrics，它们将能够率先接入沃尔玛的 API 来帮助品牌方实现自主购买。这个举动能够让广告主从沃尔玛的消费者数据中获利，以便更好地进行广告定位和效果测试。

  在传统营销时代，渠道与媒体是两类不同的物种，媒体负责放大品牌方的"声

第 8 章

触点：兼具触达与交易的"最后一公里"

音"，渠道则是品牌方的产品或服务触达客户的场所。随着技术的演变，尤其是电子商务、社交网络的出现，媒体与渠道发生了一定程度的融合，人们从触达产品到产生购买之间的路程短了。媒体渠道化（如社交电商）已经不是新闻，很多线上和线下渠道也开始承接媒体相关的业务。因此，我更倾向于用触点来替代渠道和媒体。

触点（Touch Point）是企业与客户之间产生联系，进行信息交换，产品或服务交易等互动行为的场所。客户通过触点感知企业的产品、业务或服务。触点包含线上和线下渠道，覆盖传统意义上的媒体渠道和销售通路。比如，客户可以通过线上广告发现某个品牌、查看其他用户的评论、访问企业官网或者其旗舰店，最终在线上或者线下的零售商店里产生购买，这些线上线下与客户发生接触的广告、评论、网站、零售商店，就是一个个触点。

8.1.1 对话式 AI

人工智能时代，电子商务开始从"点击"转变为"对话"。对话式 AI（Conversational AI）正是目前人工智能应用于营销领域的主流趋势。对话式 AI 是指使用通信 App、语音助手和聊天机器人等技术来实现自动通信和客户体验大规模个性化的做法。

过去，我们看到 WhatsApp、微信等即时通信平台的迅速普及。人们越来越多地使用这些平台来代替电子邮件、电话和面对面的交流。此外，还有数百万人正在尝试使用像亚马逊 Alexa 和 Google Home 这样的语音助手。因此，基于消息和语音的平台正在迅速取代传统的网站和移动应用程序，成为交互式对话的新媒体。此外，人们还倾向于使用文本或语音与企业交流，如通过微信群与品牌方的客服、营销人员沟通，就像与朋友和家人交流一样，这比使用其他通信手段更便捷、干扰更少。

对话式 AI 使用直观的界面——自然语言，支持通过文本或语音与客户进行交互。与社交媒体不同的是，它们支持与单一的受众进行双向互动。当与自动化和人工智能结合时，这些交互可以通过虚拟助手和聊天机器人将人和机器连接起来。

1. 聊天机器人

聊天机器人（Chatbot）是对话式 AI 的典型。聊天机器人是一种应用程序，旨在模拟人类通过文本或语音进行对话。营销人员可以使用聊天机器人来吸引客户，而不是等待客户发起聊天，主流的聊天 App 包括微信、Facebook Messenger、

WhatsApp 和 Viber 等。

聊天机器人被看作能够提供良好体验的客户互动方式，人们可能不会马上打开电子邮件，但几乎每个人都会立即回复短信。聊天机器人可以全天候工作，消除了大量与初步查询相关的重复工作。聊天机器人通过与消费者之间的实时交互，能够为消费者提供个性化的服务，根据他们的特定需求定制体验和产品。

企业可以通过 NLP 技术，分析聊天机器人的数据，以帮助对较低优先级的问题进行筛选，还可以通过分析聊天系统中的常见问题，确定哪些人是高质量的潜在客户，以帮助企业更好地处理潜在客户。

Intercom 对 500 名消费者和 500 名商业领袖进行了随机抽样调查。2019 年，聊天机器人为企业平均节省 30 万美元，销售部门与支持部门受影响最大。35%的企业领导者表示，聊天机器人有效地帮助他们达成了销售业绩。调查显示，26%的销售始于聊天机器人界面，聊天机器人平均为企业提升 67%销售量。

聊天机器人普遍存在于互联网的自动化任务中。排名前三的销售用例是：收集信息及确定潜在客户、预订产品演示、吸引网站访客。

美国银行（Bank of America）推出人工智能助手埃里卡（Erica），消费者可以使用该行的移动应用程序通过语音或短信聊天。文具品牌 Staples 的 Easy Button——一个红色的大按钮，带有一个双向扬声器——这是由 IBM Watson 提供技术支持的人工智能助手，顾客可以通过语音或文本订购办公用品。

目前，大多数聊天机器人只能完成一次销售转化。随着对买家背景和需求理解的加深，聊天机器人不再局限于关注单笔短期交易，还将优化与客户的长期关系。

2. 语音搜索

对话式 AI 的另一个重要组成部分是语音技术在营销领域的应用，特别是语音搜索。过去，人们通过在百度、Google 等搜索引擎上输入关键词，查询所需要的信息。如今，当人们通过智能手机或者智能音箱寻找答案时，搜索的任务就交给了 Siri、Alexa 等人工智能应用了。

过去，屏幕是连接消费者与网络的主要接口，营销人员策划活动和制订营销计划都是围绕屏幕展开的。这一传统正在被打破。语音识别、NLP 和 AR/VR 等技术的发展与普及，使营销人员不再依赖屏幕，而是通过语音及肢体语言连接消费者。

Juniper Research 预测，到 2023 年，使用语音助手的人数将增至 80 亿人。研究

第 8 章

触点：兼具触达与交易的"最后一公里"

称，智能电视的使用量将以每年 121% 的速度增长，它是使语音产品成为使用虚拟助手的消费者增长最快的来源，其次是智能音箱（年增长 41%）和可穿戴设备（年增长 40%）。

营销人员需要注意的是，一旦语音搜索成为主流，搜索引擎优化策略将发生变化。不同于桌面搜索往往提供一系列相关的结果，语音搜索只会提供"唯一"的答案——被称为零位（Position Zero）。对营销人员而言，要想在语音搜索中获得流量，抢占零位至关重要。营销人员需要了解消费者使用的语言，并根据他们惯用的语言提供有效信息，以更好地触达消费者。

具体来说，对话式 AI 的语音搜索不同于传统的文本搜索。据统计，80% 的文本搜索输入词长仅为 1~3 个字，而 Cortana 的语音数据显示，其处理的语音搜索输入词长为 4~6 个字。由此可见，语音搜索的输入词要远长于文本搜索。这意味着人们与数字语音助手的交互，大多是以对话的形式展开的，他们更倾向于在向数字语音助手提问时使用完整的句子。

消费者在运用语音搜索时更倾向于使用自然语言，而非营销专业名词。营销人员应基于自然语言进行语音搜索引擎优化，更好地契合消费者的搜索习惯。此外，输入词长的增加意味着信息量的增加，营销人员能更好地了解消费者意图，并通过创建更有意义的对话，创造情感联系，与消费者建立更紧密的关系。

此外，很多人在智能手机上使用语音搜索，其中很大一部分询问与交通、导航、定位相关。人工智能在处理语音搜索查询时，会记住用户的位置。营销人员需要将与地图、导航相关的应用进行整合，并使用地理位置创建、优化登录页面。

早在 2016 年，或许是受到 WWDC 大会上，苹果推出 Siri SDK 的鼓舞，Mary Meeker 在《2016 年互联网趋势报告》里提出，截至 2020 年，至少有 50% 的搜索通过图像或者声音发生。

2017 年 7 月，汉堡王发布了一个广告，广告中演员用语音发布指令：OK，Google，what is the Whopper Burger（OK，Google，什么是巨无霸汉堡）？这使广告受众家中的 Google Home 自动激活，进入搜索程序，进而搜索什么是巨无霸汉堡。汉堡王正是借用了 Google Home 智能音箱的语音搜索功能。

2018 年，智能音箱完成了从概念市场到大众市场的跳跃。2018 年 11 月，消费科技市场研究机构 Strategy Analytics 发布了该年第三季度的《全球智能音箱市场报告》，报告显示第三季度全球智能音箱出货量同比增长 197%，达到 2270 万台，

首席营销技术官
Martech 时代，技术驱动增长

创下了历史新高。亚马逊、Google、阿里巴巴、百度、小米等纷纷加入战团。

硬件的普及为语音搜索的发展创造了机会。语音搜索本质上是让用户对设备说话，而不是在搜索查询中键入关键字以生成结果。语音搜索涉及音频技术，设备通过语音识别来精确地理解用户所说的内容，然后向用户口头传递搜索到的结果。

事实上，不仅是业界，消费者也开始尝试使用语音搜索。根据 BrightLocal 在 2018 年年中的一项研究，消费者被问及如何使用语音助手搜索业务，排名前三的是寻找餐馆、寻找杂货店和食品配送，接着是衣服、住宿和药品。

研究还显示，46%的语音搜索用户每天都使用语音搜索来查找本地商家；手机上配备语音助手的用户中，每天有近一半通过 Alexa、Google、Cortana、Siri 等了解当地企业的详细信息。语音搜索的快速、便捷等特性吸引了众多用户，而且残障人士也可以使用语音搜索。

语音搜索的使用率持续上升，但仍处于发展初期阶段，因此品牌方、平台和网站应努力提高自身的语音搜索技术水平。当用户向 Alexa 或 Siri 等语音助手提问时，用户会发现获得了非常明确的答案，而非搜索框中长长的选项列表。由于语音搜索只会给出唯一的答案，这意味着对语音搜索不断进行优化对企业来说非常重要。

Derek Iwasiuk 介绍了语音搜索的搜索引擎优化策略。

长尾关键词：人们不会像在搜索引擎中输入文字那样使用语音搜索。他们要求更直接的查询，以获得更相关的答案。这就是内容中的长尾关键词派上用场的地方。使用这些关键词有助于提高企业在语音搜索引擎结果页面中的排名。

重点关注常见问题解答：内容应优先回答"为什么""谁""什么"和"如何"等问题。常见问题解答应具有会话性质，以便直接回答这些问题。

思考目标受众可能提出的问题：既然已经了解了目标受众，那么请思考在寻找产品和服务时，他们一般会询问的问题类型，重点应放在为更好的排名提供直接和简洁的答案上。另外，重点不应仅仅放在关键词上，而是应该放在如何表达问题，包括将额外使用的词汇加入以获得简明的答案。企业应围绕这些查询来构建内容。

以非正式的语气创作内容：与文本搜索不同，语音搜索不但是直接的，而且通常是口语化的。企业应考虑人们通常如何说话，创作匹配人们表达习惯的内容。

第 8 章

触点：兼具触达与交易的"最后一公里"

尝试语音搜索：了解语音搜索如何影响网站（和业务）的最佳方法是实际尝试。通过语音搜索来了解竞争对手的排名，了解有关长尾关键词的更多信息，以及它们如何提升排名。

8.1.2 短视频与垂直视频

视频能够吸引大多数人的注意力。无论屏幕大小，视频的观看人数都会超过其他媒体形式。多年来，视频消费呈指数级增长，特别是 YouTube 等视频流媒体网站提供了大量内容。无论人们是用手机浏览新闻还是玩游戏，高质量的视频广告都无处不在。

随着用户注意力集中时间的缩短及在线提供的内容增加，较短的视频可以更好地吸引观众，特别是那些简短而富有说服力的视频。有数据显示，今天的消费者平均注意力集中时间只有 8 秒；而网站在希望获得广告收入的同时，不愿意强迫观众观看时间较长的广告以影响用户体验，所以长度少于 8 秒的 6 秒广告应运而生了。

根据广告研究基金会（ARF）和 TVision Insights 在 2018 年 6 月的研究，电视上的 6 秒广告，每秒吸引的注意力比较长的广告多 8% 到 11%。尽管只占广告展示位置的 3%，但 6 秒广告更能吸引观众的注意力。

考虑到数字编辑软件、智能手机上的高精度摄像机，以及图像和动画工具的普及，几乎任何人都可以制作一个有吸引力的 6 秒钟视频，并且其中包含明确的广告信息。6 秒广告似乎更有利于鼓励用户参与制作 UGC 作品（用户原创内容），形成品牌的裂变效果。

Adweek 和 AI 公司 GumGum 调查了 305 家品牌营销商和代理商，发现他们普遍认为较短的格式是最有效的数字广告格式。受访者表示，无法跳过的 6 秒前贴片广告，以及互动/购物视频是最有效的广告形式，广告效果会提升 10% 左右。营销人员表示，数字视频广告面临着三大挑战：惹恼了观众（55%）、无效的创意（46%）和跳过广告（43%）。

"根据针对 15 秒和 60 秒广告的调研发现，广告参与度因环境而异，而非长度。"数据公司 605 的联合创始人兼总裁 Ben Tatta 表示，"更长的广告，如果与观众相关性更强，参与度会高于较短的一般性广告。较短的内容也需要短片来表现，短片在年轻人中更能产生共鸣。"

另一种日渐走红的视频形式是垂直视频，国外的 Snapchat、Instagram Stories 和 Facebook，国内的抖音、快手等平台都采用垂直视频。阿迪达斯、梅赛德斯-奔驰等品牌也开始试水。这些大品牌为其他品牌树立了榜样，并展示了垂直视频广告的潜力——梅赛德斯-奔驰通过垂直视频广告宣传活动受众达到 260 万人，广告回忆率增加了 9 个百分点。

垂直视频似乎更符合人们握持手机观看的习惯，使人们专注于真正重要的事情：广告中的品牌或产品。没有其他内容干扰，没有评论激起他们的好奇心，只有占据全屏的视频。

在 Facebook 上，对垂直视频广告的早期测试发现，垂直视频广告可以提高用户参与度。与此同时，视频创作平台 Wibbitz 的工作人员称，他们的垂直视频带来的用户参与度也很惊人。

此外，还有证据表明消费者对垂直视频有直接的感觉。据 Facebook Business 称，65%的消费者认为使用垂直视频做广告的品牌更具创新性，而 79%的新视频用户更喜欢垂直视频格式，并认为它更具吸引力。

国家地理是 Instagram 上受关注度最高的账户之一，拥有众多粉丝。它被选为 IGTV 的发布合作伙伴，该平台播放了国家地理的"One Strange Rock"纪录片的全部剧集。由威尔·史密斯主持的节目改为垂直屏幕，而且宇航员讲述了地球的故事。垂直版本更有助于创造身临其境的感觉，让观众在整个纪录片的观看期间一直保持注意力集中。这样的内容非常适合人们在上下班途中观看。

8.1.3　KOL

2019 年 12 月，秒针系统联合 AdMaster、GDMS 发布的《2020 中国数字营销趋势》显示：2020 年，社交营销是最受广告主关注的数字营销形式，71%的广告主表示将增加社交营销投入，预算平均增长 15%。其中，KOL 推广最受重视。

KOL 的全称是 Key Opinion Leader，直译为"意见领袖"或"网红"，国外有类似的说法——Influencer，意指在互联网特别是社交网络上，由于在某个领域具备专长，也有因偶然机缘，或通过炒作等商业运作骤然获得曝光，从而聚集了一批粉丝，而拥有一定程度的社会影响力的人。

根据美国社会学家拉扎斯菲尔德在 1940 年提出的"两级传播论"，信息从大众

第8章
触点：兼具触达与交易的"最后一公里"

媒介到受众经过了两个阶段——首先从大众传播到意见领袖，再传播到社会大众。拉扎斯菲尔德认为，人际传播比大众传播更可能改变受众的态度。"两级传播论"虽然被后来的更新理论所取代，但在社交网络发达的今天又有了新的生命力。

1. KOL 的价值

KOL 是伴随着互联网媒体诞生的，其最初的商业价值仅仅体现在为品牌做宣传上。新的媒介形式（如直播等）为 KOL 提供了与品牌深入合作的机会，其中的佼佼者当属薇娅、李佳琦等通过直播"带货"的网红。KOL 因此被品牌开始作为销售渠道之一，直播带货成为品牌营销新模式。

根据《2020 中国数字营销趋势》，头部主播一天售卖的商品堪比超级商场一年的销量。品牌直播卖货效益不容小觑，淘宝直播粉丝量 TOP10 均为品牌账号。短视频也在探索带货路径，快手凭借原产地低价直销策略，成功推动电商业务发展。据 AdMaster 社交数据库数据，2019 年第三季度，社交平台中同时提及"快手"及"想买""种草""买了"等购买倾向词的声量较第二季度增长 126%。不少平台纷纷加码直播，小红书也推出直播功能，借助自身在互动和"种草"商品上的优势，引流到自有电商平台。

案例：

美利亚酒店通过"社交+KOL"联系旅客

美利亚酒店是欧洲第三大连锁酒店，在拉丁美洲、加勒比海和墨西哥拥有强大的影响力。它拥有 377 家酒店，在四大洲拥有超过 90 000 间客房。品牌包括面向中档旅客的 Sol 和 Tryp、具有都市风格的 ME、以及适合高端消费者的 GranMeliá。

旅行者经常根据伙伴的建议选择酒店，利用社交媒体上 KOL 的力量对于美利亚酒店集团至关重要，因为美利亚酒店官网约 11%的流量来自社交网站。美利亚有一套公关和社交战略，各个子品牌和地区分公司也都执行得很好，但 KOL 营销缺乏一套系统和具体的方法。

美利亚与 KOL 营销管理平台 Traackr 合作，以帮助标准化它与社交媒体上 KOL 合作的方式。按照互动的深入程度，美利亚将 KOL 分成三类：认同者、参与者和倡导者。截至 2018 年 4 月，美利亚收集了 896 名 KOL，其中有 150 名参与者和 75 名倡导者。这些 KOL 数据都保存在 Traackr 的数据库中。Traackr 也会提供给美利亚相关 KOL 活动的报告，报告涉及活动的覆盖率、提及率和交互，以及哪些内容更适合特定的社交网络和 KOL 发布。

美利亚创建了一种方法，称为 MHI 影响者最佳实践指南（MHI Influencer Best Practice Guide），包括完整的工作流程。美利亚品牌营销部为每个子品牌塑造一个理想的 KOL 形象（包括这些 KOL 的兴趣、年龄、所追赶的潮流和趋势等数据），并通过多种方式识别 KOL，如通过酒店总经理和公关公司，或者在活动中与品牌领导者互动交流。

KOL 会被邀请到酒店，但除使用标签和在内容中使用酒店名称之外，他们不会被要求就自己的体验编写或发布什么内容，美利亚也不会支付给他们费用，因为该品牌相信，这种方式将带来更有效和真实的内容，以及长期的品牌推广。

有时候，KOL 会被邀请参加特别活动。例如，2017 年 ME 酒店十周年，美利亚设计了一项持续一年的全球活动，覆盖迈阿密、马德里、伦敦、米兰等地。2017 年 12 月在米兰举办的活动，展示了米兰的建筑和美食，然后在 ME 酒店的屋顶酒吧举办了一个派对，让 KOL 拍摄和发布米兰日落的照片，创造的内容产生了 30%的参与率。另外，KOL 在 SnapChat、Facebook、Twitter 和 Instagram 上发布 Mambo Brothers 客串 DJ 之类的直播和图片，酒店因此开始接到电话，有客人表示想要参加活动。最终，"10Years of ME" 这个标签在 Instagram 上被使用了 1346 次，并获得了 136 万个赞和评论，所有推广帖实现了 350 万次互动。

2. KOL 的变体

在 KOL 营销的发展过程中也遇到了一些问题，如同一些人抵制广告一样，有的人认为这些 KOL 是因为得到了报酬才为品牌站台。因此，开始有品牌选择与小众专家（Micro-Influencer）或关键意见消费者（Key Opinion Consumers，KOC）合作。

- 小众专家

小众专家是指拥有 1000 名至 100 万名粉丝的个人，他们可以是美食博主、旅行者、当地的时尚达人或健身专家——即各自领域的专家。研究表明，拥有 1000 名粉丝的 KOL 比拥有 10 万名粉丝的 KOL 产生的参与度更高，随着粉丝数量的增加，参与度往往会下降。这些粉丝数量更少、所在领域更专注的小众专家与他们的粉丝能够建立更深层次的联系，从而产生更高的参与度。

第 8 章
触点：兼具触达与交易的"最后一公里"

更少的粉丝意味着更多的亲身体验，更多的个人互动。与那些"大V"相比，小众专家可以通过点赞和关注，更频繁地与他们的粉丝互动，并能更快地回答粉丝提出的问题和回复评论。小众专家和粉丝之间的互动越频繁，就意味着他们之间的联系建立得越紧密，而且有可能小众专家比"大V"更容易引起共鸣。因此，粉丝往往视自己为小众专家的伙伴。84%的消费者表示，他们相信伙伴的推荐，而不相信广告，因此这种营销活动的转化率也更高。

小众专家也特别适合那些利基市场。他们每个人都有特定的专业领域、风格，并吸引特定类型的受众，因而也就形成了一个与他们的兴趣密切相关的"部落"。这样品牌就不会把钱浪费在那些永远不会买单的受众身上。

- KOC

KOC，英文全称为"key Opinion Consumer"，即关键意见消费者，是一种新型的KOL，他们主要专注于产品测试和评测。虽然KOC的关注者较少，但由于其传播的内容真实、可靠，对消费决策有着重要的影响。

大多数情况下，KOL与品牌和代理机构合作，通过推广特定的产品或品牌而获得报酬。他们有更大的粉丝群。然而，由于他们的粉丝规模庞大，他们并不总能获得粉丝的完全信任，因为粉丝们知道他们是获得赞助的，所以他们的可信度和真实性不如KOC高。

KOC则不同，他们首先是消费者，他们可以决定自己想尝试和评价哪种产品。对KOC来说，粉丝数量并不重要。大多数情况下，他们的粉丝并不多。然而，由于他们的专长是提供评论，声音更可信，消费者实际上会参考他们的评论。

3. KOL 的评估

根据R3发布的《中国KOL营销策略白皮书》，KOL评估方法仍是行业最大痛点。虽然目前市面上拥有较为丰富的KOL营销方法论、营销工具及营销资源，但缺乏一套科学有效的评估体系仍然为品牌方在KOL营销过程中的最大痛点，行业在这方面亟待突破。

目前，品牌方做KOL营销后期的评估方法主要有自主评估、交易平台评估和第三方数据平台评估。这三种方法各有优劣。

- 自主评估需借助评估工具，方法直观且有一定的KOL后期维护开放性。但此方法比较主观，数据维度较少，分类不够准确，研究较为浅显，不能深入分析 KOL 营销的表现。

- 交易平台为品牌方提供的营销结果评估报告一般可视化程度高，分析维度较多，可以对 KOL 营销的表现进行初步分析。但分析层面较浅，无法通过行业洞察进行更加科学的观察，同时数据的公平性和透明性缺乏更体系化的验证。
- 第三方数据可为品牌方提供定制化的评估方案，具有数据抓取全面、评估维度较丰富的优点。但分析视角较单一，缺乏对各维度的关联分析，还常常缺乏垂直领域的洞察，对于垂直领域的分析不够深入。

以上提及的三种评估方法仍然不能满足品牌方对于数据的要求，品牌方和营销人员需要客观、公平、公正且具有行业洞察的评估体系，以辅助品牌方了解以下几个方面。

（1）营销活动的触达。如果品牌的目标是通过 KOL 来提升品牌影响力，那么下面这些指标可以显示信息传播了多远。

- 曝光量：KOL 的帖子产生了多少曝光量，从而知道被受众看了多少次。
- 粉丝数量：大概知道有多少人会看帖子，当然其中可能会有"水分"。
- 流量：通过 KOL 的链接跟踪访问网站的访客数量，以确定帖子产生了多大影响。

（2）活动参与。品牌方不能仅根据参与活动的人数来衡量营销活动是否成功。下面这些指标可以表明人们对品牌和产品的感兴趣程度。

- 点赞量：有多少人为 KOL 点赞。更高的点赞量可以提升帖子在社交媒体上的排名。
- 点击量：点击量可以让品牌知道有多少人对帖子感兴趣。
- 分享量：分享量也能显示有多少人觉得帖子内容有趣，同时能显示出推荐相关内容到他们圈子里的人数。
- 评论量：帖子的评论越多，人们的参与度越高。评论量高可以表明人们对帖子内容十分感兴趣。

（3）产生收入。如果品牌的目标是通过 KOL 产生收入，那么可以通过以下两种方法来实现。

- 链接：内容中可以附带链接。当人们点击这些链接并进行购买时，品牌能够

第 8 章
触点：兼具触达与交易的"最后一公里"

进行跟踪。KOL 可以从每笔销售业务中获得佣金。这些链接还可以让品牌了解每个链接的点击次数，甚至知道平均销售额和总销售额。基于此，品牌可以研究活动是否成功及每个 KOL 的表现。

- 优惠促销码：优惠促销码有双重用途，即给顾客提供特别的折扣和使用它们来跟踪 KOL 所导致的购买。

8.1.4 数字化电视

过去，视频内容是由有线电视供应商通过与电视相连的盒子传送给用户的。随着技术的发展，互联网成为人们生活的重要组成部分，同时成为移动连接的重要组成部分，并催生了一种新的电视模式。

OTT（Over The Top）服务是一种通过互联网直接向观众提供电视剧、电影或体育直播的网络流媒体服务，而不需要传统的卫星或有线电视服务。著名的 Netflix、亚马逊 Prime Video、YouTube TV 和 Hulu 都是 OTT 服务。用户可以在任何可以连接到互联网的设备上通过互联网观看电视节目。这些设备包括智能手机、平板电脑、笔记本电脑和联网电视（Connected TV，CTV）。一些游戏机也可以播放 OTT 内容，索尼甚至推出了自己的 OTT 服务 PlayStation Vue，可以在其游戏机上使用。

根据"互联网女皇"Mary Meeker 的报告，数字电视广告将替代有线电视广告成为广告费用增长的动力。"数字电视"主要是指 OTT 和联网电视。联网电视是指一种内置互联网连接的电视设备。简单地说，OTT 是视频内容的传输机制，通过 CTV 向观众显示 OTT 内容。OTT 内容通常通过联网电视传递。

OTT 电视是传统电视互联网化的产物，它模仿传统的媒体服务，但由于其通过互联网传递，通常成本较低。传统电视产业也开始寻求转型，力求跟上网络时代的脚步，使得电视广告也能实现个性化精准投放。OTT 无疑是一条重要出路。

互联网电视从 2009 年开始出现在中国，到 2019 年发展到拥有 2.2 亿个用户的规模。2016 年，中国智能电视 OTT 领域开始出现广告，以及内容的大规模收费等盈利渠道。勾正数据董事长兼 CEO 喻亮星对 2025 年之前中国智能电视，特别是 OTT 电视运营的收入进行了预测，除了内容的版权、交易和终端的收入，运营收入大概为 154 亿元，其中广告收入占 60% 以上，内容付费收入占 16.3%，还有流量分发及其他形态的收入，所以我们可以看到，OTT 规模从 2018 年突破 100 亿元之后，

首席营销技术官
Martech 时代，技术驱动增长

到 2025 年将会突破 1000 亿元。

OTT 广告兼具电视广告和互联网广告的优势，并弥补了传统电视广告的劣势，如广告主可以根据地区、人口统计数据来投放广告，触达正确的受众，当观众观看同一节目时，可以向不同的家庭播放不同的广告——这是传统电视广告无法做到的。OTT 平台还可以提供数据分析，以及为特定的受众购买数量有限的曝光量，以最大限度地提高效率和降低成本。当然，电视广告的优势（如高质量的视频）也在 OTT 上显露无遗。广告主可以利用这一点，提供更加丰富的商业信息。

OTT 广告的发送取决于平台如何与 OTT 设备进行通信。例如，通过视频播放器广告接口定义（VPAID）标签或视频广告服务模板（VAST），以及广告插入方法。广告可以作为客户端广告插入（CSAI）或服务器端广告插入（SSAI）。

CSAI 是传统的方法，广告在展示给观众之前直接加载到 OTT 设备上。CSAI 并没有为观众提供有效的广告展示方式，并且容易受到广告拦截器的影响，但它仍然在 OTT 广告行业处于领先地位。SSAI 是一种流畅的广告流。它通过实时创建一个混合的广告和核心内容流来传递给观众。

OTT 广告的投放流程如下：

（1）根据用户的订阅数据创建目标受众。订阅数据包括第一方和第三方数据，如在平台上观看的特定节目和首选类别。

（2）广告活动推送。平台将根据不同 OTT 平台上的特定电视用户列表匹配受众。然后，这些广告被 OTT 设备推送、下载和缓冲。

（3）通过 OTT 平台展示广告。根据不同的平台，OTT 设备使用 VAST 或 VPAID 标签进行通信。

（4）活动结束后，OTT 运营商发送广告曝光结果，并为广告主生成报告。

可寻址电视（Addressable TV）是在数字电视上定向投放广告的一种方法。它通过受众分析与投放技术相结合，根据受众的需求与特征实时投放。可寻址电视内容由多频道视频节目分销商（MVPDs），如 Comcast 和 Direc TV，向付费电视、有线电视、卫星电视和订户提供。可寻址电视在我国还处于起步阶段，但被评价为"来势汹汹"，发展势头良好。

2019 年，尼尔森成立致力于可寻址电视广告的视频广告部门。2020 年年初，尼尔森发布了可寻址电视广告平台的测试版本。作为平台测试的一部分，电视节目

第 8 章

触点：兼具触达与交易的"最后一公里"

将在尼尔森可寻址电视平台上和合作品牌方进行广告投放测试。而平台将为这些节目提供管理节目与广告、测量广告效果的工具。数家知名公司包括 A+E 电视网络、AMC、CBS、探索频道、Fox、NBCUniversal 和华纳媒体都已签约版本测试。版本测试包括两个阶段：帮助电视人跟上技术的脚步；让广告主和媒体进行针对消费者的广告投放测试。

OTT 广告与可寻址电视广告具有一定区别。

OTT 内容是 OTT 设备上通过互联网服务传输的内容。OTT 不要求用户使用电缆连接。可寻址电视上的广告通常通过有线电视、卫星电视、IPTV 传输系统和机顶盒以单个家庭为单位进行传送。

OTT 广告的定向能力也不同于可寻址电视广告。

OTT 通过 VAST 进行动态广告插入（Dynamic Ad Insertion，DAI），载体为全屏幕，大部分可视。DAI 使 OTT 广告客户能够在线、实时地在视频点播内容中改变广告创意。可寻址电视并不广泛支持动态广告投放，尽管特定的广告可以发送到特定的家庭进行颗粒状受众定向。

由于 OTT 内容是通过互联网传送到具有持久 IP 地址的联网电视上的，所以广告主可以像数字视频一样精确地向特定的家庭/用户投放广告，从而获得更高的相关性和更高的 ROI。可寻址电视利用用户注册数据和机顶盒技术来服务特定的受众。

OTT 广告的常见目标包括人口统计、收集受众感兴趣的内容和类别、获取位置等，而高级目标可以包括使受众产生购买行为或意图。可寻址电视广告的目标选择包括家庭人口统计数据、第一方和第三方数据，这些数据与内容分发方的订阅用户数据以匿名方式匹配。

8.1.5 数字户外媒体

户外媒体在 2008 年前后被人们追捧，然后迅速冷却，如今又有回升的趋势。有趣的是，户外媒体作为最古老的广告媒体之一，尽管同样面临着数字化的冲击，但在世界范围内的总体广告支出中，户外广告的份额在原有水平上有适度增长。市场研究和咨询机构 MAGNA Intelligence 预计，2021 年户外广告支出将达到 330 亿美元。

首席营销技术官

Martech 时代，技术驱动增长

户外媒体存活并发展的一个重要原因是实现了数字化。数字户外媒体（Digital Out-of-Home，DOOH）是指出现在公众可访问环境中的数字媒体，包括数字广告牌、户外标牌及商场等区域的大屏网络等。由于数字化所带来的机遇，相关机构预测，户外广告的支出增长将比任何其他传统媒体都要快。

数字户外广告和传统的静态户外广告相比有很多优势。虽然数字户外广告设置数字屏幕需要更多的前期成本，但是其内容的更新可以在几秒钟自动完成，免除了传统广告牌需要的印刷和安装费用，降低了管理成本。数字户外广告可以每 15 秒更换一次，屏幕上的变化使观众感兴趣，更容易传递商业信息。与其他现代技术配合使用，数字户外广告令人印象深刻：许多广告牌如今都安装了传感器，可以收集人流的数据；配合显示和面部识别技术，内容可以与路人的人口统计数据相匹配；甚至可以根据天气数据（天气晴朗或下雨）来发布相应的广告活动。

New Balance 的数字广告牌会通过摄像头研究经过的路人，应用人工智能技术来判断他们是穿着普通的服装还是穿着引人注目的服装；如果是后者，数字广告牌则会将路人图像在屏幕上实时显示出来。

在另一个例子中，数字广告牌可以根据路上车辆的行驶速度改变信息传递的方式。如果车辆以每小时 95 千米的速度前行，那么传递的信息将非常简短；但如果路上堵车，车辆行驶慢，那么传递的信息将很长。

移动设备也与户外广告进行了整合，广告主可以基于户外广告渠道附近的不同类型的移动设备动态触发不同类型的广告，也就是说 iOS 设备持有者可能看到和安卓设备持有者不一样的广告。此外，广告主还可以在数字广告牌附近设置地理围栏，实现对驶离该区域的司机和乘客的重定向，向其移动设备推送个性化广告。

数字户外广告活动还可以生成收视率分析，包括看到广告的人员数量、人员的年龄和性别，以及广告被大多数人看到的时间。广告主可以更好地了解广告的影响力及其是否能够吸引到正确的受众群体。此外，户外网络所有者可以了解媒体的价值，能够相应地定价。

程序化户外广告则是采用计算机程序实现数字户外广告销售交易的自动化。对于传统的数字户外广告销售，广告主必须直接与户外网络所有者联系，以协商广告活动的详细信息和条款，需要提前讨论定价、受众定位及其他重要变量。交易完成后，户外网络出版商必须手动安排广告活动。

程序化户外广告则消除了这些步骤。广告主无须与户外网络所有者协商各项广

第8章

触点：兼具触达与交易的"最后一公里"

告活动，只要根据定义的价格和既定标准访问网络的广告资源，并在需要时预订所需的屏幕即可。程序化数字户外广告使户外屏幕库存销售更加高效。

根据电通安吉斯的预测，户外广告市场将继续稳步发展。几家大型媒体供应商正在整合，扩张旗下的户外广告资源，市场上有望出现更多全新的数字户外媒体。随着户外广告的覆盖范围和质量的提高，广告主将不断在户外广告方面投入资金，投资门槛也将比以前更高。户外广告更加智能的技术将推动其朝着大规模交付精准广告转变，电信数据的使用将推动广告主对户外广告覆盖范围和效果进行更好的追踪。在数字户外广告支出增长的推动下，户外广告支出预计将持续增长，在广告支出总额中的占比越来越高。

案例：

卡塔尔航空品牌传播的跨屏场景化营销

消费者对出境旅游兴趣日渐浓厚，出境旅游人数逐年上升，卡塔尔航空希望发现并锁定目标人群、对旅游感兴趣的人群或有飞行出行需求的人群，并且在短期内建立客户品牌认知，实现高效传播。

悠易互通基于自身及对接资源数据、标签和行为数据精准定向潜在旅游人群、商旅精英人群及高端家庭人群。针对有不同需求的出行人群，通过不同方式锁定，以满足卡塔尔航空的需求。

- 旅游人群：基于国际游、主题旅游、美食等人群标签，通过 App 装机行为、LBS（基于位置服务）等多维度勾勒目标受众。
- 商旅精英人群：基于金融从业者、商旅出行方式、户外、摄影等兴趣标签，通过 DOOH 酒店屏、LBS 等锁定受众。
- 高端家庭人群：通过高端品牌 OTT 覆盖高端家庭场景，触达高端家庭旅游人群。

在广告投放过程中，悠易互通考虑到客户需求及旅游行业特有性质，推荐采用 OTT 及移动端跨屏投放，使得在用户受众上实现更多的精准触达，品牌传播的同时带动用户后续参与；DOOH 延展触达入住高端酒店的商旅人群。在广告投放策略上，一方面借助丰富的精准标签定向，另一方面通过用户所处场景，集中优质资源曝光，深入影响目标受众。

- DOOH 酒店屏加入品牌传播，锁定高端商务人群，延展传播营销场景，提升触达目标人群概率，结合场景营销强化品牌认知。
- 高端 OTT 大屏作为高端家庭化场景营销屏端。

OTT 大屏品牌曝光+移动端小屏跨屏召回追投，创意故事内容递进，从面向全家品牌信息曝光到每个人一对一个性化深度沟通，增强好感度。

8.1.6　VR 与 AR

移动营销似乎成了"手机端营销"的同义词。虚拟现实与增强现实技术的出现让广告主在手机之外又有了可选择的渠道。

虚拟现实（Virtual Reality，VR）是一种计算机生成的场景，通过感觉和感知来模拟体验。这种沉浸式环境可以与现实世界相仿，也可以是虚幻的，创造出一种不可能在现实中出现的体验。

增强现实（Augmented Reality，AR）是指直接或间接地观察真实世界的物理环境，环境的组成元素被计算机生成的感知信息增强，以一种理想的状态跨越多种感官模式（包括视觉、听觉、嗅觉、触觉和躯体感觉）。生成的感知信息可以是建设性的（对自然环境的补充）或破坏性的（对自然环境的屏蔽）。

2016 年起，AR 市场被引爆，这归功于《精灵宝可梦 GO》——一款基于位置服务的 AR 类手机游戏。同年，自 20 世纪 60 年代和 90 年代经历两次高峰之后，VR 行业被认为正处于消费爆发的第三次临界点。全球业界和第三方市场调查机构普遍认为，2016 年将成为开启 VR 商业化的元年。

一些企业使用 VR 和 AR 技术进行营销活动，并取得显著成效，这样的例子不胜枚举。例如，万豪酒店推出了 VR 客房服务，并配有 VR 明信片，这大大提升了希望入住万豪酒店的人数；Destination British Columbia 创造了大熊雨林（Great Bear Rainforest）的 VR 体验，游客数量增加了 5%；欧莱雅和 Perfect Corp 合作推出 AR 美容应用 YouCam 彩妆，让人们尝试不同品牌的彩妆产品，人们可以看到自己使用彩妆产品的效果，并在购买之前获得更多关于彩妆产品的信息。

VR 营销的优势主要体现在以下几个方面。

独特的体验：通过将 VR 作为一种接触消费者的方式，企业提供了完全独特的体验，形成了企业与消费者之间更深层次的联系。这对消费者来说是全新的、令人

第 8 章

触点：兼具触达与交易的"最后一公里"

兴奋的体验，完全是一种企业创造的体验。企业可以决定消费者看到什么和做什么，并且不受任何人或任何其他事情的干扰。

避免广告拦截：越来越多的人在浏览互联网信息时使用广告拦截软件，而 VR 通过为目标消费者创造一个完整的环境和体验，让他们沉浸其中。虽然整个 VR 体验可能是一个广告，但它并没有以传统的方式呈现，可以使消费者更容易接受广告内容。

触发大脑反应：VR 的功能不只是提供一种很酷的体验。人类的行为更容易受到虚拟体验的影响，他们的行为依赖于大脑中负责感知和反应的三个关键区域——新皮质（高级思维）、边缘系统（情感、行为、动机）和爬虫脑（原始本能）。这意味着通过 VR 传达的内容和体验不是简单地被看到，而是触发了大脑中更能影响行为的部分，使得 VR 营销成为影响决策的关键方式。

AR 营销的优势主要体现在以下几个方面。

提供更深层次的产品体验：随着技术不断提高门槛，营销人员必须努力为消费者提供更加身临其境的体验。AR 可以让消费者在整个购买过程中更深入地了解企业的产品。例如，匡威利用 AR 技术，让消费者在购物时看到脚上穿的鞋子的不同。随着 AR 技术的发展，营销人员将有机会在更丰富的环境中向消费者展示产品。

解决信息不对称的问题：营销人员面临的主要障碍之一是信息不对称的困境。以服装为例，零售商知道自己的衬衫是在哪里生产的、生产成本是多少及出售价格是多少才能盈利，而消费者无法获得这些信息，因此消费者不确定什么是公平的价格，可能不愿意按照卖方的要求支付。

营销人员可以使用 AR 技术向消费者实时提供适量的透明度和有用信息，让消费者觉得自己拥有做出购买决策所需的信息。例如，消费者在停车场购买二手车时，可以通过 AR 眼镜获得考虑购买的汽车的信息，使他们对自己的决定更有信心。因此，营销人员借助 AR 技术，可能将更多销售线索转化为销售额。

实时营销：传统的营销渠道（如电视、广播和搜索优化）存在同样的内在问题——它们可以触达正确的消费者，但可能不是在最佳的时间或地点。通过 AR 技术，营销人员现在可以实时地接触消费者，获得促进消费者购买所需的准确信息。一个餐馆品牌可能整合来自社交媒体的关于顾客过去就餐行为的信息，展示最吸引人的菜单项。喜力和奥利奥等品牌已经在试验并实施 AR 营销策略，以将正确的信息在正确的时间和地点传达给消费者。

目前，VR 和 AR 技术的发展往往受到技术的严重限制，5G 技术的普及将改变这一现状。各企业将能够探索 VR 和 AR 等沉浸式媒体格式，并开始提出新创意。AR 不仅被应用在普通的加强型眼镜上，还被应用在商店的窗户上、墙上、汽车仪表盘上和其他地方。

除了广告宣传，5G+VR 或 AR 技术还会进一步提升数字化客户体验。高露洁床垫品牌战略主管 Natasha Khairullah 表示，AR 技术的普及可能会使消费者"以一种切实可行的全新方式体验产品或服务"。例如，我们很快就能模拟在商店里闲逛，挑选一件衣服，试穿并购买——所有这些都是在家里完成的。VR 和 AR 将成为重要营销渠道。广告主或能免费提供 VR 和 AR 设备，以直接联系客户，从而建立一种新的营销渠道。届时，限制应用的将主要是营销部门的创新能力。

8.2　电子商务

电子商务是指网上购买产品或服务，也包括通过互联网进行的货币或数据交易。例如，网上购物、网上拍卖、以订阅为基础的业务、数字产品（如电子书、软件、视频课程、音频等）的销售、众筹平台等都是电子商务的一部分。

案例：

亚马逊的"电商+广告"服务

品牌开始越过代理公司，直接与亚马逊这样的电商公司合作。通过 Amazon Marketing Services（AMS）的应用程序界面，亚马逊可以与品牌直接联系，提供 AMS 中的广告业务服务，包括自助式亚马逊广告。

合作的品牌中不乏惠普、乐高、现代汽车等大品牌。其中，惠普与 AMS 在赞助产品、标题搜索广告和产品展示广告方面合作，以及直接与亚马逊内部团队亚马逊媒体集团（Amazon Media Group）合作。乐高也直接与亚马逊合作，特别是搜索业务。乐高现在有一家亚马逊商店，在亚马逊上投放的广告数量也在递增。乐高在亚马逊上有专门的登录页面，也是它独有的发布广告的地方。

亚马逊所提供的当然不只是广告服务。现代汽车在亚马逊汽车频道推出线上展

第 8 章
触点：兼具触达与交易的"最后一公里"

厅，消费者可以查看不同车型的详细信息，搜索库存和定价的信息，并阅读评论。

对现代汽车来说，与大型电子商务平台合作是一种与大量线上买家联系的方式，使汽车购买体验更像是一种以消费者为导向的数字体验，从而减少对线下 4S 店的依赖。该公司表示，在未来计划推出支持 VR 的在线试驾，并且正在探索将车辆直接送到消费者家中的可能性。

亚马逊还与直接面向消费者的小品牌合作。这些品牌正在使用 AMS 自助服务工具和 DSP（亚马逊广告平台），并且需要更多的建议——关于如何提升品牌认知度等。这种做法降低了广告公司等中间商的存在感。

8.2.1 DTC 品牌

直接面向消费者（DTC）品牌在过去几年呈爆炸式增长，导致品牌与消费者关系的转变。一般来说，这些 DTC 品牌往往是初创企业，品牌直接面向年轻受众、数字原住民，与他们建立更亲密的关系。Convertlab 创始人兼 CEO 高鹏认为，"如果我们想要完全控制住客户生命周期的体验（尤其对于高端产品），那么 DTC 一定是首选。"以时尚产业为例，近年来，DTC 品牌的比例逐年提高。2018 年，70% 左右的时尚品牌提供了自营电商，提供直接面向消费者的电商体验。

与传统零售商不同，DTC 品牌利用分销模式，从直接向消费者发货，到与实体零售商合作，再到开设快闪商店。它们不需要依靠传统的零售商店来接触消费者，而是通过订阅、电商、数据等方式直接建立与消费者的关系，能够比传统零售商以更低的成本销售产品，并对产品的制造和营销保持"端到端"的控制，因而潜在利润率较高。

根据 IAB 的《21 世纪品牌经济的崛起》报告，DTC 品牌这种直接面向消费者的商业模式，代表了零售行业的未来增长。

通过拥有"从开始到结束"的客户关系，DTC 品牌能够收集广泛的交易、行为、人口和 CRM 数据，能够更多地了解客户。

1. 个性化，而不仅是产品推荐

当客户直接从一个品牌的网站上购买产品时，他们期望得到一种高度定制化的体验，这种体验是根据他们自己的喜好、特征和在线行为量身定制的。仅根据客户

过去的交易数据来进行个性化的产品推荐是不够的——品牌必须更进一步，与客户建立真正的一对一关系。个性化的客户体验不仅是向客户展示品牌认为他们会喜欢的产品，而是从始至终根据客户的需求来调整整个体验。

例如，美妆品牌 Glossier 从客户那里收集他们想要的清洁产品的信息，然后根据收集到的信息来设计产品。该品牌还利用客户数据简化了结账流程。例如，该品牌注意到其博客的访客经常在使用桌面设备完成交易之前将产品添加到他们的移动购物车中。Glossier 利用这项洞察创建了一个新的数据库，用于在移动购物车和桌面设备上连接其博客和商店站点上的客户。

消费者习惯的改变正在改变零售业，这已经不是新鲜话题了。消费者对网上购物的兴趣日益浓厚推动了各大品牌扩大其数字业务，而且消费者不断增长的需求提高了体验门槛，消费者希望品牌能够了解他们的个人需求。DTC 品牌正是满足人们这项需求的理想选择。

拥有了购买路径的完全所有权，品牌就可以对每个消费者的交互进行详细的了解。DTC 品牌的管理者知道消费者何时、何地、如何使用他们的产品，以及每个触点的效果。换句话说，只要他们采取正确的方法，他们就拥有支持最终个性化所需的信息。研究表明，仅与消费者保持亲密关系是不够的，如果 DTC 品牌想要建立持久、良好的关系，那么他们必须提供真正的个人价值。

当涉及营销时，品牌应根据以前的购买设置折扣或为客户量身定制促销活动。例如，葡萄酒订阅电商 Winc 通过跟踪订单和客户反应的数据，不断完善服务，并调整其开发的葡萄酒。在服务方面，DTC 品牌可以结合智能技术和数据驱动的便利性，使用聊天机器人等工具来快速进行数据查询、订单跟踪，并根据客户特定偏好提出建议。

2．利用电子邮件促销、忠诚度计划来推动客户长期参与

通过正确地利用收集到的客户行为、交易和 CRM 信息，品牌零售商可以通过电子邮件促销、忠诚度计划来推动客户长期参与。

除了提供个性化的奖励，品牌还可以利用他们的第一方数据来测试和优化客户忠诚度计划。通过了解客户的购买习惯和他们返回网站的频率，品牌将能够找出哪些要素最有可能建立长期的客户关系。例如，在男士内衣品牌 Mack Weldon 整合两层忠诚度计划之前，该品牌进行了一项测试，以确保其新战略能产生优于旧战略的效果。

第 8 章
触点：兼具触达与交易的"最后一公里"

3. 利用现有的客户数据预测未来客户的需求

有了客户细分，在线零售商可以预测未来客户的需求，方法是分析现有的客户数据。

以前，品牌手动处理数据分割。如今，品牌彻底改变了收集信息的方式，实现了实时分割和个性化数据的自动化处理。品牌可以通过设备在个人层面识别和理解网站访问者，并立即将客户归入特定类别，然后为他们提供最有可能产生回应的个性化体验。

因为这个过程是自动化的，并且是实时完成的，人类工人将被解放出来，从而把更多的精力转移到需要人类创造力和解决高层次问题上。

4. 发现客户有困难的地方，然后帮助他们

拥有一个直接面向客户的电子商务渠道的主要好处之一是，品牌能够看到客户旅程的全貌。

通过监视整个客户旅程，品牌可能会注意到来自寻找其发货状态的客户的异常订单查询。有了这些信息，品牌可以通过使订单信息更加透明和可访问来提升客户体验。

电子商务服务商 Scalefast 与一个大型品牌合作，该品牌发现 Scalefast 的客户正以相当高的比率放弃他们的购物车。有了这一认识，Scalefast 马上来测试不同的客户体验，并引入客户结账解决方案，显著提高了转化率。

因此，品牌应该努力为每位客户提供独一无二的、一对一的 VIP 体验，就像他们内心期待的一样。

有了正确的数据分析和个性化工具，品牌所需要的只是努力工作和测试新策略的意愿，以及从结果中学习的意愿。

8.2.2 社交商务

品牌一直在通过社交媒体来提升销量，但消费者完成购买所需的每一步都有可能产生流失。而大多数电商购买旅程过于复杂，依赖于从一个平台到另一个平台的重定向（某些平台本身就需要多个步骤）。社交商务则让销售在社交媒体上直接发生，如 Facebook、Instagram、Pinterest、小红书等。这些社交媒体通过结账功能或

类似"立即购买"的按钮（其代表为 Facebook 在 2014 年推出的"Buy Now"按钮设计），直接向用户销售产品。

小红书上线初期，定位为"海外好物 UGC 社区"，为信息不对称、体验成本过高的海外商品市场搭建信息交流互通的平台，沉淀了大量高黏性用户和高质量内容。2014 年 12 月，小红书正式上线电商平台"福利社"，从社区升级电商，用户可通过社区笔记直接跳转到小红书直营或第三方卖家平台进行产品购买。

社交商务这一概念在 2011 年前后由 Heidi Cohen 等专家提出，真正成为主流则是在智能手机普及之后——社交媒体和智能手机的结合促进了社交商务的发展。

社交商务对品牌的意义不仅是促进客户的关注和对话，还包括通过让客户对他们想购买的产品投票，来更好地选择库存和产品开发。此外，品牌还可以通过社交媒体扩大市场，接触之前从未获得关注的新客户群，并且可以根据买家的已知偏好来个性化客户的体验。

相关数据表明，23%的消费者受到社交媒体推荐的影响；51%的千禧一代可能会通过社交媒体进行购买；84%的消费者在购买前至少查看了一个社交网站。社交商务的前景被普遍看好。

服装品牌 Kate Spade 制作了一系列由女演员安娜·肯德里克主演的剧集，讲述了她的"不幸事件"。视频中，女演员穿的都是 Kate Spade 的产品。观众可以在观看视频时在线购买产品。剧集的结尾处也展示了购物链接，可以让观众通过简化的购买过程购买产品。

社交商务还可以通过技术的方式，提升消费者对品牌的体验。在这个飞速发展的时代，品牌塑造、个性化和创造引人入胜的体验对任何品牌都非常重要。在某些情况下，品牌可以在线指导消费者购买他们体验过的产品。

例如，Snap 曾与 Nike 合作，在 NBA 全明星周末推出独家版 Air Jordan 3"Tinker"球鞋。全明星赛结束后，参加 Nike 活动的消费者可以扫描独家的 Snap 代码，打开 App 购买球鞋——当天他们就可以收到产品——鞋子在 23 分钟内就卖光了。

案例：

Hitachi Vantara 盘活冷链接，重塑社区与圈层价值

2017 年 9 月，株式会社日立制作所宣布成立 Hitachi Vantara，以利用日立集团丰

第 8 章

触点：兼具触达与交易的"最后一公里"

富的创新、开发和经验资源，为工商企业提供数据驱动解决方案，同时将 2010 年就成立的垂直技术平台"HDS 技术社区"更名为 Hitachi Vantara 社区。但是，由于同类平台增多、用户阅读碎片化、BBS 论坛使用率降低等，技术类社区逐渐降温，如何加强与用户的互动及盘活纳新、最大化社区平台的价值，就成为 Hitachi Vantara 新营销转型的一大挑战。

为应对互联网变革，赛诺贝斯认为平台移动化势在必行，并提出了数字社区的解决方案——基于现有社区的用户基础及使用习惯，通过平台移动化提升社区可用性、便捷性，进一步优化用户体验。

赛诺贝斯通过精准的数据调研和深度洞察，结合技术社区与平台特性，帮助 Hitachi Vantara 重新定位了社区的平台价值及营销策略。从传递到沟通的平台角色转变，建立行业知识与经验分享交流服务，同时轻量化引入商业信息，打通渠道壁垒，重塑平台价值，使 Hitachi Vantara 社区成为品牌塑造、推广传播、对话用户的一大自有渠道。此次营销升级具备以下特点。

第一，从品牌、平台、用户认知出发，洞悉升级关键。其实，社区平台一直是品牌发声的输出口之一，具有很强的信息承载力及促动转化力。无论是品牌新闻、行业洞察、专业干货还是活动分享，都可以以此为载体，精准触达目标群体。Hitachi Vantara 还实现了跨渠道的数据打通，使用户画像更精准，推荐更智能。

第二，平台通过品牌支撑，创造优质用户体验。随着用户越来越重视品牌真实性与个性表达，品牌需要不断优化平台功能及服务以满足日渐增长的用户期望，如个性化内容展现、内容导航体系、平台移动化、便捷互动等。Hitachi Vantara 实现了 WAP 端与移动端的智能打通，使用户在任何时间、任何地点、任何设备都可以获取所需信息，参与互动。同时，Hitachi Vantara 构建了以"数据+技术"为基础的营销矩阵，精准洞察用户行为，实现用户层的个性化使用，品牌层的精细化运营管理及商机挖掘。

第三，用户通过平台互动，成为隐性品牌传播者。基于人工智能的数据分析功能，让业务变得更智能，产生人力所无法做到的洞察，推动预测性营销与分析的发展，品牌也可逐步调整、调试与验证，以达成阶段目标。通过行为记录、身份标签、用户画像及积分体系的全面构建，帮助 Hitachi Vantara 寻找到社区核心用户，以核心用户带动沟通氛围，实现声量与拓新的双向提升，让用户愿意参与和推荐每一次社区互动及品牌活动。

通过一系列的数字支持服务，Hitachi Vantara 社区吸引了大量的用户，形成了良好的品牌与用户沟通互动氛围，同时识别并获取了潜在商机，大大提升了社区平台的价值。

8.2.3 动态定价

过去几年，电子商务零售商的数量有所增长。随着竞争的加剧，电子商务零售商面临着利润最大化和保持价格竞争力的挑战。动态定价是解决这个问题的理想方法之一，它考虑了供求关系的变化，并提出了最优的价格结构。这种定价策略可以提高整体收入和盈利能力。

动态定价又称实时定价，是指电子商务零售商根据市场需求动态调整价格，将相同的产品以不同的价格出售给不同的客户。

所有关于定价的计算都是通过软件和应用程序来完成的，包括收集数据并使用算法根据业务规则调整定价。采用动态定价的零售商，可以获得所在行业数千种产品的实时价格趋势，甚至能看到竞争对手的价格变化。随着大数据的出现，价格调整的规则可以更加细化。通过收集和分析特定客户的数据，零售商可以更准确地预测客户愿意支付的价格，并相应地调整定价，做到收入最大化。

价格变化的时间取决于电商企业的业务，可以是每天、每小时，也可以是几分钟，以响应实时的供应和需求。

动态定价基于实时产品供求的变化。它考虑到市场上的价格波动，监测竞争对手的活动和个别产品的需求和供应。因此，动态定价为电商企业提供了正确的数据和信息，可以据此来设定最优产品价格，并在价格波动时保持盈利。

动态定价和价格优化的研究可以追溯到大约一个世纪以前，真正成为主流要追溯到20世纪80年代，美国航空公司就采用动态定价进行收益管理。当时，美国航空公司使用各种因素来确定价格的变化，包括座位是否有空余，定价也主要基于供求关系。如今，包括亚马逊、沃尔玛和百思买在内的公司都在其电商渠道采用了这种策略。

第 8 章

触点：兼具触达与交易的"最后一公里"

1. 动态定价的优势

销售更快，更有利可图：企业通过可用的数据进行动态价格优化，可以提高转化率并找到平衡转化率和利润率的最优定价。测试和改进价格结构的一个理想方法是通过付费广告，就像 Google Shopping 可以即时反馈市场对新价格的反应。转化率、点击率和利润率都可以根据广告支出进行测量和优化，从而找到不同市场和时间的最优价格点。

适应价格竞争的能力：根据 Ask Your Target Market 的一项调查，79%的消费者表示他们会讨价还价。78%的消费者表示，他们在购买之前会从多个渠道比较价格。在在线环境中，调整价格以保持竞争力是很重要的，因为比价只需要很短的时间。动态定价对信息流广告中的产品来说尤其重要，因为所有的产品都排成一列呈现给消费者。

提高了灵活性：动态定价的灵活性允许电商企业在其定价策略中设定特定的目标。企业可以通过动态定价策略来提高利润率、营收及市场份额；品牌可以通过实施动态定价来保护甚至强化品牌价值；零售商可以设定一个反映其品牌价值的价格下限，并保持盈利的灵活性，或使用动态定价来推出季节性和促销优惠，同时仍然保持盈利。

提升对流行趋势的了解：动态定价使企业对行业趋势更加敏感。亚马逊利用大数据和对趋势的了解，为品类中最受欢迎的产品设置折扣。通过动态定价确保这些产品的价格最低。

更好的库存管理：动态定价允许企业对库存的变化做出反应，帮助企业更好地控制库存。例如，当特定产品的库存减少时，企业可以通过提高产品的价格来透露这一信息。如果有积压的产品，那么企业可以设置折扣，以快速减少库存。

更高的追加销售转化率：动态定价为企业提供了大量关于消费者愿意为特定产品支付多少钱的数据。有些企业首次出售产品时往往定价很低，但是它们可以在随后的售卖环节中弥补亏损——因为它们可以通过手头的数据了解产品价格对追加销售转化率的影响，并据此制定一个最优价格，从而获得最大的转化率和最高的收入。

2. 如何进行动态定价

不是所有的客户都是一样的，企业应该从一些客户那里获得比其他客户更多的收入，而达到此目的只需要以适当的方式去执行。企业进行动态定价可以从以下几个方面入手。

- 所在的地区：作为电商企业，不同产品的供求会因地理位置的不同而不同。考虑到此因素，电商企业可以针对不同的地区制定不同的价格。
- 基于时间的动态定价：时间也可以在动态定价中发挥作用。例如，酒吧、酒馆会在特定的时间提供饮料和食物打折福利。
- 竞争对手的定价：竞争对手对同一产品的报价是多少？企业可以确保自己的定价总是低于竞争对手的定价。如果竞争对手有提价的行为，那么企业也可以适当抬高价格。
- 客户的行为：如果一个客户访问了企业网站三次，并浏览了同样的产品，那么也许一个小小的折扣会促使他们购买。通过追踪客户行为来调整产品价格是运行测试的一种很好的方式。
- 分段动态定价：企业可以通过客户数据进行动态定价。如果客户填写了一份调查表，并表明他们属于高收入人群，那么企业可以向其售卖更高的价格。
- 峰值动态定价：峰值价格是指基于当前供应的价格变化。如果企业发现无法满足客户对于特定产品的所有要求，那么提高产品的价格是有意义的。例如，优步在高负荷时使用峰值动态定价来提高价格，以缓解压力。

动态定价基于供求关系的变化，但与其他基于预测的技术一样，动态定价算法也有可能出错。然而，即使提议的定价不准确也没关系，企业可以随时调整定价。

8.3 零售数字化与零售技术

8.3.1 零售数字化

在 2016 年杭州云栖大会上，马云提出技术革命中将有五大趋势会深刻地影响

第8章
触点：兼具触达与交易的"最后一公里"

到中国和世界，分别是新零售、新制造、新金融、新技术和新资源。其中，"新零售"的概念受到营销界人士的重点关注。

自电商兴起之后，线下实体店一度被认为处于衰退阶段。然而，2016年，电商增速从2015年的31.6%下降到25.6%，出现增速放缓的趋势。业内人士开始重新审视线下渠道的价值。所谓"新零售"是以消费者体验为中心的数据驱动的泛零售形态，是一种旨在重塑消费体验，通过融合线上线下、物流服务和消费者数据，打造的更高效的商业模式。

盒马鲜生是阿里巴巴"新零售"的线下实践，以数据和技术驱动的新零售平台。消费者可到店购买，也可以在盒马App上下单。在店内购买，盒马鲜生只支持支付宝付款和现金，不接受银行卡等其他支付方式。与传统零售最大的区别是，盒马鲜生运用大数据、移动互联网、智能物联网、自动化等技术及先进设备，实现了"人、货、场"三者之间的最优化匹配，从供应链、仓储到配送，盒马鲜生都有自己的完整物流体系。

继阿里巴巴之后，腾讯、京东也相继推出智慧零售、无界零售。其中，腾讯将智慧零售定义为"以'超级连接'为增长引擎，数字化用户驱动的全触点零售"；而无界零售，京东首席执行官刘强东接受采访时说，"从后端来讲，无界零售的核心就是供应链一体化，把供应链和产品、库存、货物全部升级成一个系统，降低品牌方的操作难度；而从前端来讲，无界零售的核心就是满足消费者随时随地消费的需求。"

线下零售业也在向线上"靠拢"。2017年12月19日，苏宁（苏宁易购集团股份有限公司）发布智慧零售大开发战略。根据在北京大学光华管理学院任职的武亚军博士发布的《苏宁智慧零售模式及其发展趋势——互联网革命下的战略创新与营销解析》调研报告，苏宁对于智慧零售的布局主要体现在三个方面：一是打造线上多平台，二是场景的多业态互联网化，三是会员的全面贯通。

综合线上线下不同企业的实践，零售业正在进行的一场数字化革命是通过互联网、大数据等技术手段，连接线上线下渠道及供应链环节，打通客户数据，对传统零售业态进行彻底颠覆。

国外也提出"全渠道零售（Omni-Channel Retail）"的概念。全渠道零售是指同时配备实体店和数字店的零售商，侧重于在每个触点为客户设计有凝聚力的客户体验。这个概念更接近O2O模式（Online To Offline，线上到线下），通过线上营销、网络购物的方式，带动线下经营和消费的电商模式。但这种模式将线上和线下割裂开来，而"新零售"这种零售数字化模式更强调融合，而且是打通了零售从供应链到销售终端的整个环节。

8.3.2 零售自动化

零售业受到来自各方面的压力：管理电子商务供应链的成本上升，供应商转嫁原材料成本通胀的需求日益增长，为应对新的竞争而增加的投资，不断上升的劳动力成本，等等。与此同时，随着数字原生代和颠覆者对个性化服务的要求越来越高，客户的期望值也在不断提高。零售商越来越追求自动化，以解决利润压力和更高的客户期望。

麦肯锡全球研究院（McKinsey Global Institute）曾针对各行业的自动化开展了一项研究，研究表明零售行业大约一半的工作可以利用现有的技术实现大规模自动化。

零售自动化（Automated Retail）是指通过技术方式使零售体验自动化或半自动化的过程，提供客户线上与线下之间无缝连接、快速和个性化的体验。研究表明，付款阶段是客户压力最大、最痛苦的阶段。在收银台前排长队是购物者转向网上购物的原因之一，所以零售商首先应对付款方式进行创新。

2019 年，苏宁推出双模 24 小时 Biu 店，白天店长在店，与客户进行面对面交流，提供各种增值服务；夜间店长下班，店铺切换到无人模式，人工智能系统自动进行夜间经营管理。客户通过扫描二维码进店，挑选商品，自行结算。Juniper 调研公司预计，无人收银店铺的交易额将从 2018 年的 98 亿美元升至 2022 年的 780 亿美元。

不仅是平台方，品牌也开始尝试这种自动化的零售店。2018 年，Nike 在上海和纽约分别开了两家新零售概念店，通过手机打通数字和线下零售服务，为消费者提供无缝连接的个性化消费体验。位于纽约第五大道的 Nike House of Innovation 000 旗舰店，面向 Nike Plus 会员推出定制服务，提供与设计师一对一沟通服务。Nike Plus 会员可通过智能手机预订鞋子，并且在店内选购完毕后，其选购的商品会被放置在指定锁柜中，用手机便可开锁。此外，通过扫描商品和会员详细信息，Nike Plus 会员还可以自助结账，免去排队结账的时间。

第 8 章

触点：兼具触达与交易的"最后一公里"

2018 年 9 月，Instagram 网红饮料品牌 Dirty Lemon 在纽约开了首家无人实体店。与许多传统零售品牌不同，Dirty Lemon 的业务是以移动为基础构建的，它被称为"步入式自动售货机"，消费者可扫描二维码在线注册，连接信用卡；安装在展示柜内部的 RFID 设备能实时追踪库存，识别消费者取走的商品，提醒消费者支付货款。

根据 Pymnts.com 和 USA Technologies 的一份报告，在使用无人值守零售渠道（包括自动售货机、无收银员商店和自助服务亭）的消费者中，近 50% 的消费者看重的是它的购买速度更快。在使用数字钱包的消费者中，78.1% 的消费者表示喜欢通过这些渠道购物，69.5% 的消费者甚至表示，如果可以通过无人值守零售渠道购买商品，那么他们实际上愿意为商品支付更高的价格。

零售自动化为消费者提供了便利，同时也积累了大量的数据，可以为企业提供预测营销服务。预测营销利用预测分析技术，在整个客户生命周期的各个触点，为客户提供更相关和有意义的体验，以提升客户忠诚度和企业效益。[①] 在客户光顾线下门店的过程中，企业借助数据驱动的认知系统和智能流程，将客户的每个动作进行精确监控，并使用语义标记，赋予操作意义，且尝试跟踪、识别客户意图。

案例：

亚马逊的无人值守商店 Amazon Go

亚马逊将 Amazon Go 描述为"一种无须结账的新型商店"。当顾客在 Amazon Go 购物时，永远不必排队。Amazon Go 与同名的 App 合作。顾客走进 Amazon Go，拿走想要的商品，无须付款，直接离开即可。Amazon Go 结合了计算机视觉、传感器融合和深度学习等技术，可以检测商品何时被取走或何时返回货架，并在虚拟购物车中对其进行跟踪。顾客带着商品离开商店时，其亚马逊账户会被扣款，并收到一张收据。这种模式被亚马逊称作"Just Walk Out"。

在 Amazon Go 购物，顾客需要一个亚马逊账户和 Amazon Go App。顾客打开手机上的 Amazon Go App，对准入口处的闸机扫描二维码，进入商店。App 底部有一个导航栏，其中有四个选项卡："Key" "Receipts" "About" 和 "More"。在购物过程中，顾客不需要扫描购买的商品，在购物完毕后，"Key" 屏幕会显示出闸机的二维

---

① 奥默·阿顿，多米尼克·莱文. 大数据时代营销人的变革：预测营销[M]. 北京：电子工业出版社，2016：2.

码让他离开，而"Receipts"屏幕会显示其所购买的商品。

亚马逊表示，该公司将人工智能、计算机视觉和从多个传感器提取的数据结合起来，以确保顾客只对他们购买的商品付费。2015 年年初，亚马逊提交的一份专利申请中首次披露了一家新型零售商店的细节，这家商店允许亚马逊顾客在收银台或售货亭前挑选商品并自行离开。该专利介绍了一家使用摄像头、传感器或 RFID 阅读器系统识别购物者及商品的商店。

由这项专利申请可知，当购物者离开 Amazon Go 商店时，商店的系统将生成一份收据，该收据将发送给购物者，上面注有所售商品及其售价。

亚马逊如何将商品与特定的购物者连接起来呢？原来，该应用程序使用了照相机拍照的功能。购物者进入商店后，从货架上取下商品，当他手里拿着商品离开时则会被拍照。专利申请中还提到了"面部识别"和用户信息，其中可能包括用户的图像和用户的其他详细信息，如身高和体重、兴趣爱好，甚至包括用户购买历史。

8.3.3 零售技术

除了付款环节，线下零售的其他环节也实现了数字化，具体包括店内展示、物流和库存管理。

1. 店内展示

新技术的出现改变了店内商品的展示方式。通过 VR、AR 等技术客户不仅能看到商品的外观和价格，甚至可以收获使用商品的体验。

2017 年，奥迪在全球展厅推出了 VR 体验，以提供更个性化的客户体验。客户通过佩戴 VR 设备，配置梦想中的车辆，探索汽车的外观和内部的细节。另外，此次体验还包括特殊的"奥迪时刻"，如"勒芒 24 小时耐力赛"，让客户可以更好地了解汽车的性能。除此之外，更多的店内展示与体验相关的技术包括以下几项。

可扫描营销：可扫描营销利用的是人们熟知的二维码。

智能货架：为了节省传统价格促销活动中更新信息的时间和纸质标签成本，越来越多的零售商开始寻求将货架数字化。美国零售业巨头 Kroger 与微软合作，为其数字货架增添更多的功能。在两家 Kroger 测试商店中，货架会与店内的扫描和购物应用程序连接，引导顾客浏览他们的购物清单。此外，店内还可以通过闪光灯

第8章
触点：兼具触达与交易的"最后一公里"

给员工提示，帮助他们快速挑选并完成路边交货订单。

电子标签：电子标签不需要像纸质价格标签那样手动调整各个商品的价格，它提高了商品价格的调整效率。Kroger 已经开始使用 Edge（用于在杂货环境中增强显示）货架，这是一个智能货架系统，使用数字显示器显示价格、促销信息等。

个性化的广告：智能货架能够与顾客智能手机上的应用程序进行交互。例如，安装在货架上的传感器知道顾客什么时候接近它们，因此它们可以给顾客展示上周购买的同一种商品的价格。此外，如果顾客使用商店的 App 创建一个购物清单，智能货架则可以与清单交互，并告诉顾客在哪里可以找到他们想要的商品。

2. 物流

技术的发展在不断突破界限，改变整个世界做生意的方式。1999 年 9 月的"72 小时网络生存测试"轰动一时；如今，"宅"在家中而单纯依靠互联网生活早已不是难事，甚至已经成为很多人的生存方式。物流在其中扮演着重要角色。

技术发展的同时，客户的期望值大大提高了。不论是客户还是企业都希望更快、更灵活地获得商品。制造业正变得越来越"个性化"，这对客户来说是好事，但对物流行业来说则是巨大挑战。物流行业正面临着以更低的成本提供更好的服务的巨大压力。只有最大限度地、智能地利用技术，从数据分析到自动化，降低成本，提高效率，物流才能跟上时代发展的步伐。

2019 年年初，亚马逊宣布正在测试一种新的送货机器人，即所谓的"全电动送货系统"，它被称为"亚马逊侦察员（Amazon Scout）"。作为试点的送货机器人已经开始在工作日（白天）发送包裹。虽然送货机器人会自动遵循指定的路线送货，但它们最初是由亚马逊工作人员陪同的。亚马逊表示，这款送货机器人是由亚马逊研发实验室研发的，它的大小和一个小型冷却器差不多，以一个普通行人的速度移动。

3. 库存管理

为了实现速度、敏捷性和效率，零售商应投资库存控制系统、中央数据库、销售点系统和自动统计预测系统。这些工具不仅可以帮助企业减少开支和改进计划，还可以提高企业竞争力，使企业在市场竞争中脱颖而出。

其中，库存控制系统是零售管理的基本工具。它可以让企业知道手头和订单上有什么商品,以及已经收到和卖出了多少件商品。当商品售出或从一个位置移动到另一个位置时,这些系统将自动更新数据库。它们还提供各种即时数据分析工具来跟踪业务。

库存控制系统还可以通过参考每家商店的销售历史,计算出每种商品的最佳库存量,从而避免超额订购和供货不足的问题。操作人员输入系统想要多少天的供应量(如可以根据季节来修改),系统就会根据过去的销售情况来决定什么时候需要重新订购。

自动统计预测系统可以生成更准确的需求预测。过去的销售数据、预测的未来的订单在一个系统中。企业可以据此提出切实可行的销售目标。

案例：

Costco 面包店需求预测

Costco 使用机器学习来保持其新鲜食品部门的生产力和可持续性。Costco 将所有未售出或损坏的食品捐赠出去,因此生产更多的新鲜食品的成本非常高。他们与 SAP（全球顶尖的企业软件供应商）合作,通过一种需求预测算法来解决这个问题。据称,该算法可以帮助管理人员确保当客户经过时,新鲜食品的数量是适合的。

Costco 的烘焙经理需要预测每天菜单上需要生产的每种产品的数量。在使用 SAP 的解决方案之前,这些经理需要通过检查销售和趋势报告,在纸上创建一个生产计划。他们还需要调查当地的事件和过去的销售数据。Costco 将这种经验知识称为"部落知识"。每天的计划都是根据前一天的结转、损坏的物品,或者在烘焙团队早上开始工作前损坏的物品来调整的。

解决方案的设计是由 SAP AppHaus 领导的,侧重于易用性及在开发期间与最终用户的协作。当 Costco 准备开始制订新的解决方案时,他们请来了负责新鲜食品的高级副总裁杰夫·莱昂斯（Jeff Lyons）及面包房的几位经理和主管。这些 Costco 的烘焙专家将继续成为解决方案的最终用户,所以 SAP AppHaus 希望在客户何时购买某些产品和购买频率方面听听他们的说法。SAP AppHaus 深入采访了每一位员工,并跟踪了一些人的工作。正因为 SAP AppHaus 掌握了足够的关于烘焙经理日常工作的数据,所以他们能够与 Costco 的员工共同创造一种新的烘焙体验。

该公司将这个解决方案称为"未来状态的烘焙体验",这是一个应用程序,可以向烘焙经理展示数据和洞察,并将手工流程数字化。该应用程序使用机器学习为每

第 8 章
触点：兼具触达与交易的"最后一公里"

个烘焙菜单提供计划预测，如决定每种食品需要烘烤多长时间。这样，当新客户进入面包店时，面包店的工作人员能有一个理想的"未来状态"，并自动生成和更新使面包店处于该状态的计划。

用于开发解决方案应用程序的机器学习模型最初主要是根据过去的销售数据创建的，还考虑了天气、假期和面包店附近发生的体育赛事等影响因素。此外，SAP AppHaus 根据在合作、采访和跟踪烘焙经理时创建的数据完善这个模型，这使得 Costco 能够准确预测每种烘焙食品的需求。

8.3.4 地理位置营销

地理位置营销（Location Based Marketing）是一种个性化移动营销形式，使用实时数据，根据客户的实时位置与他们进行互动。例如，一位客户经常光顾 4S 店，他大概率对购车有兴趣，通过短信或其他方式告知他某汽车品牌在当地举办促销活动，就更有可能促进成交。

1. IP 地址营销

IP 地址营销（IP Address Marketing）是最简单的地理位置营销方法之一。每台连接到互联网的计算机或设备都有一个 IP 地址，而且是独一无二的。

随着技术的发展，广告主有可能根据 IP 地址锁定单个家庭或社区，甚至关联到个人，收集更精确的信息，并用于发送仅针对个人的个性化广告，而不依赖 Cookie。

IP 地址营销还利用客户数据库等离线数据，针对特定家庭或企业中的特定客户。当目标客户上网时，他们会看到广告。

IP 地址营销的优势在于，每个连接到互联网的设备都有一个 IP 地址，营销人员能触达的人是无限的，使用 IP 地址营销可以让企业有机会深入了解并找到自己一直在寻找的人。

2. GPS 营销

GPS 的主要用途是导航。大多数现代移动设备都有 GPS。GPS 营销（GPS Marketing）是指企业根据客户的位置信息发起定向促销活动。

通过 GPS 收集数据的做法已经很普遍了，它可以为企业提供大量关于客户活动的信息。通过 GPS 收集到的客户数据（如购物习惯、旅行习惯等），将用于改进促销活动的优惠政策、客户服务等。其挑战在于收集数据的方式，由于位置点的分散，数据可能呈现碎片化，因此企业需要配以其他分析工具。

企业还可以通过 GPS 营销分析客户一天之内什么时间活动量最大及他们的活动时间和休息时间，以了解其生活方式。企业还可以通过观察客户经常去的地方来推断其兴趣。

3. 地理定位营销

地理定位营销（Geo-Targeting Marketing）是指根据客户的地理位置向其发送营销内容，既可以通过 IP 地址或设备 ID、城市邮政编码完成，也可以通过 GPS 信号等更细粒度的指标完成。地理定位营销的核心是了解客户的实时位置或过去的位置，助力营销人员"在正确的时间传递正确的信息"。线下实体零售商可以瞄准附近的购物者，购物者打开移动设备的定位服务，零售商则可以推出相关或有针对性的促销活动，吸引他们进入商店。

地理定位主要借助 IP 搜索、Wi-Fi 三角（Triangulation）测量技术、客户提供的位置信息、浏览器中的 Cookie 先前存储的位置数据，以及合适的定位器。由于访客可以利用代理服务器和虚拟专用网络来隐藏他们的位置，地理定位不是百分之百准确。

除了定向发布广告，如果企业正在测试新的战略或服务，而不想让竞争对手知道，则可以通过地理定位与 IP 排斥结合的方式，对竞争对手隐藏广告，即确定竞争对手的 IP 地址。一旦确定，企业就可以把这些地址从 AdWords Campaign 中删除。通过 IP 排斥，企业可以阻止竞争对手看到广告；而通过地理定位，企业仍然可以在竞争对手的"后院"做广告。这样，既保证了企业的战略安全，又不用回避整个市场。

4. 地理围栏营销

地理围栏（Geofencing）是一种基于位置的服务，当移动设备或 RFID 标签进入或退出围绕地理位置设置的虚拟边界时，使用 GPS、RFID、Wi-Fi 或蜂窝数据的 App，触发了预先编程的行为，这个虚拟边界被称为地理围栏。

第8章

触点：兼具触达与交易的"最后一公里"

地理围栏是一种为智能手机用户提供相关广告的技术，通过在商业位置周围创建一个虚拟边界或边界，在用户进入边界时通知他们。

地理围栏技术可以用于监视安全区域的活动，管理人员可以在有人进入或离开特定区域时收到警报。企业还可以使用地理信息系统来监控员工的工作情况，实现考勤自动化，并对企业财产进行跟踪。

在营销方面，地理围栏可以提示推送通知、触发短信或警报、在社交媒体上发送定向广告或基于位置的营销信息。例如，商店可以在其周围区域设置简单的地理围栏。当顾客通过时，及时向他们发送商店促销活动信息，使他们能停下来购物。

5. Beacon 营销

自苹果公司在 2013 年推出蓝牙 iBeacon 设备以来，Beacon 技术一直受到市场营销人员的关注。与营销人员只能通过 IP 地址跟踪客户或以 GPS 为目标的移动设备的地理定位营销不同，Beacon 营销使用蓝牙连接。Beacon 营销不需要客户进行 4G/5G 等移动互联网连接，因此可以部署在低信号接收区域。它对电池寿命要求不高，不过会要求客户打开蓝牙连接。需要注意的是，Beacon 设备是一个需要安装的物理实体。

Beacon 可以帮助营销人员获得详细的客户信息，如客户平均在一家商店停留的时间及客户访问了哪些区域。这些数据可以给营销人员提供需要的信息，以便通过移动 App 制定个性化广告并优化店内体验。

应注意，要通过 Beacon 营销与移动 App 用户联系，用户首先应安装移动 App。因此，营销人员最好先在几家商店试用少量 Beacon，再在多个地点推广，以测试 ROI，并根据这些数据做出营销决策。Beacon 营销还可以提高人们使用移动 App 的兴趣。人们往往下载 App 后就不再使用了，但是 Beacon 触发的通知可以起到提醒的作用。一些零售商发现，在 Beacon 营销实施之后，移动 App 的用户参与度明显提升了。

6. 地理征服营销

地理征服营销（Geo-Conquesting Marketing）是向位于竞争对手商店附近的消

费者发送优惠信息或广告，从竞争对手那里吸引客户的做法。例如，全食超市在消费者接近竞争对手商店时，向他们的移动设备发送自家商店的优惠信息，以吸引他们转向光顾自家商店。为了成功地使用地理征服营销，企业必须确保有准确和完整的位置数据。

地理围栏营销和地理征服营销可以配合使用，以针对特定空间中的特定消费者，当他们位于竞争对手商店附近时，将他们从竞争对手那里吸引过来。

7. 邻近营销

邻近营销（Proximity Marketing）又称"近距离营销"或"超本地营销"，是指利用定位技术，通过客户的移动设备直接与客户沟通。相对于地理定位营销，邻近营销是一种更精确的定位营销方式。邻近营销基于准确的位置而不是虚拟的位置来触达客户，这使得交流更具有情境性和个性化。邻近营销主要适用于短距离营销。

邻近营销不是一种单一的技术，它实际上可以利用许多不同的方法来实现，而且并不局限于智能手机的使用，如安装 GPS 的笔记本电脑也可以进行定位。邻近营销涉及的技术包括 NFC（近场通信）、RFID、二维码、蓝牙、移动浏览器、Wi-Fi 热点等，使用较多的是 Beacon 技术。

Beacon 将在定期扫描蓝牙设备的同时获取唯一的 ID，移动 App 向已激活的 Beacon 发送 ID 列表。当移动 App 和 Beacon 的 ID 匹配时，Beacon 让移动 App 知道它已进入范围内，向消费者发起获得与设备通信的许可。消费者授予许可后，它将通过设备上的通知显示个性化消息，向营销人员提示在该位置发现的关于产品或服务的文本、音频、图像或视频。

第 9 章

B2B：面向企业客户的营销技术

9.1 B2B 营销

本书前面大多数情况下介绍的是 B2C（Business to Consumer）商业模式，B2C 是指直接面向消费者销售产品和服务的商业零售模式。相对应的是 B2B（Business to Business）是指企业与企业之间通过专用网络，进行数据信息的交换、传递，开展交易活动的商业模式。固然作为普通消费者，接触较多的是 B2C 企业，但 B2B 市场事实上更为庞大。根据德国管理学家赫尔曼·西蒙（Herman Simon）对"隐形冠军"[①]企业的研究，69%的隐形冠军来自 B2B 市场。

B2B 行业的产业链条完全以企业为主。将工业制造业与 IT 业进行对比，前者是完完全全的 B2B 行业，产品生产出来后提供给面向终端消费者的制造企业，典型例子如汽车零部件制造企业，它们生产出汽车所需的零部件，再售卖给下游的组装厂商。而 IT 行业既有 B2C 企业也有 B2B 企业，典型例子如联想集团，它的旗下

---

① 根据 Herman Simon 的理论，隐形冠军必须达到三个标准：其一，它必须拥有其产品的国际市场份额的第一或者第二的位置；其二，它必须是鲜为人知的中小型公司；其三，一家隐形冠军公司应该是社会知名度低的公司。

首席营销技术官
Martech 时代,技术驱动增长

既有联想金融这样提供金融科技服务的 B2B 企业,也有为广大消费者所熟知的 PC 业务。

B2B 营销是指针对企业或组织的营销策略或实践。B2B 企业的业务特性决定了其营销特性:客户与供应商之间往往是采购与供应的关系,产品专业性很强,需要专门的技术人员对接完成;产品采购决策需要经过深思熟虑,甚至涉及客户的多个部门,因此决策周期长,从开始到结束需要几周、几个月甚至更长的时间;除非特殊情况,B2B 营销不会采用大面积的广告发布,除了开展传统营销时代沿袭至今的线下活动,还使用在线直播、微信运营等营销手段。

根据 Gartner 的观点,在客户购买旅程中,客户需要完成以下几项工作,只有完成这些工作,才能顺利实现购买。

- 提出问题:"我们需要做点什么?"
- 寻求解决方案:"怎样可以解决我们的问题?"
- 构建需求:"我们到底需要购买什么?"
- 供应商选择:"这是我们想让它做的吗?"
- 验证:"我们认为自己知道正确答案,但我们需要确定。"
- 达成共识:"我们需要让所有人都参与进来。"

B2B购买旅程

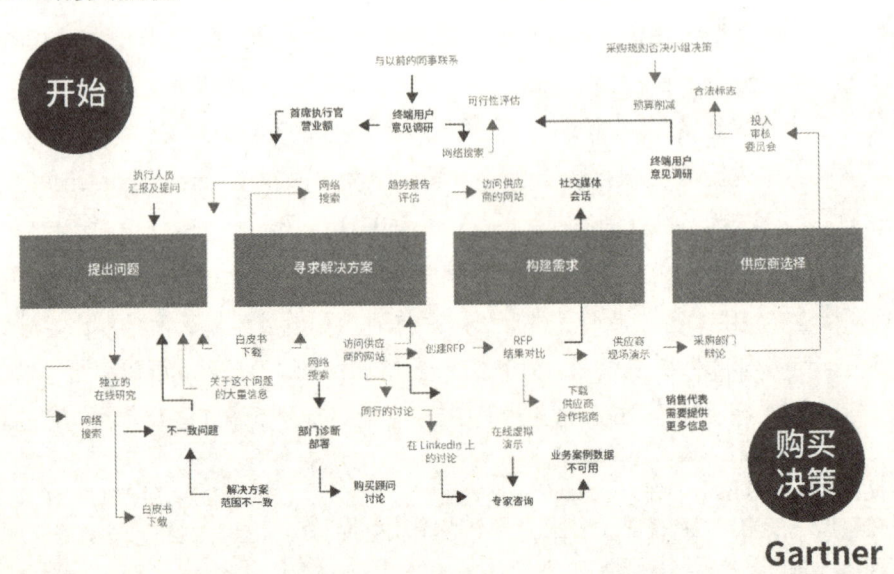

第 9 章
B2B：面向企业客户的营销技术

因此，Gartner 认为，典型的 B2B 企业产品的购买过程不会以一种可预测的线性顺序进行。客户在进行决策的过程中，会出现所谓的"循环"，至少会重复这几项工作中的一项。其中一个重要原因是决策者往往由多人组成，而且存在决策层级，整个购买过程中不断有新的决策者加入，从而造成"循环"。

9.2 B2B 营销策略

总体来说，B2B 行业的营销模式与 B2C 行业并无太大区别，但也有一些营销策略更适用于 B2B 营销。

9.2.1 目标客户营销

目标客户营销（Account Based Marketing，ABM）又称"大客户营销"，是一种高度集中的营销策略，营销团队将客户内部的多个联系人视作一个整体，通过内容、活动等策略专门针对该客户进行营销活动。简而言之，ABM 是一种面向目标客户的战略，要求营销团队所有人员共同努力，以确定最适合企业的客户清单，并通过互动等方式最终赢得客户。营销团队在其中的作用不只是将销售线索引入销售漏斗，从中筛选优秀的潜在客户，他们实际上在帮助销售团队获取商机并赢得重要客户。

一般情况下，ABM 包括以下几个步骤。

- 确定目标：找到目标客户是成功营销的基本要素。供应商通过各类数据——包括行业、企业规模、地理位置、年度收入等，以及市场影响力、重复购买的可能性和预期利润等战略因素，来选择高价值客户。
- 客户研究：一旦确定了目标，供应商就可以把目标看作大型的、组织级的角色。供应商应首先熟悉目标的组织架构及其关键参与者，进而决定如何向目标推荐产品或服务，特别是如果知道谁是决策者或最有影响力的人就更有针对性了。
- 创建内容：在获得了目标客户的基本信息之后，供应商需要给其打造专属的内容。这些内容不仅要针对目标客户的痛点，更要针对其特定的业务。因此，创建高质量的内容非常重要。
- 选择渠道：高质量的内容需要合适的渠道来传递，否则其有效性会大打折扣。根据触达目标客户的方式，选择合适的渠道来传递内容是很重要的。
- 活动执行：完成上述准备工作后，执行的时间到了。供应商应协调各项营销活动，使营销活动的效果最大化，并且注意要以准确的客户为目标。
- 测量结果：测试、衡量并优化 ABM 活动，以确保其有效性。

ABM 颠覆了传统的销售漏斗。ABM 直接以目标客户为起点，而不是像传统营销那样以一个合适的目标客户结束。

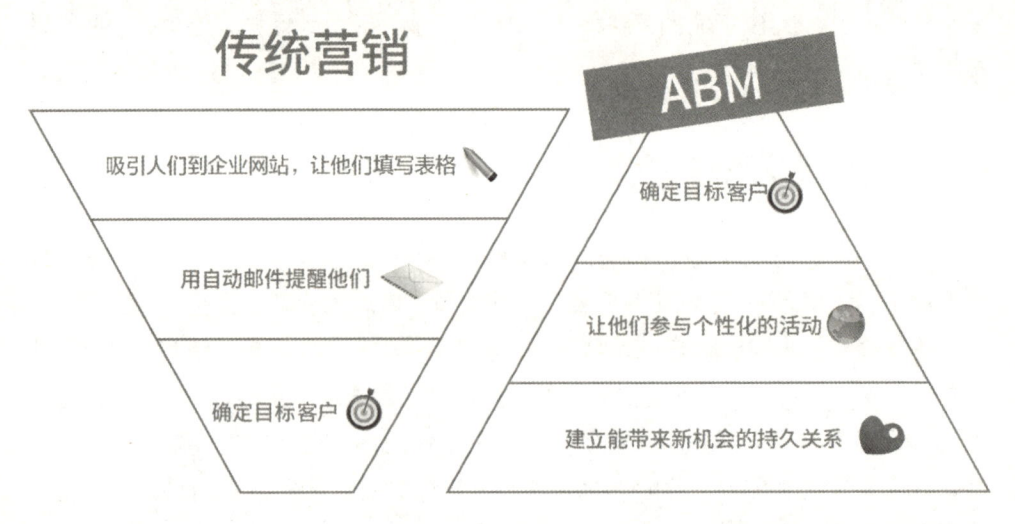

传统营销
- 吸引人们到企业网站，让他们填写表格
- 用自动邮件提醒他们
- 确定目标客户

ABM
- 确定目标客户
- 让他们参与个性化的活动
- 建立能带来新机会的持久关系

与传统销售漏斗相比，ABM 漏斗有所不同。在传统销售漏斗中，营销团队往往需要面对一大堆鱼龙混杂的商机，且随着时间的推移，商机的数量还会不断增加，从而增加了筛选和获客的难度。相比之下，ABM 漏斗的顶部是静态的，营销团队可直接从中获取经过预筛选的潜在客户清单。此外，该清单还会定期更新（通常每季度更新一次）。

通过在单独的漏斗对目标客户进行追踪，营销团队可轻松查看 ABM 对赢单率、平均合同价值等关键指标的影响。

ABM 漏斗包括以下主要阶段。
- 潜在目标客户阶段：在特定时间周期内瞄准的所有潜在目标客户。

第 9 章

B2B：面向企业客户的营销技术

- 互动目标客户阶段：所有适合销售的客户，即传统销售漏斗中的营销认可的销售线索（Marketing Qualified Leads，MQL）。
- 机会目标客户阶段：根据销售流程的不同，此阶段又可分为多个不同的阶段。
- 赢得目标客户阶段：在特定时间周期内赢得的目标客户。

案例：

Atos 通过基于交易的营销赢得新业务，实现 40∶1 的 ROI

Atos 是数字服务领域的领导者，拥有 110 亿欧元（1 欧元 ≈ 7.917 元人民币）的年营业额，所属的 11 万名员工遍布在几十个国家。它提供云端、网络安全、高性能计算、大数据、商业应用、商务流程外包和数字化办公解决方案。Atos 的营销团队保持着与账户和销售或交易团队的密切合作，通过差异化、高价值内容和客户参与来创建新的业务机会。

2016 年，它的销售和营销 SVP（高级副总裁）观察到营销团队在某些投标/交易中使用了与其竞争者不同的手段。于是 SVP 让营销团队进一步建立一个更加系统化、能持续地应用这些手段在所有新交易中的模型，以提升竞争优势。

Atos 的目标受众涵盖私有和公共领域的市场，包括高级客户、潜在客户、高层领导及其直系下属。

Atos 使用新的跨业务模型，应用 ABM 技术、手段和方法来获取新客户。营销人员每天用 50%的时间为项目提供支持，每天 10~15 项交易同时进行。

提供支持的员工如下所示（以下为内部使用的代称）。

- Agent 3（员工 3）：在营销部门内部建立一个客户洞察团队，为每项交易提供每位购买相关方的客户洞察。
- Coterie（小圈子）：基于市场或行业，通过与 Atos 的营销人员合作产出可重复使用且量身定做的内容，传递价值陈述或信息。
- Oliver：加入创意团队服务于每项交易，这为每项交易都提供了个性化的创意。

在为每项交易从最初了解到最后成单阶段提供支持时，Atos 使用了媒体和渠道的不同组合，并根据目标受众的需求来制定不同营销策略。

示例：一家领先的电气供应商（新客户，获得了新业务）

此项交易中的主要挑战是展示 Atos 在电气行业中数字化创新者的地位，这样潜在客户相信其可以带来新机遇、实现转型及提出适用于未来发展的解决方案。

- 创意：Atos 进行了以"如果……"为主题的时长 12 个月的活动，包括演讲、邮件、执行纲要、信息图、图解、直邮（亲手递交）、社交媒体，来提供一致、个性化和差异化的信息。用互动性很强的图片、动画和视频来展现他们可以一起协同走过的长期旅程。
- 客户洞察：相关人员的描绘及关系追踪，利用客户洞察平台来为营销或交易团队提供实时市场洞察。
- 活动：通过赞助行业峰会、创新会议、研讨会及实地拜访来展现其信度并建立关系。

示例：公用事业实体（现存客户，获得了新业务）

此项交易中的主要挑战是彻底改变对 Atos 的印象——从一个传统 IT 供应商转变为一个在公用事业现代化中可信任的数字化创新伙伴。Atos 引入了一个创新的 18 个月活动——"重新想象客户体验"，通过展示其数字化历史和终端客户聚焦来重塑和重定义品牌。

- 创意：融合了数字化和印刷物料，使用了互动性很强的图片、AR 技术和 AtosConnect（自身面向客户的数字化应用）。
- 活动：赞助创新和多样性的活动来将关键的交易相关人员及对他们有影响的人聚在一起。
- 信息：在与 Atos 内部相关人员沟通时使用，用来梳理新账户状况。

2016 年至 2019 年，Atos 获得了 167%的新客户（目标为 50%），提高了 42%的成单率（目标为 20%）。

2018 年至 2019 年，Atos 获得了 18 个新客户（目标为 10 个），通过此项目实现了 40∶1 的 ROI（目标为 50∶1）。

9.2.2　集客营销

集客营销(Inbound Marketing)的重点是通过精准和优质的内容吸引潜在客户，并在客户购买旅程的每个阶段提升价值。通过集客营销，潜在客户可以通过博客、

第 9 章
B2B：面向企业客户的营销技术

搜索引擎和社交媒体等渠道主动接触品牌。

1. 从 Outbound Marketing 到 Inbound Marketing

Outbound Marketing 即传统的营销方式，是指将信息传递给范围广泛的受众，从而达到销售的目的，人们把这种形式称为 Outbound Marketing。平面广告、电视广告、社交媒体广告、电话推销、直邮、电子邮件群发等形式都属于 Outbound Marketing。Outbound Marketing 是单向的对话，传递的信息通常集中在产品本身，以及为什么受众应该购买它。为了尽可能适应更多的人，所传递的信息应该非常笼统。换句话说，传统的营销策略不可能与各种特定的需求挂钩。

这种营销方式已经不再适用于当今的数字媒体环境了。首先，受众每天被不计其数的广告所淹没，因而想出越来越多的方法来阻止它们，如来电拦截、垃圾邮件过滤等。其次，现在通过互联网学习、购物、工作的成本远低于参加线下的研讨会或飞往世界各地参加展会的成本。

与 Outbound Marketing 相对的是 Inbound Marketing。Inbound Marketing 是"有吸引力的"，营销人员试图用有趣的内容"吸引"潜在客户。因此，也有人将 Inbound Marketing 称为内容营销。当然，Inbound Marketing 不仅仅等于内容营销，前者是战略，后者是战术，Inbound Marketing 将内容营销与其他数字营销策略相结合，以最大限度地增加流量、销售线索和收入。

Inbound Marketing 制作的"内容"包括博客文章、信息图表、白皮书、电子邮件等。如果这些足够吸引人，人们就会与品牌进行互动、阅读内容并分享，并且会对这个品牌产生良好的印象，进而影响日后的购买决策。

2. B2B 集客营销

对 B2B 营销人员来说，集客营销是将数字营销活动与买家的决策过程相结合的方法体系。集客营销吸引的买家定位更精准，因为是他们自己"找"到企业（企业的产品）的，这也意味着他们对企业的产品或服务更感兴趣，从而带来更高的转化率，并且降低了营销的成本。

B2B 集客营销包括以下步骤。

- 确保在市场营销和销售方面有正确的专业知识：大多数企业营销部门的网络营销知识水平需要提高，线上营销部门特别需要营销数据分析师和内容营销

首席营销技术官
Martech 时代，技术驱动增长

人员，并且营销人员要有很强的数字渠道管理能力和分析能力。

- 确定买家角色及其信息需求：谁是未来的客户，他们在寻找什么？他们选择供应商和做出最终决定的标准是什么？集客营销的成功依赖于对买家角色的良好定义和开发。买家角色是基于行为和目标的样本客户的详细概要。每个客户都有独特的需求、动机、爱好、期望等。基于买家角色，企业可以确定某个特定类型的客户有哪些需求，以及需要提供什么样的解决方案以推动他们的购买。

- 制定内容营销策略并创建内容：集客营销的核心要素是满足客户在购买过程中的信息需求。每个买家都需要适合自己的内容，确保他们在买家旅程中的每个触点都可以在企业网站、微信公众号或其他媒体渠道找到相关的内容，以回应他们在那一刻的信息需求。

- 选择并采用营销自动化系统：营销自动化系统能够监控和管理客户的购买过程。该系统可以收集新的营销数据集，对数据的分析可以用于营销流程的持续优化。

- 让数据管理和数据分析在组织中占有一席之地：数据驱动的市场营销是未来的趋势，对 B2B 企业来说也是如此。企业应积累大量关于营销、销售和客户统计的数据。为了让业务随着数据的增长而增长，企业必须专注于数据的收集和使用的技术。

所有的 B2B 购买决策都要经历相同的过程——客户发现一个尚未解决的问题，通过研究它和它的解决方案，最终在这些解决方案中做出选择。客户可能会在这个过程中的各个阶段来回移动，甚至可能在两个阶段之间循环。集客营销是将"路人"变成客户和代言人的最佳方法。

集客营销分为四个阶段：吸引（Attract）、转化（Convert）、完成（Close）、愉悦（Delight）。通过集客营销，"路人"慢慢成为访客、潜在客户、真实客户、品牌代言人。

第9章

B2B：面向企业客户的营销技术

案例：

某太阳能企业的集客营销

一家专业从事太阳能光伏照明产品研发、生产与销售的高新技术企业，主要出口的产品为太阳能路灯及其他与太阳能相关的产品，同时面向工程承包商、开发商或政府开发项目，平均成交周期为4个月左右。

这家企业的获客方式非常传统，基本依靠线下的行业展会接触新的客户。但由于客单价较高，客户一般不会在现场下单，而是在展会结束后，在线上复核各家供应商的资质、可靠性及报价。

这就带来一系列问题。

- 现场洽谈客户多、需求杂乱，会后名片/信息/资料的归位整理是一项耗时耗力的大工程。
- B2B采购决策周期长，客户很难在现场下单，摸清行情后，客户还是会到线上复核各家供应商的可靠性，而营销人员难以监控客户后续的行为。
- 营销人员与客户通过展会建立的关系非常脆弱，尽管展会结束时手握一堆名片，但一封封邮件发出去，大多数还是"石沉大海"。

这时，线下活动作为流量入口，带来了意向明确的线索，但脱离了线上平台后续的触点，线索距离商机及订单仍有无法跨越的"鸿沟"。

展会后的30～50天时间里，企业网站、Facebook主页等的访问量会迎来一波小高潮。这个时间段才是竞争的关键时期。当供应商与客户在展会上分别后，客户会发现邮箱里有好多跟进邮件：来自不同企业的报价、手册、自荐信。好一点的情况是，客户会打开邮件逐一查看，但更可能的情况是客户依据在展会上收集的名片或宣传单，在搜索引擎、B2B平台或社交媒体上搜索企业名称或行业关键词，复核各个供应商的资质与实力。

因此，脱颖而出的一定是那些提供了专业的内容、良好的交互体验并在第一时间捕捉到客户需求的企业，而且在各个触点上的内容必须是相关的、层层递进的。

这时，企业需要做好客户信息管理和提供优质的内容。首先，企业在展会上收集到的客户信息需要及时录入系统，这样才能在客户访问线上触点时，判断出新老访客的身份，以及客户在前序触点已获取的信息；其次，企业网站、社交媒体主页、在线对话话术库、即时聊天话术、报价单等触点，以及其上的互动内容都要设置好，确保客户在触点上的交互动态都能逐一被捕捉和记录。特别是，"智能物料"这种新工具的应用，可以让营销人员实时获知客户是否查看以及查看了哪些内容，由此判断出客户所在的阶段是了解产品参数、企业资质，还是查看成功案例或报价单。

在询盘云的工具辅助之下，企业不仅能提升线索转化的效率，还能精确地统计一场展会所产生的线索、转化的询盘、形成的订单，由此归纳出转化效果好的客户所在国别、展会后客户最常访问的渠道或倾向的沟通方式、客户的平均转化周期等。与其说集客营销的思维是一种营销策略，不如说它已经成为企业的整体增长战略，并且围绕这个战略，重新规范了管理流程，引导营销团队整体转变销售思路。

9.2.3 网络研讨会

网络研讨会（Web Seminar，Webinar）是指通过网络研讨会软件在网上举办的视频演示、研讨会或讲座。网络展示是一种高度互动的营销形式，可以作为建立关系或建立权威的策略。策划一次网络研讨会比在现实生活中组织一次研讨会或讲座要容易得多，毕竟不需要一个很大的场地来容纳大量的参与者，且可以邀请世界各地的人参与。虽然他们不能亲临现场参与，但是可以观看回放。

网络研讨会营销是使用在线研讨会，连接更广泛的受众，促进业务发展。大多数带有营销目的的网络研讨会都提供免费的、有价值的信息的引导工具，希望能激发参与者使用企业提供的付费产品或服务的需求。

企业可以通过网络研讨会展示产品或服务，展现专业知识和能力。网络研讨会通常由演讲和问答环节组成。网络研讨会能将企业推广的信息立体呈现，它可以帮助演讲者与参与者迅速建立联系。根据内容营销协会（Content Marketing Institute）2019年的数据，58%的企业使用网络研讨会进行产品推广，大约32%的企业认为网络研讨会营销对企业获得成功至关重要。

根据内容，网络研讨会可以呈现以下形式。

- 幻灯片：如果网络研讨会的目的是教育受众，则可以在演示幻灯片过程中展示想表达的内容。
- 视频直播：如果企业想与客户建立更紧密的联系或者组织一个团队会议，那么不妨创建一个实时视频的网络研讨会。营销人员可以用专业的方式展示所在企业的"人性"一面。如果企业需要制作一个实物产品的视频演示，那么这种类型的网络研讨会也会很有用。

第9章
B2B：面向企业客户的营销技术

- 文字聊天：当主持一个网络研讨会时，观众可以使用聊天选项来提问或回答问题，以此建立主持人和他们之间的关系，主持人在实时回答问题时可以建立权威，创造纽带，推动客户复购。
- 白板：营销人员可以使用白板来更好地可视化更复杂的主题。通过画图表、图片，或者从头开始画出各种概念，引导观众跟随其思维。
- 预先录制的网络研讨会：如果企业需要就某个特定主题做一次以上的在线报告，则可以使用预先录制的网络研讨会。为了确保视频演示是个性化的，并且观众对体验感到满意，可以在预先录制的网络研讨会运行时与观众聊天并回答他们的问题。这是 SaaS 企业常采取的一种做法——他们需要定期为新客户举办产品培训网络研讨会。

根据网络研讨会的目的，它可以划分为以下几种类型。

- 教育性质的研讨会：如果想让观众知道企业是这个领域的佼佼者，那么举办网络研讨会是最有效的方法之一。要举办一个教育性质的网络研讨会，最好使用准备充分的幻灯片或白板视频，因为它利用了网络研讨会的视觉功能，同时可以邀请外部专家参与。
- 产品在线研讨会：当企业有一个很棒的产品要展示给很多人的时候，则可以举办一次产品在线研讨会。企业可以给观众做一个详细的介绍，包括产品细节，并回答他们提出的问题。在举办产品在线研讨会时，营销人员要提醒观众注意企业的产品，这样有助于培养潜在客户，甚至把他们转变成真正的客户，进而提高产品销售量。
- 新员工培训：邀请新员工参加为新手举办的网络研讨会。
- 员工培训和团队会议：当企业有一个远程团队，或者因团队太庞大而一个房间容纳不下时，则可以通过举办网络研讨会对他们进行培训和开展团队会议。
- 销售线索生成：通过不同的渠道推广网络研讨会，专注于自己想要吸引的客户。当他们填写资料的时候，就会透露自己的信息，这就是销售的起点。营销人员会得到有价值的线索，进而可以跟进、培育并完成转化。
- 客户留存和培育：网络研讨会不仅对吸引新客户很有帮助，还有助于培养已经与企业合作的客户。通过网络研讨会建立的个人关系是客户产生复购的关键，他们还可以跟踪最新产品和公告。

第 10 章

管理：首席营销技术官与新职位的出现

10.1 CMO 的危机

《CMO 已死》(*The CMO is Dead*)，这篇标题耸人听闻的文章，发布于 2012 年 10 月的《福布斯》杂志。作者不是"标题党"，在文章中解释了为什么要起这样的标题：一些公司声称"顾客至上"，实际上却仍然以产品为导向，在这样的公司中，CMO 的影响力持续下降。

作者在文章中指出：同样身为公司高管，CEO（首席执行官）负责制定总体战略，研发和创新团队设计产品，CFO（首席财务官）负责价格策略和部门预算，CMO 负责市场运营。而大多数 CMO 并没有真正理解顾客，更不要说为顾客创造价值了；他们的工作局限于公关和传播业务，而非产品或定价——定价决策权掌握在 CFO 手中。在金融市场面临短期压力，经济增速放缓的情况下，CFO 的话语权明显高于 CMO。

作者同时指出，营销效果难以衡量，传统营销更多体现的是艺术而非科学。数

第 10 章
管理：首席营销技术官与新职位的出现

百万美元的营销费用是否促使实际销售额增加，很难量化。因此，在经济低迷时期，营销预算往往首先被削减。这一点基本被业界视为"潜规则"，即认为营销部门是"成本中心（Cost Center）"，自然会在公司业绩下降的时候首先受到影响。

《福布斯》的预言成了现实。近年来，诸多知名品牌纷纷宣布"CMO is Dead"，试举几例如下。

- 2019 年 6 月，自强生公司 2013 年创立 CMO 职位以来就一直担任该头衔的 Alison Lewis 离职。该公司将此举归因于其"商业模式"的改变，并表示将由其他高管来接管 Alison Lewis 的工作。
- 2019 年 6 月，Uber 第一位全球 CMO Rebecca Messina 宣布将辞职，距离她 2018 年 9 月上任不过 10 个月时间。在 Uber 对营销这一部分进行重组前，所有营销工作将由 PR（公关）部门的高级副总裁 Jill Hazelbaker 负责。
- 美国专车公司 Lyft 在其 CMO Joy Howard 上任仅 8 个月之后，就"砍掉"了这一职位，并将营销监管的职能一分为二：一位营销运营副总裁（职责包括信息传播和消费者洞察）；一位品牌副总裁（监管创意和体验）。
- 2019 年 8 月，麦当劳宣布，其全球 CMO Silvia Lagnado 将于 10 月卸任，麦当劳今后将不再设立 CMO 一职。

2017 年，《华尔街日报》转引一项调查结果显示：2016 年，各大品牌 CMO 的平均任期从 2015 年的 44 个月下降至 42 个月。与同级别的企业高管相比，CMO 可以称得上最"短命"的职位之一。多年前《福布斯》所预见的 CMO 的窘境，已经成为现实。

10.1.1 CMO 生存的土壤发生质变

对 CMO 持否定态度的一些业内人士认为，CMO 是传统营销时代"结出的果实"，他们主要负责品牌管理、营销传播（包括广告、促销和公关）、市场调研、产品营销、分销渠道管理、定价和客户服务。CMO 是公司高管中的一员，通常向 CEO 汇报工作；而营销业务线的副总裁、营销总监或者高级营销经理等，分别负责营销战略的各个部分，他们向 CMO 汇报工作。有的公司（如宝洁公司）设立了 CBO（首席品牌官）一职，其具体职责与 CMO 相似。

近百年来，营销一直进行重复的工作：雇用代理商、推出营销活动、进行效果

首席营销技术官
Martech 时代，技术驱动增长

评估，然后发起新的活动。即便在新媒体出现后，营销的基本流程仍没有改变：聘请数字代理商、发起数字营销活动、进行效果评估，然后发起新的活动……在这样的公司里，广告推广、品牌管理和市场研究构成了 CMO 日常工作的全部，甚至在一些公司里，CMO 等同于 CCO（Chief Communication Officer，首席沟通官）。

英国 Marketing Week 的专栏作家 Thomas Barta 曾与 Patrick Barwis 共同发起名为"营销领导者的 12 种能力"的研究，向来自 74 个国家的 1232 名 CMO 发问，了解他们实际负责的工作：77%的 CMO 提到了"传播"；63%的 CMO 提到了"品牌发展"；56%的 CMO 提到了"产品开发"；55%的 CMO 提到了"促销活动"和"客户维系工作"。

以上这些职能明显无法满足企业的需求。正如 Thomas Barta 所提到的，CEO 希望 CMO 带动企业的业务增长、转型，为客户提供良好的消费体验……实际上，许多 CMO 能做的只有广告投放。这种部门供给与企业目标不匹配的情况，会滋生隐患。

营销学者 Frederick E. Webster 在《公司中市场营销作用的变化》[①]一文中，总结了营销部门的主要职责，并把它划分为以下三个层次。

- 在战略层次上，营销部门的作用体现为：通过分析客户需求和公司所具备的能力，来评估市场是否有吸引力及是否存在潜在竞争；按照市场营销的要求，促进"客户导向"的经营；提升公司的全局价值观念，体现客户的需求，将公司理念与市场接轨，并在公司内部进行宣传。

- 在经营层次上，营销部门应侧重于市场细分、目标化，以及在面对市场竞争时选定经营方向。

- 在操作层次上，营销部门应侧重于营销策略——"产品、定价、促销、分销"等营销组合，并建立客户和分销商之间的关系。

一般来说，营销人员希望了解每一笔营销费用的 ROI，与每位客户建立独一无二的关系；他们不满足于获取销售线索，更希望完成交易；他们甚至愿意在没有传统代理公司介入的情况下，完成这些工作，即设立企业内部的团队。技术革新让他们的这些愿望越来越容易实现。

2011 年，IBM 公司对 1700 多名来自 64 个国家、19 个行业的 CMO 进行了调

[①] 本·M. 恩尼斯，等. 营销学经典权威论文集[M]. 大连：东北财经大学出版社，2000.

第 10 章
管理：首席营销技术官与新职位的出现

查，调查结果显示，全球各地的 CMO 普遍面临四个关键挑战：数据爆炸、社交媒体、渠道和策略选择、人口构成的变化。

报告中提出，除销售数据、市场调研等传统信息来源外，来自社交媒体等的新数字化数据数量激增、种类繁多、来势凶猛也是 CMO 所面临的挑战。在应对这些挑战时，CMO 应重点关注如何分析这些数据，从中提取出有意义的信息，并有效地利用这些洞察改善产品、服务和客户体验。

2012 年，Gartner 的分析师预测：到 2017 年，营销部门在技术方面的预算将超过 IT 部门。当时他们研究发现：

- 2011 年，B2B 和 B2C 营销预算占收入的比例（10%）约为 IT 预算占收入的比例（3.6%）的 3 倍。
- 2012 年，IT 预算预计增长 4.7%，营销预算预计增长 9%，而技术营销预算预计增长 11%。
- 平均来说，近三分之一（30%）的与营销相关的技术和服务是通过营销部门购买的。

这一预测在当时引发了巨大争议。而在 2016 年，根据 Gartner 的数据可知，2016 年，CMO 在技术方面的支出占收入的 3.24%，而 CIO 在技术方面的预算占收入的 3.4%，两个数字已经十分接近了。

即使 CMO 不想改变，市场状况也会迫使他们投入变革。对那些习惯于传统营销方式的 CMO 来说，挑战是显而易见的。IDC 的数据显示，从 2013 年开始，50% 的营销人员有技术背景。市场营销部门正在发生巨大改变。

10.1.2　CCO、CRO 相继出现，CMO 并非"标配"

技术的进步，描绘了 CMO 转型的愿景；公司增长减缓，则让转型成为现实的需求。2016 年年底，埃森哲战略（Accenture Strategy）的一项报告发现：50% 的 CEO 认为 CMO 是所在公司实现颠覆性增长的主要驱动力；而如果公司没有实现颠覆性增长，37% 的 CEO 则表示将首先考虑解雇 CMO。

虽然 CEO 和 CMO 都认为颠覆性增长对公司至关重要，但是 CMO 只将约 40% 的时间用于创新，将近 60% 的时间用于传统营销。因此，超过一半（54%）的 CMO 认为其很大一部分营销预算被浪费了，而且没有达到预期的效果，只有 30% 的 CMO

首席营销技术官
Martech 时代，技术驱动增长

认为自己是前沿的营销创新者。

"一个职业能够诞生并留存下来，必然是因为它优化了企业分工，提高了企业收益。"[①]反过来分析这句话，就可以理解 CMO 的窘境了。

我国企业的 CMO 的生存环境也存在一些问题。根据致趣百川与科特勒咨询集团联合发布的《2019CMO 调研报告》，CEO 对 CMO 的工作支持程度普遍较低；当然，营销团队整体能力越强，CEO 对其工作的支持程度越高。

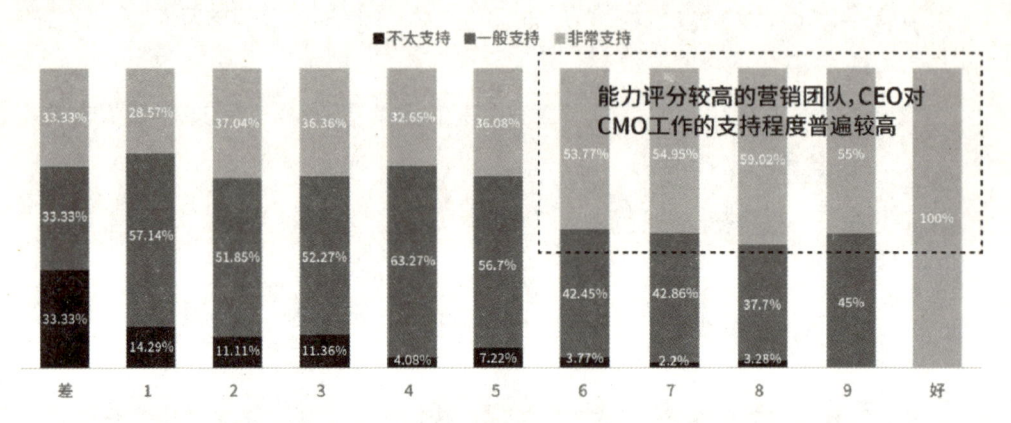

	差	1	2	3	4	5	6	7	8	9	好
非常支持	33.33%	28.57%	37.04%	36.36%	32.65%	36.08%	53.77%	54.95%	59.02%	55%	100%
一般支持	33.33%	57.14%	51.85%	52.27%	63.27%	56.7%	42.45%	42.86%	37.7%	45%	
不太支持	33.33%	14.29%	11.11%	11.36%	4.08%	7.22%	3.77%	2.2%	3.28%		

能力评分较高的营销团队，CEO对CMO工作的支持程度普遍较高

据调查，大多数企业用销售总额来衡量市场部业绩，54.4% 的 CMO 表示，提升营销活动的 ROI 是其日常工作中的最大难点；其次的两个难点依次为获取销售线索与借助营销工具提高获客效率，分别占 46.3% 与 44.6%。企业对市场营销团队的业绩要求，使得 CMO 的任期普遍很短，大多不足 3 年。

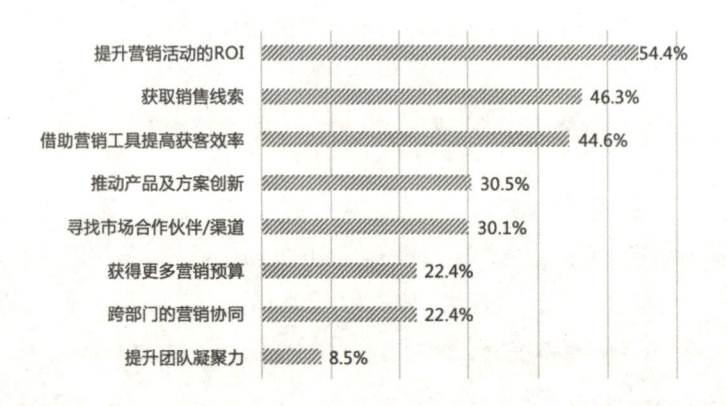

提升营销活动的ROI	54.4%
获取销售线索	46.3%
借助营销工具提高获客效率	44.6%
推动产品及方案创新	30.5%
寻找市场合作伙伴/渠道	30.1%
获得更多营销预算	22.4%
跨部门的营销协同	22.4%
提升团队凝聚力	8.5%

---

① 俞军. 俞军产品方法论[M]. 北京：中信出版集团，2010：3.

第 10 章
管理：首席营销技术官与新职位的出现

早在 20 世纪 50 年代，管理大师彼得·德鲁克就提出：一家公司有两个、也仅有两个关键职能——营销和创新，而所有其他职能都应该支持这两个关键职能。但如果营销部门失去了创新功能，那么它被取代将是毫无疑问的。

因此，一些公司通过设立新的职位来取代或分化 CMO 的职权，如 CCO（Chief Customer Officer，首席客户官）、CCO（Chief Commercial Officer，首席商务官）和 CRO（Chief Revenue Officer，首席营收官）。

CCO（首席客户官）的职责是在日益复杂的与客户互动的过程中设计、协调和改善客户体验。客户不再仅仅依靠产品来评估品牌，他们会重视在各类触点上与品牌的每一次互动。CCO 的主要目标是结合不同职能部门的客户工作，培养新的思维和行动方式，提升客户体验以更好地推动业务发展，推动品牌执行更加以客户为中心的战略。早在 2014 年的一项调查发现，22%的《福布斯》百强企业以及 10%的《财富》500 强企业设立了 CCO。

CCO（首席商务官）主要负责商业战略和公司的发展，通常涉及营销、销售、产品开发和客户服务等推动商业增长和市场份额提升的工作。2015 年 3 月，喜力啤酒将其全球 CMO 和 CSO（首席销售官）两个职位合并为 CCO；2016 年 1 月，亿滋国际任命 Mark Clouse 为 CCO，以简化公司的运营并"简化日常决策"。

CRO（首席营收官）最早出现于硅谷，主要负责管理公司内部产生收入的相关流程，并优化所有营收流程，以利用数字产品和服务创造新的收入机会。CRO 的日常工作包括与各部门负责人合作，了解营收在各部门中的作用；考虑各类指标并进行分析，测试需求的产生，管理销售、增长黑客等职能。CRO 的特点是以客户为中心，使用数据驱动，不仅专注于实现公司当前的目标，还预测公司今后的发展。

10.1.3 专注增长的 CGO

最引起业界关注的，莫过于 CGO（Chief Growth Officer，首席增长官）的设立。尽管早在 2004 年这一职位就已经出现，但真正引起业界热议的莫过于可口可乐公司的一项举措。2016 年，可口可乐公司全球销售额下滑，销售总额从 2012 年的 480 亿美元下降至 2016 年的 443 亿美元。紧接着，2017 年 3 月 23 日，可口可乐公司宣布取消 CMO 一职，并将全球营销、客户和商业领导及战略业务整合在一起，设立了新的职位——CGO。可口可乐公司表示，将推动自身持续转型为"以增长为导向，以消费者为中心"的公司。好时、高露洁、科蒂集团等也纷纷设立了 CGO 一职。

顾名思义，CGO 的主要任务是打破销售、营销、IT 和客户服务诸部门之间的隔阂，推动企业的"增长"。CGO 往往跨部门工作以推动增长，包括营销、销售、研发、财务等（具体职能范围取决于所在的企业），以制定和实施长期愿景，并在整个企业范围内执行增长战略。为此，这一职位看起来是挑战习以为常的工作方式，改变企业文化并推动创新，以实现最佳的增长成果。

一些业界专家评论称：可口可乐公司 CEO 詹姆斯·昆西（James Quincey）不相信公司的营销人员能够推动增长，营销部门将失去董事会席位，向新的 CGO 汇报。数字广告代理商 Huge 全球总裁 Michael Koziol 表示，如果营销人员继续将自己定位为擅长广告及品牌定位，了解年轻人和最新数字时尚潮流的专家，而不是增长的驱动力，那么将会有更多的 CMO 消失。

实际上，除了可口可乐公司，还有其他企业设立了 CGO 这一职位。高露洁、亿滋等快消品巨头都聘用了 CGO，以加速品牌增长或提升增长在品牌战略中的地位。

Mondo 内容策略师和营销团队负责人 Shannon Vize 提供了一种思路，根据以下几项指标来判断企业是否需要用 CGO 取代 CMO，或者二者并存。

- 所从事的行业和员工数量。根据员工敬业度调查和分析平台 Culture Amp 的数据，美国至少有 455 名 CGO。大多数 CGO 受雇于员工人数少于 200 人的公司。133 个 CGO 在营销和广告行业工作，109 个 CGO 在 IT 服务和软件行业（这些是较具竞争力的行业，增长是企业生存的核心）工作。较少的员工人数也意味着有巨大的增长空间，这意味着 CGO 需要挖掘大量被忽视的增长机会。
- 对那些考虑用 CGO 取代 CMO 的企业来说，需要取代的是 CMO 职位还是 CMO 本人呢？如果 CMO 没有推动增长达到预期水平，则需要评估究竟是 CMO 本人缺乏专业知识所致，还是企业架构不合理所致。以 CGO 取代 CMO 的一个前提是，CGO 不会受制于部门的烦琐程序，而有着强大的跨部门管理能力，从而能产生有效的增长。如果是因为企业部门架构或其他内部障碍阻碍了 CMO 的工作，那么聘请一位 CGO 是很有必要的。如果 CMO 本人是问题所在，那就考虑聘请新的 CMO。

第 10 章
管理：首席营销技术官与新职位的出现

- 企业的发展目标是什么？在未来 2 年、5 年和 10 年里，企业的阶段性目标分别是什么？其中哪些目标是围绕推动当前增长和未来持续增长的？了解长期商业目标背后的紧迫性，有助于确定在企业发展过程中需要招聘的 C 级职位和所需技能。

这些 C 级职位的诞生，一方面说明企业对营销职能越来越重视，正在探索如何通过营销推动企业发展；另一方面意味着 CMO 这一职位并不是"独一无二"的，随时可能被取代。

10.2 Martech 时代营销职位的变革

10.2.1 首席营销技术官

虽然技术的发展让 CMO 这一职位岌岌可危，但也给 CMO 指出了一条出路：营销与技术结合。最突出的一点是让营销工作变得可量化了。实际上，如今 CMO 的任务已经变成挖掘并分析大量的数据，选择合适的技术，通过电子邮件、社交媒体等营销手段来实现目标。根据致趣百川与科特勒咨询集团联合发布的《2019 CMO 调研报告》，超过 65%的市场部将社交媒体和内容营销作为最常用的营销渠道。

美国心理生物学家斯佩里博士通过著名的割裂脑实验，证实了大脑不对称性的"左右脑分工理论"。实验得出：左半脑主要负责逻辑思维，思维方式具有连续性、延续性和分析性；右半脑主要负责艺术思维，思维方式具有无序性、跳跃性、直觉性。长期以来，营销工作一直被视作右脑思维的产物；IT 工作被视作左脑思维的产物。如今，左脑与右脑思维需要进行结合。

1. CMT 应运而生

营销与技术的结合由来已久，最早可以追溯到古代造纸术、印刷术服务于广告业的历史，之后陆续诞生的广播技术、电视技术也迅速被商业化。而营销与 IT 的结合，则持续了近二十年。20 世纪 90 年代，IT 部门负责管理计算机网络和电子邮件服务器；而营销部门则专注于在传统媒体上的营销（如电视广告和平面广告），双方的交集并不多。进入 2000 年后，IT 部门开始负责网站运营；营销部门则开始

首席营销技术官
Martech 时代，技术驱动增长

将预算转向数字媒体。2010 年起，IT 部门将 App 和社交媒体添加到它们的职能中；营销部门则添加了社交媒体专家、网站登录页面管理、在线广告渠道管理等。

CMO 的角色也随之发生了变化：品牌日益转向数据驱动，以更好地了解客户行为。一种典型的做法如 2019 年 12 月，联合利华公司宣布采用 CDMO（首席数字和营销官）取代 CMO 这一职位，具体职责并没有太多变化，但意味着联合利华公司在营销中将优先考虑数字渠道。

此外，CMO 需要更加紧密地与预算管理、投资、数据和技术等业务联系起来。毕竟营销被视为高成本职能的原因之一是企业投入了大量资源，但无法得到明确的回报，投资管理可以帮助品牌合理花费资源，助力其达到目标。

在营销与技术结合的大趋势下，CMT（首席营销技术官）应运而生。2014 年 7 月，《哈佛商业评论》刊载的文章《首席营销技术官的崛起》介绍了 CMT 的诞生及其工作内容：用营销技术帮助公司实现商业目标；作为技术部门的信息官，评估和选择技术供应商；约有一半的 CMT 还要负责建立数字化商业模式。

显而易见，CMT 的一项重要任务是使企业的营销部门和 IT 部门建立沟通。随着营销的发展和对数字媒体依赖度的提高，对 CMT 跨部门工作并保持同步的能力要求越来越高。

著名的 Martech 创始人 Scott Brinker 在 2008 年就发现了营销部门和 IT 部门进行沟通的必要性。当时，他在一家网络开发公司领导一个技术团队，而该团队被一家营销公司聘请来开发网站。而 Scott Brinker 的一项重要职责是连接 IT 部门和营销部门，促进双方的沟通。在工作中，Scott Brinker 惊异于两个部门之间认知的差距，营销部门和 IT 部门像是两个完全互不相关的"孤岛"。

Scott Brinker 对全球的 CMT 组织了一项调查活动，调查发现：88%的 CMT 是做研究和咨询的，然后接下来的工作是培训和支持性的工作，即跨越技术鸿沟，最大限度利用营销技术；其中也有很大一部分人在做技术的运营，还有一部分人负责系统之间的整合，让系统更好地交互。

当然，很多公司并没有用 CMT 来称呼负责该职能部门的人。例如，SAP 公司设置了营销业务信息官（Marketing's Business Information Officer）一职，担任这一职位的 Andreas Starke 实质是 CMT。他最初是 SAP 公司的顾问和项目经理，之后负责领导 SAP 公司的 IT 部门，自 2009 年以来则转为负责营销部门。作为 SAP 公司的营销业务信息官，Andreas Starke 负责营销技术战略的制定和相关投资，与 SAP

第 10 章

管理：首席营销技术官与新职位的出现

公司产品管理和 IT 部门密切合作。

除担任营销部门和 IT 部门之间沟通的桥梁外，CMT 还需要配合其他营销高管（有些公司同时设有 CMO 和 CMT，后者向前者汇报），提供技术支持，并充分利用新技术以助力实现公司战略；另外，CMT 需要确保营销部门的人员使用合适的软件——品牌营销数字化在很大程度上依赖于软件控制和管理，从数字资产管理和社交媒体分析到网络内容和 CRM——并且接受正规培训；而且，CMT 需要负责管理外部软件和服务供应商，评估他们提供的技术能否满足营销的需求，并且负责整合各个系统，监控系统性能。

以《首席营销技术官的崛起》一文中提到的 Mayur Gupta 为例，他曾担任金佰利公司第一位 CMT。从 2012 年 8 月到 2015 年 1 月的 2 年多的时间里，Mayur Gupta 主要负责金佰利公司的营销技术相关业务，所有数字渠道、电商渠道的开发和部署（包括全球电商和全渠道战略、个性化品牌体验、大数据分析等职责），同时要与 CIO 及 IT 部门合作，并利用数据和技术改变客户的行为。在数字化转型等业务上，他甚至反过来指导金佰利总裁及其他 C 级职位的领导。

Mayur Gupta 的一项业绩是与金佰利公司全球商业创新副总裁合作，率先创立了该公司首个全球数字创新实验室，采用敏捷和精益的方法运作实验室，与全球风投公司、创业公司建立战略合作关系，并加入加速器和孵化器，在北美和以色列成功启动，而且启动了产品和渠道创新等各种试点。

那么，有了 CMT 之后，企业会获得哪些切实利益呢？

Gartner 在 2014 年的一项研究表明，81% 的组织设立了 CMT 或者相同职能的职位，而 2013 年这一比例仅为 70%。此外，设立 CMT 的企业，在营销技术上的收入占 11.7%；而没有设立 CMT 的企业在营销技术上的收入则为 7.1%。设立 CMT 的企业，将 30% 的营销预算用于数字营销；而没有设立 CMT 的企业则将 21% 的营销预算用于数字营销。另外，92% 设立 CMT 的企业会将部分营销预算用于创新业务。这些数字充分说明了 CMT 的价值。

2．CMT 的管理能力：跨部门沟通与协作

惠普创始人戴维·帕卡德说过：营销如此重要，以至于不能把它仅交给营销部门来处理。CMT 的一个重要职能是协调营销部门与 IT 部门之间的关系。通常情况下，两个部门互不统属，只是在工作中相互配合。这就造成了"部门孤岛"的问题。

首席营销技术官
Martech 时代，技术驱动增长

CMO Council 在 2013 年做过一项调查，在接受调查的人员中，有 52%的营销人员和 45%的 IT 专业人士认为，实施以客户为中心的管理策略的主要挑战在于，"部门孤岛"的存在让整个企业的数据难以聚合。

Scott Brinker 曾提出营销部门与 IT 部门协作的 14 种模式。

- 传统模式：营销部门向 IT 部门提出需求，IT 部门负责实施和管理整体技术战略。所需要的费用由营销部门和 IT 部门共同承担。运转速度由日常开销和任务优先级的不同来决定。在这种结构中，营销人员不太可能对技术有太多的了解和认知。

- 委员会模式：IT 部门和营销部门的领导（通常包括 CIO 和 CMO）组成一个委员会，共同决定营销技术领域的投入和管理。通常由 IT 部门负责实施。虽然委员会通常不够"敏捷"，但可以提供良好的指导。委员会成员可以熟练掌握营销与技术之间如何协同。

- 共存模式：IT 团队专注于营销技术职能，与营销团队共同办公。IT 团队与营销团队协作完成营销技术职能的日常执行，但 IT 团队仍然主要向 IT 管理层报告。此种模式有助于两个部门之间沟通营销策略和技术知识。

- 联络模式：此种模式类似于委员会结构，但由专门的工作人员负责 IT 部门和营销部门之间的协调，并同步向 CIO 和 CMO 报告。该工作人员的职位可能是"CMT"。此种模式更敏捷，IT 部门仍然负责大多数实施工作，尽管外部供应商可能由"CMT"安排。

- 嵌入模式：此种模式有一个专注于营销的技术团队，隶属于营销部门。此种模式与"共存模式"不同的是，他们向 CMO 而非 CIO 汇报，并由 CMO 负责提供资金。团队由 CMT 领导，团队中可能设立营销运营职位。营销人员非常精通技术。

- 直接汇报模式：IT 部门直接对 CMO 负责。

- 独立模式：营销技术团队独立于传统的营销部门或 IT 部门而存在，但负责人同时向 CMO 和 CIO 汇报。这种独立的状态会实现敏捷。

- 外包模式（营销主导）：在传统的营销部门和 IT 部门之外组建的独立的营销技术团队，其负责人同时向 CIO 和 CMO 报告。团队的独立性可以实现敏捷，但在与核心部门保持一致这一方面容易出现问题。

第 10 章
管理：首席营销技术官与新职位的出现

- 合资模式：IT 部门和营销部门同时付出人力和资源，组建一个联合的营销技术团队，但是团队成员仍然归属于他们原先所在的部门，即该团队不作为独立部门存在。此种模式非常灵活，如可以跨部门交叉传授技术和营销知识。此种模式需要 CIO 与 CMO 良好地协同工作。
- 外包模式（IT 主导）：在此种模式中，大多数营销技术策略的制定和实施都外包给了第三方——但是在此种模式中，大部分工作主要是在 CIO 的领导下完成的。第三方可能是一组不同的供应商，而不是营销部门外包的供应商。此种模式存在偏离核心营销愿景的风险。
- 实践中心模式：IT 部门在内部创建一个营销技术"实践中心"，专门满足营销部门日益增长的技术需求。此种模式可以相当敏捷。依靠专职员工和与营销部门的良好沟通，在此种模式下，可以创建一个非常精通营销的 IT 团队。
- 三角关系外包模式：营销技术战略和实施的重要部分是外包的，外包团队由 CIO 和 CMO 共同领导。此种模式需要 CIO 和 CMO 良好协作，越来越多的企业开始尝试此种模式。此种模式的风险在于营销技术并非内部核心竞争力。
- 敌对模式：IT 部门和营销部门毫不相关，甚至处于敌对状态。这是任何企业都不想采用的模式，但实际上，它确实准确地描述了一些企业内部的状态。
- 合并模式：IT 部门和营销部门完全合并，此种模式比合资模式或直接汇报模式更一体化。此种模式没有独立的 IT 团队。IT 部门的能力取决于合并之后的部门架构。

大多数协作模式都存在营销部门和 IT 部门的协调问题，尤其在敌对模式中，两个部门势同水火，更需要有专门的负责人从中斡旋。CMT 这一职位的设立，正是为了更加方便两个部门，甚至是更多利益相关方，包括 CMO 和其他营销高管、CIO 和 IT 部门，以及外部软件和服务供应商。

面对 CMO 和其他营销高管，CMT 要提供强大的技术保障，并充分利用新技术提供的功能，这样才能助力实现企业战略；面对 CIO 和 IT 部门，为使营销需求和技术需求沟通顺畅，确保营销系统和信息技术无缝衔接，CMT 要负责收集营销部门的技术需求，并按优先级进行排序；面对外部软件和服务供应商，CMT 需要评估这些供应商提供的技术能否满足企业的营销需求，还要负责整合各种系统、监控系统性能。

除 CMT 外，有些企业还设立了 CMO 协作者（CMO Collaborator）一职。2018 年

10月，埃森哲与Forrester咨询公司合作研究并发布的报告《重新思考CMO的角色》中介绍了这一职位，将CMO协作者定义为鼓励其团队跨企业、跨部门、跨地域工作，并输入一种促进跨业务协作的新文化的职位。与传统营销人员相比，CMO协作者会联合内部团队和外部合作伙伴聚集在一起进行协作。

当然CMO协作者的职能并不仅限于此。CMO可以通过CMO协作者这一角色扩大其职权范围，并提升客户体验。埃森哲研究表明：95%的CMO协作者认为他们所在企业的客户体验超过了竞争对手，而在传统营销人员中只有68%的人这么认为；CMO协作者跨高管层进行协作的可能性比传统营销人员高；90%设有CMO协作者的企业已经准备实施客户体验战略。

3. 供应商管理

随着Martech的重要性日益显现，营销行业的主导力量从创意人员和文案人员，转向与技术相关的程序员、数据科学家等。很多公司会在内部设立相关的职位，招聘合适的人才，因为如果这些人直接受雇于公司，就会更了解公司情况，其责任感也更强一些。

但是，找到合适的技术人才并不是一件容易的事，招聘的过程往往很耗费精力；专门的技术岗位也会带来额外的人力管理成本（如老员工的离职及与新员工的交接）；人力资源的质量也决定了项目的质量。因此，很多公司倾向于采用外包的形式。

实际上，选择供应商首先是选择营销技术产品。秒针系统营销科学家于勇毅建议公司在选择Martech工具时，首先要观察行业案例，看看其他公司在用什么工具实现什么营销场景。其次，按照自己的KPI体系，算清楚实现KPI的瓶颈是在获客、转化上，还是在声量上，再寻找解决瓶颈的对应工具，还要算清楚在Martech工具上的投资成本和工具上线后对于ROI提升量的对比关系。最后，在选择供应商的时候，工具的有效率、稳定性、后期运维能力、行业案例等都需要考虑。

尼尔森列举了选择供应商时可以提出的10个问题。

- 技术是否支持公司的目标和用例，是否可以对现有技术栈的功能进行补充，确保数据整合并产生ROI？——通过概述业务需求和目标，确定没有的功能，评估数据整合需求，测量和实现ROI，来建立技术团队。
- 技术如何与现有的解决方案进行整合？——"孤岛式"的解决方案妨碍了与公司客户进行有意义的交互。无缝集成的解决方案更便于打破"孤岛"、跨

第 10 章
管理：首席营销技术官与新职位的出现

渠道协调和测量结果。

- 实现这个解决方案将如何影响团队的工作流程？——不要低估新的营销工具对团队的影响。在投资新的或升级的营销工具时，不要只关注工具本身的好处，还要考虑引入新的或升级的营销工具将如何影响团队的工作流程。
- 这将如何帮助公司全面了解客户？——当技术仅仅在"孤岛"中运行而互相不连接时，它们产生的洞察也无法连接。脱节的洞察会使公司无法真正全面地了解客户，也无法在所有渠道上提供一致的品牌体验。
- 这个解决方案将如何帮助公司提高收入？——虽然方案有助于节省时间、减少工作量、提高生产率，但更重要的是找到一个真正能赚钱的解决方案，而不仅仅是花钱。
- 当前的产品路线图和未来版本的愿景是什么？——有了这些知识，营销团队和 IT 部门的专家就可以根据营销和 IT 路线图来评估软件路线图。
- 供应商的文化和战略与公司的文化和战略是否一致？——试着在演示阶段之前用一系列关于公司生存和发展的问题对供应商进行资格预审。这可以帮助公司找到有能力实现战略业务目标的潜在技术合作伙伴。
- 除了满足当前需求，供应商能扩大规模来满足公司的长期目标吗？——供应商和公司要建立一种伙伴关系，帮助公司从当前的状态发展到未来想要的状态。公司需要确保供应商的技术足够灵活，并且可以跟上不断发展的业务。
- 这项技术的支持、维护和发展/增长的持续成本是多少？——公司不要忽视持续支持和维护的需要，确保技术在部署之后包含了未来的管理和发展提升。
- 是否可以在安装前进行短期测试（如果不可以，为什么）？——试点项目可以让公司更有信心，相信一项技术最终会实现其承诺的回报。通过测试解决方案，公司可以尽早发现潜在的挑战，从而更顺利地进行大规模采用，为公司节约时间和金钱。

10.2.2 营销技术专家

升职为 CMT 之前的营销技术业务人员，通常是营销技术专家（Marketing Technologist）。Scott Brinker 通过一张四维象限图，对营销技术专家进行了进一步的细分。

首席营销技术官
Martech 时代，技术驱动增长

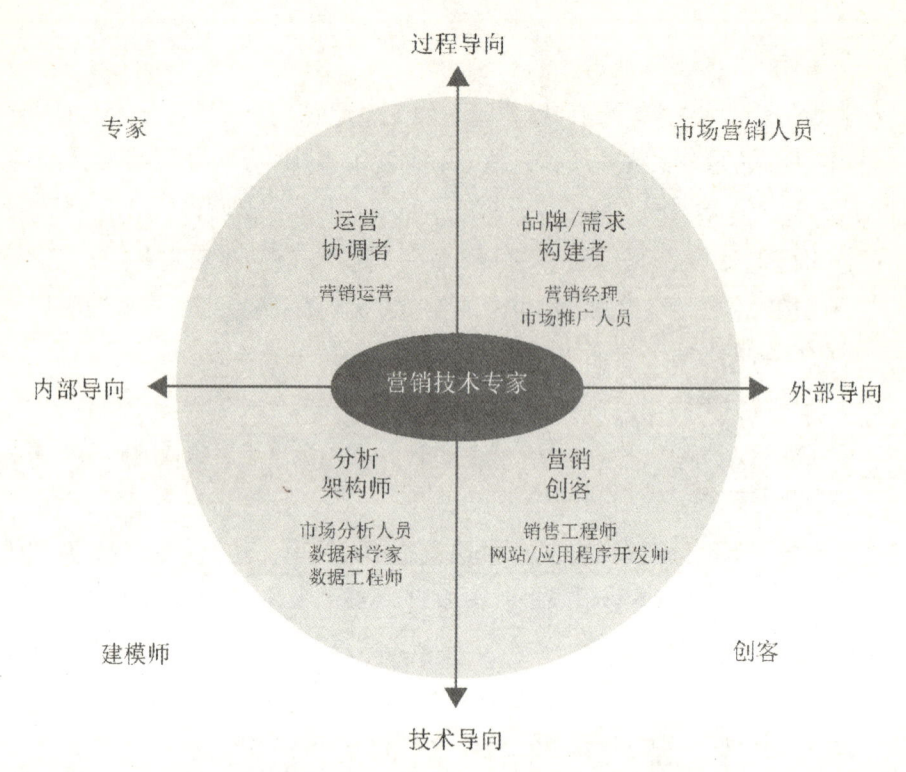

```
                    过程导向
                        ↑
  专家                                    市场营销人员

              运营              品牌/需求
              协调者            构建者
              营销运营          营销经理
                                市场推广人员

内部导向 ←          营销技术专家            → 外部导向

              分析              营销
              架构师            创客
              市场分析人员      销售工程师
              数据科学家        网站/应用程序开发师
              数据工程师

  建模师                                    创客
                        ↓
                    技术导向
```

如图所示，横轴代表内部导向或外部导向，纵轴代表过程导向或技术导向。内部导向服务于组织内部的利益相关者，外部导向是与客户进行互动；过程导向与工作流程和客户旅程有关，技术导向则与数据和代码有关。营销技术专家具体分为以下四种类型。

- 品牌/需求构建者（Brand/Demand Builder）：能够熟练使用 Martech 的市场营销人员（Marketers），专注于在营销活动和项目中用 Martech 来吸引、留住客户。典型职位如营销经理、市场推广人员等。大多数营销技术人员都属于这一类。

- 运营协调者（Operations Orchestrator）：负责设计和管理营销部门工作流程、规则、报告和技术栈的专家（Maestros）。典型职位如营销运营等。

- 分析架构师（Analytics Architect）：深入研究数据结构和基础设施的建模师（Modellers），营销部门收集数据并将其用于商业智能。典型职位如市场分析师、数据科学家、数据工程师等。分析架构师这样的职位很少有小公司设置，往往出现在大型企业的 Martech 团队中，大型企业拥有深入研究数据的资源。

第 10 章
管理：首席营销技术官与新职位的出现

- 营销创客（Marketing Maker）：用代码开发定制应用程序和数字体验的创客（Makers）。典型职位如销售工程师、网站/应用程序开发师。

不难发现，品牌/需求构建者和营销创客负责对外职能，运营协调者和分析架构师负责对内职能；分析架构师和营销创客比品牌/需求构建者和运营协调者更加有"技术范儿"。当然，凭借最新的无代码和低代码的 Martech 解决方案，营销人员不必像以前那样成为专业的程序员。此外，这四类职位不一定是完全独立的，几乎每个营销技术人员都与这四类职位有或多或少的关联。

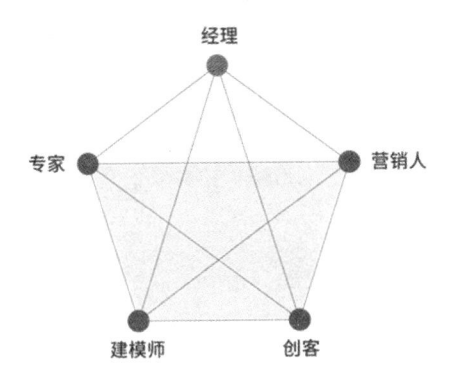

在这四个象限中没有列出的是管理整个 Martech 部门的领导者——定义战略并将 Martech 目标与整体营销和业务目标结合起来的执行官。Scott Brinker 因此设计了第五个角色——经理，其主要职责是管理营销技术和运营团队，即 CMT。

10.2.3 营销运营职位的出现

2013 年，Scott Brinker 提出 Martech 法则：技术呈指数变化，但组织以对数的速度变化。按照 Scott Brinker 的说法，企业组织的变革速度并没有那么快，企业内部人员行为和文化的变化都需要时间，组织的变革远逊于技术变革。

1. 什么是营销运营

营销运营（Marketing Operation，MO）于 2005 年由 IDC 提出，并在 2011 年前后开始普及。营销运营的具体职责通常包括营销绩效评估、战略规划指导和执行、流程开发、营销系统和数据管控，以及协调企业内部各部门（如销售部、业务部门、IT 部门和财务部门）的沟通协作，优化营销资源的配置。

首席营销技术官
Martech 时代，技术驱动增长

2007 年，时任 Marketo 联合创始人兼 VP（副总裁）的 Jon Miller 介绍：营销运营的诞生，是因为营销需要一套新的"左脑"技能，包括定量计划和预测、严谨的营销绩效测量，以及始终如一地执行最佳实践流程。这些新的营销技巧可能与战略和创造性思维等传统营销技能完全不同，但随着营销变得更加可操作，以指标为导向，并与收入挂钩，这些技能至关重要。

随着 Martech 的发展，营销已经转向艺术与科学的结合。在许多企业的组织架构中，营销部门不但继续承担创意设计和营销传播，而且增加了营销分析、技术管理等新元素，并将产品营销、活动营销、客户营销、合作伙伴营销和市场研究诸多功能整合在一起。Martech 赋能的营销运营不仅可以管理营销活动，还可以与产品开发和销售保持一致，支持产品发布和推动渠道增长。

Marketo 联合创始人 Dave Rigotti 提出了营销运营的三项重要职能：技术、数据和协同。

- 技术是营销运营最重要的功能。它也是设立该职位的最初原因，即管理营销自动化系统。对许多人来说，它已经发展到包括营销技术系统的评估、实施和管理、营销自动化、归因，以及营销团队用来有效完成工作的其他解决方案。
- 数据关系到使用和理解技术创造的数据。例如，确保正确收集营销自动化数据，并与 CRM 系统等其他系统连接。
- 协同关系到营销团队中其他人对数据和技术的使用，如培训。此外，一些营销运营专业人员进行敏捷营销和活动会议策划。

2. 营销运营的主要职责

具体来说，营销运营的主要职责包括以下几点。

- 战略策划：这是企业的自我评估和目标设定，尤其是进行 SWOT 分析、确定市场战略，以及实施和衡量每项战略的策略，包括预算管理、资产管理及营销技术管理。
- 品牌认知：通过内容分发战略，提升作为市场领导者的品牌知名度。具体工作包括设定内容日程安排、创建宣传材料（如网页、博客、白皮书、视频、信息图表、宣传页），并决定如何利用每个渠道来分发内容：有机与付费媒

第 10 章

管理：首席营销技术官与新职位的出现

体、自我发展与赞助、社交媒体与公共关系等。根据战略规划，还要决定如何将资源和预算分配给数字营销与传统营销渠道。

- 需求生成：寻找和培育销售线索，捕捉早期阶段的潜在客户，并通过销售漏斗对其进行筛查。具体工作包括确定客户角色；了解客户旅程，并将客户旅程与营销产品和销售流程关联起来；设计营销活动，分析转化，执行数据管理和潜在客户管理。

- 销售支持：通过更多合格的销售线索来促进销售并缩短销售周期，具体工作包括创建可重复使用的营销产品，使销售团队能够快速获得新客户并展示价值；创建一种规范的销售方法，由销售资源支持，缩短销售周期，赢得全新交易。相关的战术可以包括销售手册、竞争分析、设计电子邮件模板，并定期为销售人员提供培训，帮助他们更好地了解客户情报和提升市场洞察力。

- 绩效评估：测量营销运营的有效性，并且设置相关的指标，这有助于在组织内部培养测量驱动的文化。根据时间敏感度，可以将测量分为实时分析、通知和趋势报告；根据业务的不同，可以将测量分为基于内容、基于联系人和基于流量。

3. 企业需要营销运营吗

如何评估一家企业是否需要营销运营一职？Pedowitz 集团的主要合伙人兼首席战略官 Debbie Qadiqsh 列举了判断设立营销运营一职时机成熟与否的三大标准。

第一，企业是否有设立营销运营一职的需求，且营销是否能连接这一需求？企业设立营销运营一职的一大驱动需求是试图在整个企业生命周期过程中建立与 B2B 消费者的互动。随着企业逐渐摒弃以产品为中心的战略，并开始接受消费者管控权力转移的现实，在企业内部便产生了需求，即创建更为优化且全面的消费者体验。这一需求通常会变成市场营销部门的职责，而市场营销部门也能根据这一职责投资并促进专门营销运营职能的设立。

第二，企业是否相信技术能促进自身竞争优势的实现（至少实现一部分）？如果企业的大部分系统陈旧，技术更新滞后，那么企业可能并不相信技术能促进自身竞争优势的实现。查看企业近两年购买技术产品的记录，如果没有任何记录，那么若想在企业内设立专门的运营职能，则会遇到不小的阻力。

　　第三，企业是否对量化营销创收有兴趣？设立专门的营销运营一职是企业 CMO 促进营销创收的第二次机会。很多企业的市场营销部门在向管理层汇报开展营销活动的创收时都十分犯难，这通常是因为传统营销部门缺乏量化营销效果的机制，而在企业内部设立专门的营销运营一职便能实现营销创收的量化，很好地解决了这个问题。如果企业仍然将市场营销部门视为营销部门的辅助或无法为企业创收的部门，那么想要说服管理层设立专门的营销运营一职可能需要下很大功夫。